die 35 wichtigsten Fälle zum Handelsrecht

Hemmer/Wüst/Lumpp

D1662969

Juni 2005

Hemmer/Wüst Verlagsgesellschaft

Das Skript ist urheberrechtlich geschützt. Die dadurch begründeten Rechte, insbesondere des Nachdrucks, der Wiedergabe auf photomechanischem oder ähnlichem Wege und der Speicherung in Datenverarbeitungsanlagen bleiben, auch bei nur auszugsweiser Verwertung, der Hemmer/Wüst-Verlagsgesellschaft vorbehalten.

Hemmer/Wüst, die 35 wichtigsten Fälle zum Handelsrecht

ISBN 3-89634-564-8

1. Auflage, Juni 2005

gedruckt auf chlorfrei gebleichtem Papier
von Schleunungdruck GmbH, Marktheidenfeld

Vorwort

Die vorliegende Fallsammlung ist für **Studenten in den ersten Semestern** gedacht. Gerade in dieser Phase ist es wichtig, bei der Auswahl der Lernmaterialien den richtigen Weg einzuschlagen. **Auch in den späteren Semestern und im Referendariat** sollte man in den grundsätzlichen Problemfeldern sicher sein. Die essentials sollte jeder kennen.

Die Gefahr zu Beginn des Studiums liegt darin, den Stoff zu abstrakt zu erarbeiten. Nur ein **problemorientiertes Lernen**, d.h. ein Lernen am konkreten Fall, führt zum Erfolg. Das gilt für die kleinen Scheine / die Zwischenprüfung genauso wie für das Examen. In juristischen Klausuren wird nicht ein möglichst breites Wissen abgeprüft. In juristischen Klausuren steht der Umgang mit konkreten Problemen im Vordergrund. Nur wer gelernt hat, sich die Probleme des Falles aus dem Sachverhalt zu erschließen, schreibt die gute Klausur. Es geht darum, Probleme zu erkennen und zu lösen. Abstraktes anwendungsunspezifisches Wissen, sog. „Träges Wissen", täuscht Sicherheit vor, schadet aber letztlich.

Bei der Anwendung dieser Lernmethode sind wir Marktführer. Profitieren Sie von der fast 30-jährigen Erfahrung des Juristischen Repetitoriums hemmer im Umgang mit Examensklausuren. Diese Erfahrung fließt in sämtliche Skripten des Verlages ein. Das Repetitorium beschäftigt und beschäftigte **ausschließlich Spitzenjuristen**, teilweise Landesbeste ihres eigenen Examenstermins. Die so erreichte Qualität in Unterricht und Skripten werden Sie woanders vergeblich suchen. Lernen Sie mit den Profis!

Ihre Aufgabe als Jurist wird es einmal sein, konkrete Fälle zu lösen. Diese Fähigkeit zu erwerben ist das Ziel einer guten juristischen Ausbildung. Nutzen Sie die Chance, diese Fähigkeit bereits zu Beginn Ihres Studiums zu trainieren. Erarbeiten Sie sich das notwendige Handwerkszeug anhand unserer Fälle. Sie werden feststellen: Wer Jura richtig lernt, dem macht es auch Spaß. Je mehr Sie verstehen, desto mehr Freude werden Sie haben, sich neue Probleme durch eigenständiges Denken zu erarbeiten. Wir bieten Ihnen mit unserer **juristischen Kompetenz** die notwendige Hilfestellung.

Fallsammlungen gibt es viele. Die Auswahl des richtigen Lernmaterials ist jedoch der entscheidende Aspekt. Vertrauen Sie auf unsere Erfahrungen im Umgang mit Prüfungsklausuren. Unser Beruf ist es, **alle klausurrelevanten Inhalte** zusammenzutragen und verständlich aufzubereiten. Prüfungsinhalte wiederholen sich. Wir vermitteln Ihnen das, worauf es in der Prüfung ankommt – verständlich – knapp – präzise.

Achten Sie dabei insbesondere auf die richtige Formulierung. Jura ist eine Kunstsprache, die es zu beherrschen gilt. Abstrakte Floskeln, ausgedehnte Meinungsstreitigkeiten sollten vermieden werden. Wir haben die Fälle daher bewusst kurz gehalten. Der Blick für das Wesentlich darf bei der Bearbeitung von Fällen nie verloren gehen.

Wir hoffen, Ihnen den Einstieg in das juristische Denken mit der vorliegenden Fallsammlung zu erleichtern und würden uns freuen, Sie auf Ihrem Weg in der Ausbildung auch weiterhin begleiten zu dürfen.

hemmer   wüst

Kapitel I: Der Einzelkaufmann

Fall 1: Aller Anfang ist schwer

Sachverhalt:

A hat eine kleine Imbissbude am Wannsee.

Frage 1: Betreibt A ein Gewerbe?

Frage 2: Ist A auch Kaufmann?

I. Einordnung

Das Handelsrecht ist das so genannte „Sonderprivatrecht für Kaufleute". Damit kommt der Bestimmung des Kaufmannsbegriffs wesentliche Bedeutung zu, wenn die Anwendbarkeit und die Voraussetzungen der Spezialnormen des HGB geprüft werden.

Wer Kaufmann ist, wird in §§ 1-6 HGB geregelt. Dabei werden zwei Kaufmannsbegriffe unterschieden: der *tätigkeitsbezogene*, § 1 I HGB, und der *formelle*, §§ 5, 6 HGB, Kaufmannsbegriff.

Der vorliegende Einstiegsfall soll auf einfache Art und Weise mit dem Kaufmannsbegriff vertraut machen, indem er diesen Begriff schulmäßig in dessen Bestandteile zerlegt.

Anmerkung: In der Klausur stellen Sie bei derart einfach gelagerten Fällen die Kaufmannseigenschaft meist in ein oder zwei Sätzen fest.
Prüfen Sie die Kaufmannseigenschaft jedoch niemals abstrakt zu Beginn des Gutachtens, sondern nur innerhalb der jeweiligen Spezialnorm. Dies ergibt sich schon daraus, dass manche Normen des HGB die Kaufmannseigenschaft beider Beteiligten erfordern (so z.B. § 377 HGB), andere hingegen die Kaufmannseigenschaft nur eines Beteiligten ausreichen lassen (so z.B. § 362 HGB).

Setzen Sie sich nicht dem Vorwurf einer „kopflastigen" Prüfung aus! Versuchen Sie daher, den Korrektor auf die Folter zu spannen, indem Sie an der jeweiligen Stelle im Gutachten immer nur das dort wirklich Relevante prüfen und nicht alles vorweg nehmen. So zeigen Sie dem Korrektor einen souveränen Umgang mit der Materie.

II. Gliederung

Frage 1:

Gewerbe =
offene, planmäßige, selbständige (aber nicht künstlerische, wissenschaftliche oder freiberufliche) und erlaubte, von der Absicht dauernder Gewinnerzielung getragene Tätigkeit

1. **Offen**
   Erkennbarkeit für Dritte (+)

2. **Planmäßig**
   Auf Dauer angelegt (+)

3. **Selbständig**
   Nicht weisungsgebunden (+)

4. **Erlaubt**
   Kein Verstoß gegen §§ 134, 138 BGB (+)

5. **Entgeltliche Leistungen (+)**

6. **Kein Freiberufler (+)**

Ergebnis: Gewerbe (+)

Frage 2:

Kaufmann ist, wer ein Gewerbe betreibt, das ein Handelsgewerbe ist.

1. Gewerbe (+)
2. A = Betreibender
3. **Handelsgewerbe?**
a) **Nach § 1 II HGB**
Erfordernis einer kaufmännischen Einrichtung? Wohl (-)
b) **Kraft Eintragung**
Gem. § 2 HGB?
(-), da keine Eintragung

Gem. § 3 HGB (-)

Ergebnis: Handelsgewerbe (-)

III. Lösung

Frage 1:
Stellt das Betreiben der Imbissbude ein Gewerbe dar?

Das Betreiben der Imbissbude stellt dann ein Gewerbe dar, wenn die Voraussetzungen des Gewerbebegriffs erfüllt sind.

Die h.M. versteht unter einem Gewerbe eine offene, planmäßige, selbständige (aber nicht künstlerische, wissenschaftliche oder freiberufliche) und erlaubte, von der Absicht dauernder Gewinnerzielung getragene Tätigkeit.

1. Offenheit

Offen ist eine Tätigkeit dann, wenn sie für Dritte erkennbar ist, also der Öffentlichkeit gegenüber in Erscheinung tritt.

Anmerkung: So findet man teilweise die Formulierung, „nicht das Gewächshaus, sondern der Verkauf der Erzeugnisse macht z.B. aus einem Garten ein gewerbliches Gärtnereiunternehmen."

Das Betreiben der Imbissbude ist unzweifelhaft für Dritte erkennbar. Damit kann das Merkmal der Offenheit bejaht werden.

2. Planmäßigkeit

Von Planmäßigkeit spricht man dann, wenn die Tätigkeit nicht nur gelegentlich aufgenommen wird, sondern auf eine gewisse Dauer angelegt ist. Dabei ist es ausreichend, wenn *objektiv* wiederholt und regelmäßig Geschäfte getätigt werden und *subjektiv* eine entsprechende Absicht besteht.

A betreibt die Imbissbude nicht nur gelegentlich, sondern regelmäßig. Folglich ist die Tätigkeit planmäßig.

Anmerkung: Selbst wenn A die Imbissbude nur während der vier Monate dauernden Feriensaison betreiben würde, änderte das nichts an der Planmäßigkeit seiner Tätigkeit. Solange objektiv wiederholt und regelmäßig Geschäfte getätigt und subjektiv eine entsprechende Absicht vorhanden ist, schadet eine saisonale Unterbrechung nicht.

3. Selbständigkeit

Damit A mit der Imbissbude ein Gewerbe betreibt, ist außerdem erforderlich, dass er selbständig, d. h. nicht weisungsgebunden ist. Dabei ist die *rechtliche*, nicht die wirtschaftliche Selbständigkeit entscheidend. Eine Legaldefinition findet sich in § 84 I 2 HGB.

A ist nicht Angestellter, sondern führt die Imbissbude in eigener Regie. Er ist folglich nicht weisungsgebunden und somit selbständig.

Anmerkung: An dieser Stelle ist eine Abgrenzung zu den unselbständigen Arbeitnehmern vorzunehmen. Probleme tauchen dabei vor allem bei den sog. Hilfspersonen des Kaufmanns auf. Hier unterscheidet man danach, ob der Betreffende *(selbständiger)* Handelsvertreter oder *(unselbständiger)* Handlungsgehilfe ist.

4. Erlaubtheit

Weiterhin muss die Tätigkeit erlaubt, darf also nicht gesetzes- oder sittenwidrig i.S.d. §§ 134, 138 BGB sein. Eine Zulässigkeit nach öffentlich-rechtlichen Vorschriften ist dagegen unerheblich, vgl. § 7 HGB.

Das Betreiben einer Imbissbude ist eine erlaubte Tätigkeit.

Anmerkung: Ist eine Tätigkeit gesetzes- oder sittenwidrig, kommt dies dem Betreibenden natürlich nicht zu Gute. So muss er sich nach den für Rechtsscheinskaufleute bzw. Rechtsscheinsgesellschaften geltenden Grundsätzen behandeln lassen. Der redliche Vertragspartner kann sich so auf die zu seinen Gunsten geltenden handelsrechtlichen Sondervorschriften berufen.

5. Entgeltlichkeit

Bereits aus dem Gewerbebegriff geht hervor, dass die Tätigkeit eine entgeltliche sein muss. Es wird außerdem verlangt, dass die Tätigkeit eine anbietende ist. Denn wer nur nachfragt, ist Verbraucher und kein Gewerbetreibender.

Streitig ist, ob über die Entgeltlichkeit der Leistung hinaus auch eine allgemeine Gewinnerzielungsabsicht notwendig ist. Dagegen spricht, dass dieses Merkmal schwer zu fassen ist. Da A Gewinn erwirtschaften möchte, ist die Gewinnerzielungsabsicht hier jedenfalls zu bejahen, so dass der Streit dahin stehen kann.

6. Kein Freiberufler

Kein Gewerbe betreiben die Angehörigen der sog. *freien Berufe* (z.B. Rechtsanwälte, Ärzte, Steuerberater etc.). Diese Berufe sind nach heutiger Ansicht nicht durch den Einsatz von Kapital und sachlichen Betriebsmitteln geprägt, sondern vielmehr durch die im Vordergrund stehende persönliche Leistung.

Anmerkung: Eine Aufzählung der freien Berufe kann § 1 II 2 PartGG entnommen werden.

Das Betreiben einer Imbissbude ist durch den Einsatz von Kapital und Betriebsmitteln geprägt und stellt damit keinen freien Beruf dar.

Ergebnis: Bei dem Betreiben der Imbissbude handelt es sich damit um ein Gewerbe.

Frage 2: Ist A Kaufmann?

Kaufmann ist, wer ein Gewerbe betreibt, das ein Handelsgewerbe ist, § 1 II HGB. Fraglich ist daher, ob diese Voraussetzungen im vorliegenden Fall erfüllt sind.

1. Gewerbe

Der Imbissbetrieb stellt ein Gewerbe dar, s.o.

2. Betreiben des Gewerbes

A müsste dieses Gewerbe auch betreiben. Betrieben wird ein Gewerbe von derjenigen Person, in deren Namen die zum Gewerbe gehörenden Rechtsgeschäfte abgeschlossen werden.

Mangels anderer Anhaltspunkte kann hier davon ausgegangen werden, dass A die Geschäfte in seinem Namen abschließt und die Imbissbude damit selbst betreibt.

3. Handelsgewerbe

Schließlich müsste das betriebene Gewerbe, die Imbissbude, auch ein Handelsgewerbe sein. Ob dies der Fall ist, bestimmt sich nach §§ 1 II, 2 und 3 II, III HGB.

a) Handelsgewerbe nach § 1 II HGB

Nach § 1 II HGB ist ein Gewerbe dann kein Handelsgewerbe, wenn entweder Art oder Umfang keine kaufmännische Einrichtung erfordern.

Dabei versteht man unter kaufmännischer Einrichtung alle Einrichtungen, die eine ordentliche und übersichtliche Geschäftsführung sicherstellen, z.B. Buchführung, Beschäftigung kaufmännisch vorgebildeten Personals, Aufbewahrung der Korrespondenz, Inventarisierung. Unerheblich ist allerdings, ob das Unternehmen auch tatsächlich in der erforderlichen Weise eingerichtet ist.

Anmerkung: Aus der negativen Formulierung des § 1 II HGB („es sei denn") geht hervor, dass das Gesetz bei jedem Gewerbebetrieb zunächst *vermutet*, dass eine kaufmännische Einrichtung erforderlich ist und es sich somit um ein Handelsgewerbe handelt.
Für die Frage nach der Beweislast ergibt sich aus dem Gesetzeswortlaut Folgendes: Will sich ein „Nichtkaufmann" auf seine fehlende Kaufmannseigenschaft berufen, so hat *er* nachzuweisen, dass er nur ein Kleingewerbe betreibt. Dies muss auch bereits aus dem Grund so sein, weil ein Außenstehender meist keinen Einblick in die innere Struktur des Unternehmens hat.

Die Imbissbude des A ist klein. Daher ist davon auszugehen, dass sie weder nach Art noch nach Umfang eine kaufmännische Einrichtung erfordert (a.A. unter Umständen vertretbar). A ist folglich nicht nach § 1 II HGB ein sog. „Ist-Kaufmann".

Anmerkung: Der *Umfang* eines Betriebs wird im Wesentlichen nach Umsatzvolumen, Mitarbeiterzahl, Größe und Organisation des Betriebs bestimmt. Bei der *Art* des Gewerbes kommt es darauf an, ob die einzelnen Geschäftsvorgänge einfach und überschaubar sind.
Für das Vorliegen eines Handelsgewerbes nach § 1 II HGB ist Voraussetzung, dass *sowohl* Umfang *als auch* Art des Gewerbes eine kaufmännische Einrichtung erfordern. Lassen Sie sich nicht durch die negative Formulierung des § 1 II HGB verwirren!

b) Handelsgewerbe kraft Eintragung

aa) Kannkaufmann nach § 2 HGB

Allerdings könnte A Kaufmann gem. § 2 HGB sein. Diese Norm ermöglicht es dem Kleingewerbetreibenden, die Kaufmannseigenschaft zu erwerben, wenn seine Firma im Handelsregister eingetragen ist.

Anmerkung: Bedenken Sie für die Klausur: *Nur dann*, wenn der Betrieb nicht unter § 1 II HGB fällt, kommt der Erwerb der Kaufmannseigenschaft nach § 2 HGB in Betracht! Denn stellt das Gewerbe bereits ein Handelsgewerbe dar, hat die Eintragung ins Handelsregister lediglich *deklaratorische* Wirkung (unterbleibt die Eintragung, so gewährt das HGB dem redlichen Vertragspartner jedoch Schutz über § 15 HGB, siehe dazu z.B. Fall 15). Anders im Fall des § 2 HGB: Dort kommt der Eintragung *konstitutive* Wirkung zu.

A hat seine Firma nicht ins Handelsregister eintragen lassen. Damit sind auch die Voraussetzungen des § 2 HGB nicht erfüllt.

bb) Kannkaufmann nach § 3 HGB

Da die Imbissbude keinen land- oder forstwirtschaftlichen Betrieb darstellt, scheidet eine Anwendung des § 3 HGB (der im Übrigen mangels Eintragung ebenfalls keine Kaufmannseigenschaft des A begründen würde) von vornherein aus.
Ergebnis: A ist kein Kaufmann.

IV. Zusammenfassung

Sound: Kaufmann ist, wer ein Gewerbe betreibt, das ein Handelsgewerbe ist. Dabei unterscheidet man den vorrangig zu prüfenden Istkaufmann (§ 1 II HGB) vom Kannkaufmann (§§ 2, 3 II, III HGB). Nur dann, wenn kein Handelsgewerbe nach § 1 II HGB vorliegt, ist mit der Prüfung fortzufahren.

hemmer-Methode: Dieser Einstiegsfall sollte Ihnen auf sehr einfache Art und Weise verdeutlichen, wie der Kaufmannsbegriff bestimmt wird. Damit dürfte es Ihnen keine Probleme bereiten, die folgenden, darauf aufbauenden Konstellationen zu verstehen. Überlegen Sie sich weitere Beispielsfälle bzw. mögliche Problemfelder, die Ihnen an den einzelnen Prüfungspunkten begegnen könnten. So könnte bei der Frage nach dem Vorliegen eines Handelsgewerbes nach § 1 II HGB beispielsweise das Problem auftauchen, wie ein sog. *gemischter Betrieb* zu beurteilen ist: Ein freischaffender Künstler stellt gleichzeitig auch einige seiner Werke in einem kleinen Atelier aus. Die Frage nach der Kaufmannseigenschaft kann nur einheitlich nach dem Gesamtbild des Unternehmens beurteilt werden. Entscheidend ist dann, welcher Tätigkeitsbereich das Gesamtbild prägt. Denken Sie immer daran, dass das Fallrepertoire des Klausurerstellers nicht unerschöpflich ist! Wenn Sie also auch immer „nach rechts und links" denken, sind Sie optimal für den „Ernstfall" vorbereitet.

V. Zur Vertiefung

- Hemmer/Wüst, Basics Zivilrecht, Bd. 5, Rn. 446 ff.
- Hemmer/Wüst, Handelsrecht, Rn. 7 ff.
- Hemmer/Wüst, Handelsrecht, Karteikarten Nr. 1-9.

Fall 2: Kaufmann mit Rückfahrkarte?

Sachverhalt:

Landwirt Mayer (M) besitzt den größten Hof im Dorf. Seine Ackerfläche lässt sich nur mit umfangreicher Buchführung verwalten. Um im Dorf noch mehr prahlen zu können, lässt er sich in das Handelsregister unter „Mayer – Ackerbau e.K." eintragen. Als er nach einiger Zeit die „Härte" der Normen des HGB zu spüren bekommt, will er sich durch Löschung der Eintragung der Kaufmannseigenschaft entledigen.

Frage 1: Ist M Kaufmann?

Frage 2: Ist eine Befreiung von der Kaufmannseigenschaft möglich?

I. Einordnung

Neben § 2 HGB gewährt § 3 II, III HGB die Möglichkeit, die Kaufmannseigenschaft zu erlangen. Bei der Gesetzeslektüre des § 3 HGB sticht sofort ins Auge, dass Land- und Forstbetriebe eine Sonderrolle spielen: Gem. § 3 I HGB ist § 1 HGB nicht anwendbar. Land- und Forstwirte sind also selbst dann keine Ist-Kaufleute, wenn die Voraussetzungen des § 1 HGB erfüllt sind. Gem. § 3 II i.V.m. § 2 S. 1 HGB kann die Kaufmannseigenschaft jedoch durch Eintragung in das Handelsregister erworben werden, die folglich bei sämtlichen Land- und Forstbetrieben *konstitutive* Wirkung hat. Dennoch wird die Frage nach der Erforderlichkeit einer kaufmännischen Einrichtung nicht überflüssig. Geht es nämlich um die Frage nach der Art und Weise der *Rückgängigmachung*, ist sie das maßgebliche Unterscheidungskriterium.

Anmerkung: In der Praxis spielt diese Norm freilich keine große Rolle. In der Klausur können hieran aber sehr gut die Fähigkeit zu genauer Subsumtion und Arbeit mit dem Gesetzestext geprüft werden.

II. Gliederung

Frage 1: Ist M Kaufmann?

1. Gem. § 1 HGB?
Möglicherweise nicht anwendbar gem. § 3 I HGB

Vor.: Betrieb des M
= land- und forstwirtschaftlicher Betrieb
Kennzeichnend ist Nutzung des Bodens
M nutzt Ackerfläche; daher (+)
Betrieb des M = landwirtschaftlicher Betrieb
i.S.d. § 3 I HGB
§ 1 HGB ist damit nicht anwendbar

2. Gem. § 3 II HGB
Vor.: Eintragung ins Handelsregister,
§ 3 II i.V.m. § 2 S. 1 HGB
Eintragung hier (+)

Ergebnis: M = Kaufmann

Frage 2: Ist eine Befreiung von der Kaufmannseigenschaft möglich?

1. Durch Löschung der Registereintragung, vgl. § 3 i.V.m. § 2 S. 3 HGB?
Vor.: Kleingewerbebetrieb,
arg. e contrario § 3 II HGB

Betrieb des M erfordert umfangreiche Buchhaltung und folglich eine kaufmännische Einrichtung
Kleingewerbebetrieb (-)

Damit: Keine Rückgängigmachung der Kaufmannseigenschaft durch Löschung der Registereintragung

2. Nach den allgemeinen Vorschriften
Solange Betrieb des M nach Art und Umfang einen in kaufmännischer Weise eingerichteten Gewerbebetrieb erfordert, muss er im Handelsregister eingetragen bleiben

M kann sich der Kaufmannseigenschaft nicht entledigen

Ergebnis: M ist folglich noch Kaufmann

III. Lösung

Frage 1: Ist M Kaufmann?

1. Gem. § 1 HGB

M könnte gem. § 1 HGB Kaufmann sein. Dann müsste er mit seinem Hof ein Gewerbe betreiben, das ein Handelsgewerbe ist. Möglicherweise ist § 1 HGB jedoch gar nicht anwendbar. Gem. § 3 I HGB ist dies dann der Fall, wenn der fragliche Betrieb ein forst- oder landwirtschaftlicher Betrieb ist.

Die Land- oder Forstwirtschaft ist dadurch gekennzeichnet, dass pflanzliche oder tierische Rohstoffe dadurch gewonnen bzw. verwertet werden, dass Boden genutzt wird.

Anmerkung: Zur Bestimmung, ob ein Betrieb ein landwirtschaftlicher ist, kann auch der Rechtsgedanke des § 585 I 2 BGB herangezogen werden.

M besitzt einen großen Hof und nutzt auch seine Ackerfläche. Damit hat er einen landwirtschaftlichen Betrieb i.S.d. § 3 I HGB. Folglich kann M nicht gem. § 1 HGB, der in diesem Fall nicht anwendbar ist, Kaufmann sein.

2. Gem. § 3 II HGB

M könnte aber dennoch die Kaufmannseigenschaft erworben haben.

Nach § 3 II HGB, der auf § 2 HGB verweist, wird ein Land- oder Forstwirt dann Kaufmann, wenn er ins Handelsregister eingetragen wird.

M hat sich ins Handelsregister eintragen lassen. Damit hat er die Kaufmannseigenschaft gem. § 3 II i.V.m. § 2 S. 1 HGB erlangt.

Ergebnis: M ist Kaufmann.

Frage 2: Ist eine Befreiung von der Kaufmannseigenschaft möglich?

1. Durch Löschung der Registereintragung

Gem. § 2 S. 3 HGB, auf den § 3 II HGB verweist, kann sich der Kannkaufmann jederzeit von seiner Kaufmannseigenschaft wieder befreien, wenn er nicht den strengeren Normen des HGB unterfallen möchte. Er muss nur die Löschung seiner Firma aus dem Handelsregister beantragen.

Anmerkung: Karsten Schmidt, eine Koryphäe auf dem Gebiet des Handels- und Gesellschaftsrechts, nennt den Kaufmann i.S.d. § 2 HGB daher auch „Kannkaufmann mit Rückfahrkarte."

Voraussetzung hierfür ist jedoch, dass es sich bei dem Unternehmen des M um einen Kleingewerbebetrieb handelt. Dies ergibt sich aus dem Umkehrschluss des § 3 II HGB („gilt § 2 mit der Maßgabe, dass..."). Der Betrieb des M lässt sich nur mit umfangreicher Buchführung verwalten. Damit ist eine kaufmännische Einrichtung erforderlich und es handelt sich folglich gerade um keinen Kleingewerbebetrieb. Die Rückgängigmachung des Kaufmannsstatus' steht folglich nicht im Belieben des M und kann nicht durch Löschung der Firma gem. § 3 i.V.m. § 2 S. 3 HGB erfolgen.

2. Nach den allgemeinen Vorschriften

Vielmehr kann eine Rückgängigmachung der Kaufmannseigenschaft nur nach den allgemeinen Vorschriften, die für die Löschung von kaufmännischen Firmen gelten, erfolgen. Dies bedeutet, dass eine Löschung nur dann erfolgen kann, wenn der Betrieb des M die für die Eintragung erforderlichen Voraussetzungen nicht mehr aufweist. Der Antrag des M auf Löschung hat also nur dann Aussicht auf Erfolg, wenn sein Betrieb entweder nach Art oder Umfang einen in kaufmännischer Weise eingerichteten Geschäftsbetrieb nicht mehr erfordert.

Solange der Betrieb des M daher eine kaufmännische Einrichtung erfordert, muss er im Handelsregister eingetragen bleiben.

Anmerkung: Im Löschungsverfahren wird der Unterschied zu § 2 HGB deutlich! Nur bei einem Kleingewerbebetrieb ist der Kannkaufmann im Besitz einer „Rückfahrkarte." Sie sehen, dass auch i.R.d. § 3 HGB die Frage nach der Erforderlichkeit einer kaufmännischen Einrichtung eine Rolle spielt, wenn auch an anderer als gewohnter Stelle.

Ergebnis: M kann sich der Kaufmannseigenschaft nicht entledigen.

IV. Zusammenfassung

Sound: Im Gegensatz zum Istkaufmann des § 1 HGB ist der Kannkaufmann des § 3 HGB auch dann nicht verpflichtet, die Eintragung herbeizuführen, wenn sein Betrieb eine kaufmännische Einrichtung erfordert.

Lässt sich ein Landwirt, dessen Unternehmen einen in kaufmännischer Weise eingerichteten Gewerbebetrieb erfordert, in das Handelsregister eintragen, so kann er sich nicht einfach dadurch der Kaufmannseigenschaft entledigen, dass er die Löschung seiner Firma im Handelsregister beantragt. Er ist, bildhaft gesprochen, Kaufmann „ohne Rückfahrkarte." Im Löschungsverfahren zeigt sich der Unterschied zwischen § 2 und § 3 HGB.

hemmer-Methode: Der fakultative Zugang zum Handelsrecht soll den Land- und Forstwirten vor allem die Wahl besonderer Rechtsformen des Handelsrechts ermöglichen. Dabei sind insbesondere die Vorteile der OHG und KG hervorzuheben: die *rechtliche Verselbständigung* der Personenhandelsgesellschaft im Geschäftsverkehr, der *bessere Bestandsschutz* und die *größere Kreditwürdigkeit.*

V. Zur Vertiefung

- Hemmer/Wüst, Basics Zivilrecht, Bd. 5, Rn. 459 ff.
- Hemmer/Wüst, Handelsrecht, Rn. 49 ff.
- Hemmer/Wüst, Handelsrecht, Karteikarten Nr. 8-10.

Fall 3: Unfreiwilliger Kaufmann?

Sachverhalt:

Anton (A) betreibt einen Kiosk, der keinen nach Art und Umfang in kaufmännischer Weise eingerichteten Geschäftsbetrieb erfordert. Er geht jedoch davon aus, Kaufmann i.S.d. § 1 HGB zu sein und lässt sich deshalb ins Handelsregister eintragen.

Frage: Ist A Kaufmann? Und wenn ja, nach welcher Vorschrift?

I. Einordnung

Die Rechtssicherheit erfordert, dass derjenige, der im Handelsregister eingetragen ist, unwiderleglich als Kaufmann gilt. Daher fingiert § 5 HGB die Kaufmannseigenschaft für die im Handelsregister eingetragenen Gewerbetreibenden. Seine maßgebliche Funktion besteht vor allem darin, Streit über das Erfordernis eines in kaufmännischer Weise eingerichteten Geschäftsbetriebes zu verhindern.

Seit der HGB-Reform von 1998 ist allerdings umstritten, inwiefern § 5 HGB überhaupt noch ein eigener Anwendungsbereich verbleibt (dazu mehr im Fall).

II. Gliederung

Kaufmannseigenschaft des A
1. Gem. § 1 HGB
a) Kiosk = Gewerbe i.S.d. § 1 HGB (+)
b) Handelsgewerbe i.S.d. § 1 II HGB?
   (-), kein Geschäftsbetrieb nach Art und
   Umfang erforderlich
   § 1 HGB (-)
2. Gem. § 2 HGB
a) Eintragung (+)
b) (P): Irrtümliche Eintragung des A
   Muss die Eintragung freiwillig erfolgen?
⇒ **e.A.: (-)**
   Danach ist A Kannkaufmann nach § 2
   HGB
⇒ **a.A.: (+)**
   A ist kein Kannkaufmann nach § 2 HGB
3. Gem. § 5 HGB
   Tatsächl. Betreiben eines Gewerbes (+)

Eintragung (+)
Ergebnis:
A = Kaufmann gem. § 2 HGB bzw. § 5 HGB

III. Lösung

Kaufmannseigenschaft des A

Fraglich ist, ob A Kaufmann ist.

1.   Gem. § 1 HGB

Die Kaufmannseigenschaft des A könnte sich zunächst aus § 1 HGB ergeben.

Dann müsste A mit dem Kiosk ein Gewerbe betreiben, das ein Handelsgewerbe i.S.d. § 1 II HGB ist.

a)   Gewerbe

Das Betreiben eines Kiosks stellt eine offene, planmäßige, selbständige und erlaubte Tätigkeit dar, die darüber hinaus von der Absicht dauernder Gewinnerzielung getragen ist. Folglich handelt es sich bei dem Kiosk um ein Gewerbe.

Anmerkung: Ist die Frage nach dem Vorliegen eines Gewerbes derart unproblematisch, ist eine lange Subsumtion unter die einzelnen Definitionsbestandteile fehl am Platz. Handeln Sie Unproblematisches kurz ab, um genügend Zeit für das Wesentliche zu haben. Die Kunst der richtigen Schwerpunktsetzung ist das Rezept zum Gelingen einer Klausur!

b) Handelsgewerbe i.S.d. § 1 II HGB?

Der Kiosk müsste darüber hinaus ein Handelsgewerbe i.S.d. § 1 II HGB darstellen. Er ist allerdings so klein, dass er keinen nach Art und Weise in kaufmännischer Wiese eingerichteten Geschäftsbetrieb erfordert. Folglich stellt er kein Handelsgewebe i.S.d. § 1 II HGB dar.

Damit ist A kein (Ist-)Kaufmann nach § 1 HGB.

2. Gem. § 2 HGB

A ist möglicherweise Kannkaufmann gem. § 2 HGB.

a) Eintragung

Dies setzt zunächst voraus, dass A ins Handelsregister eingetragen ist.

Dieses Erfordernis ist hier erfüllt.

b) (P): Irrtümliche Eintragung des A

Problematisch könnte vorliegend jedoch sein, dass A davon ausging, bereits Kaufmann nach § 1 HGB zu sein und die Eintragung ins Handelsregister daher lediglich für deklaratorisch hielt. Da es sich bei dem Kioskbetrieb allerdings um ein Kleingewerbe handelt, besitzt die Eintragung in Wirklichkeit konstitutive Wirkung. A wollte den Kaufmannsstatus möglicherweise aber gar nicht erlangen, so dass sich die Frage stellt, ob die Eintragung nach § 2 HGB freiwillig erfolgen muss oder nicht.

aa) e.A.: Freiwilligkeit nicht entscheidend

Einer Auffassung zufolge kommt es nur auf das Vorliegen einer tatsächlichen Eintragung an. Es ist also unerheblich, ob die Eintragung nach § 2 HGB freiwillig oder unfreiwillig erfolgt.

Danach wäre A also Kannkaufmann nach § 2 HGB.

bb) a.A.: Freiwilligkeit als Voraussetzung

Einer anderen Auffassung zufolge muss die Eintragung nach § 2 HGB freiwillig erfolgen. Ist der Eintragungsantrag nach § 29 HGB daher nichtig oder irrtümlich oder fehlt er gänzlich, kann keine Kaufmannseigenschaft nach § 2 HGB begründet werden. Denn § 2 S. 2 HGB räumt dem Kleingewerbetreibenden ein Wahlrecht ein, das bereits begrifflich voraussetzt, dass es bewusst und wirksam ausgeübt wird. Außerdem droht andernfalls der Anwendungsbereich des § 5 HGB leer zu laufen.

A wäre somit kein Kaufmann nach § 2 HGB.

3. Gem. § 5 HGB

Folgt man der zweiten Ansicht, könnte A Kaufmann nach § 5 HGB sein.

Anmerkung: § 5 HGB kommt auf Grund seiner systematischen Stellung nur dann zur Anwendung, wenn sich die Kaufmannseigenschaft nicht bereits nach den §§ 1-4 HGB begründen lässt. Daher ist § 5 HGB auch erst im Anschluss an diese Vorschriften zu prüfen!

Jedenfalls setzt auch § 5 HGB voraus, dass ein Gewerbe betrieben wird. Liegt also bereits kein Gewerbebetrieb vor, so bewirkt auch die fälschliche Eintragung ins Handelsregister keine Fiktivkaufmannseigenschaft nach § 5 HGB.

Mit dem Kiosk betreibt A tatsächlich ein Gewerbe, das ins Handelsregister eingetragen ist. Damit ist er jedenfalls Fiktivkaufmann nach § 5 HGB.

Anmerkung: Vor der HGB-Reform von 1998 waren die Kaufmannstatbestände anders aufgebaut:

Während bestimmte Arten von Geschäften gem. § 1 II HGB a.F. kraft Gesetzes als Handelsgewerbe galten (sog. „Musskaufmann"), erlangten die übrigen Gewerbetreibenden gem. § 2 HGB a.F. den Kaufmannsstatus durch Eintragung ins Handelsregister (sog. „Sollkaufmann").

Schließlich sah § 4 HGB a.F. eine Sonderregelung für den sog. „Minderkaufmann" vor, d.h. für den – nach heutigem Rechtsverständnis – Kleingewerbetreibenden. Auf ihn fanden nur bestimmte Bereiche des Handelsrechts Anwendung. § 5 HGB sorgte dafür, dass bei einem eingetragenen Gewerbetreibenden die „Musskaufmannseigenschaft" fingiert wurde und damit das gesamte Handelsrecht Anwendung fand.

Durch die HGB-Reform wurde die Figur des Minderkaufmanns durch diejenige des Kannkaufmanns ersetzt. So kommt denn auch die wohl herrschende Meinung zu dem Ergebnis, dass § 5 HGB durch die Reform bedeutungslos geworden sei, denn wo Gewerbe und Eintragung vorlägen, gelte bereits § 2 HGB. Die Gegenauffassung – und so auch die Regierungsbegründung der HGB-Reform – geht davon aus, dass § 5 HGB weiterhin ein Anwendungsbereich zukommt. So zum einen dann, wenn der Eintragungsantrag nichtig oder irrtümlich ist oder gänzlich fehlt, andererseits aber auch in dem Fall, dass der Umfang eines ursprünglich nach § 1 HGB eingetragenen Gewerbes unter den des § 1 II HGB absinkt.

Mit einer guten Begründung dürften beide Ansichten zu vertreten sein, da sie im Endeffekt ja zum gleichen Ergebnis kommen.

Ergebnis: A ist daher Kaufmann gem. § 2 HGB bzw. § 5 HGB.

IV. Zusammenfassung

Sound: Ist ein Kleingewerbetreibender im Handelsregister eingetragen, ist er in jedem Falle Kaufmann: Entweder hat er den Status eines Kannkaufmanns nach § 2 HGB oder aber den eines Fiktivkaufmanns nach § 5 HGB.

hemmer-Methode: Ist der Gewerbebetrieb hingegen bereits eingestellt, die Eintragung im Handelsregister aber noch nicht gelöscht, vermag auch § 5 HGB keine Kaufmannseigenschaft zu begründen: Er setzt voraus, dass tatsächlich ein Gewerbe betrieben wird (vgl. den Wortlaut des § 5 HGB: „...das unter der Firma *betriebene* Gewerbe..."). In diesem Fall hilft unter Umständen § 15 HGB (vgl. dazu Fall 15).

Beachten Sie, dass § 5 HGB absoluten Verkehrsschutz und objektive Rechtssicherheit bezweckt. Die Vorschrift ist folglich gerade keine Rechtsscheinsnorm und entfaltet somit nicht nur gegenüber gutgläubigen Dritten Wirkung. Dadurch unterscheidet sie sich beispielsweise vom Rechtsinstitut des Scheinkaufmanns (vgl. dazu den folgenden Fall).

V. Zur Vertiefung

- Hemmer/Wüst, Basics Zivilrecht, Bd. 5, Rn. 462.
- Hemmer/Wüst, Handelsrecht, Rn. 56 ff.
- Hemmer/Wüst, Handelsrecht, Karteikarten Nr. 11, 14.

Fall 4: Hochmut kommt vor dem Fall – oder nicht?

Sachverhalt:

Müller (M) will seinen potenziellen Kunden Schulze (S) beeindrucken. In Vertragsverhandlungen prahlt er, seine (in Wirklichkeit sehr kleine Reparaturwerkstatt mit nur einem Angestellten, die nicht ins Handelsregister eingetragen ist) sei mit Aufträgen in Höhe von „sechsstelligen Beträgen" bis ins Jahr 2006 fast ausgelastet. Diese Aufträge könnten „seine 50 Mitarbeiter" kaum bewältigen. Nur ausnahmsweise könne er den „kleinen Auftrag" für S noch annehmen.

Frage: Muss M sich gegenüber S als Kaufmann behandeln lassen?

I. Einordnung

Liegt keine Handelsregistereintragung vor und ist auch objektiv keine kaufmännische Einrichtung erforderlich, ist der Gewerbetreibende grundsätzlich nicht als Kaufmann zu behandeln.

Ein wesentlicher Grundgedanke des Handelsrechts ist jedoch der Schutz des Vertrauens des Rechtsverkehrs. Es ist denkbar, dass ein Kleingewerbetreibender durch ein bestimmtes Verhalten den Anschein erweckt, Kaufmann zu sein, und sein Geschäftspartner vielleicht auch nur aus diesem Grund in vertragliche Beziehungen mit dem Unternehmensträger getreten ist. In diesen Fällen ist der Vertragspartner zu schützen, sofern er schutzwürdig ist, d.h. keine Kenntnis vom wahren Sachverhalt hat.

Dieser Schutz wird mit dem Rechtsinstitut des Scheinkaufmanns durchgesetzt. Dabei ist Scheinkaufmann kraft tatsächlichen Verhaltens derjenige, der im kaufmännischen Rechts- und Geschäftsverkehr als Kaufmann auftritt, ohne es tatsächlich zu sein.

II. Gliederung

Muss M sich S gegenüber als Kaufmann behandeln lassen?

1. **M = Kaufmann?**

a) **Gem. § 1 HGB**
(-), Betrieb des M ist mangels Erforderlichkeit einer kaufmännischen Einrichtung kein Handelsgewerbe i.S.d. § 1 II HGB

b) **Gem. § 2 HGB**
(-) mangels Eintragung ins Handelsregister
M ist damit *kein* Kaufmann gem. §§ 1, 2 HGB

2. **M = Scheinkaufmann?**
Vor.:

a) **Rechtsscheinstatbestand**
(+), M erweckt dahingehend Vertrauen, einen großen Gewerbebetrieb zu haben

b) **Zurechenbarkeit**
(+), M veranlasst durch die Prahlerei den Rechtsschein, Istkaufmann i.S.d. § 1 II HGB zu sein

c) **Schutzbedürftigkeit**
(+), keine positive Kenntnis bzw. grob fahrlässige (str.) Unkenntnis der S

d) **Kausalität**
(+), Handeln des S im Vertrauen auf den Rechtsschein

Ergebnis:
M muss sich als Kaufmann behandeln lassen

III. Lösung

M muss sich S gegenüber dann als Kaufmann behandeln lassen, wenn er entweder tatsächlich Kaufmann ist oder aber nach der Lehre vom Scheinkaufmann als Kaufmann gilt.

1. Kaufmannseigenschaft des M

Zunächst ist zu prüfen, ob M Kaufmann ist.

a) Gem. § 1 HGB

Eine Kaufmannseigenschaft könnte sich aus § 1 HGB ergeben. Dann müsste M ein Gewerbe betreiben, das ein Handelsgewerbe i.S.d. § 1 II HGB ist.

Mit der Reparaturwerkstatt betreibt M ein Gewerbe. Allerdings beschäftigt M nur einen einzigen Mitarbeiter. Demnach ist die Werkstatt sehr klein und erfordert weder nach Art noch nach Umfang einen in kaufmännischer Weise eingerichteten Geschäftsbetrieb. M ist folglich kein Istkaufmann i.S.d. § 1 HGB.

b) Gem. § 2 HGB

Mangels Eintragung in das Handelsregister ist M auch nicht Kannkaufmann nach § 2 HGB.

2. M als Scheinkaufmann

M könnte sich jedoch nach der Lehre vom Scheinkaufmann als Kaufmann behandeln lassen müssen.

Dazu müssten die Voraussetzungen des Scheinkaufmanns vorliegen.

a) Rechtsscheinstatbestand

Zunächst ist das Vorliegen eines Rechtsscheinstatbestandes erforderlich. Dies ist dann der Fall, wenn der Handelnde das Vertrauen in eine bestimmte Tatsache erweckt.

M prahlt hier, er habe 50 Mitarbeiter. Außerdem sei er mit Aufträgen in Höhe von „sechsstelligen Beträgen" bis ins Jahr 2006 fast ausgelastet. Damit erweckt er dahingehend Vertrauen, seine Reparaturwerkstatt erfordere nach Art und Umfang einen kaufmännischen Geschäftsbetrieb. Es besteht also ein dahingehender Rechtsscheinstatbestand, M sei Istkaufmann.

Anmerkung: Beachten Sie: Nicht jeder Gewerbebetrieb als solcher erzeugt den Rechtsschein eines kaufmännischen Gewerbes. Dann wäre § 2 HGB nämlich überflüssig. Vielmehr müssen zusätzliche Umstände hinzukommen, wie z.B. das Vorspiegeln von angeblich „riesigen Aufträgen".

b) Zurechenbarkeit

Diesen Rechtsschein müsste M in ihm zurechenbarer Weise veranlasst haben. Hätte er nicht geprahlt, wäre der Rechtsschein nicht entstanden. Die Zurechenbarkeit ist damit zu bejahen.

Anmerkung: Die Zurechenbarkeit beruht grds. nicht auf dem Verschuldens-, sondern vielmehr auf dem **Veranlassungs- (=Risiko-)prinzip.** Daher setzt auch derjenige einen zurechenbaren Rechtsscheinstatbestand, der lediglich auf Grund eines unverschuldeten Irrtums als Kaufmann auftritt. Anderes gilt nur dann, wenn es um das *Unterlassen* der Beseitigung eines von einem Dritten gesetzten Rechtsscheins geht: Dann ist ein Verschulden seitens des vermeintlichen Kaufmanns erforderlich.

Das Setzen eines Rechtsscheins ist keine Willenserklärung, sondern ein **Realakt.** Damit kommt eine Anfechtung gerade *nicht* in Betracht!

c) Schutzbedürftigkeit

Weiterhin ist erforderlich, dass S schutzbedürftig ist. Dies ist er dann, wenn er weder positive Kenntnis noch grob fahrlässige Unkenntnis (dies ist jedoch str.) von den wahren Gegebenheiten hat.

Anmerkung: Die im Handelsverkehr erforderliche Sorgfalt, § 347 HGB, beinhaltet jedoch keine Verpflichtung, Nachforschungen über die Richtigkeit des Rechtsscheins anzustellen. Allerdings sind beim Vorliegen besonderer Umstände Ausnahmen von diesem Grundsatz denkbar.

S weiß hier nicht, dass die Werkstatt des M tatsächlich derart klein ist, dass sie keinen kaufmännischen Geschäftsbetrieb erfordert und M damit in Wirklichkeit kein Kaufmann ist. S ist daher schutzbedürftig.

d) Kausalität

Schließlich ist Kausalität erforderlich, d.h. S müsste im Vertrauen auf den Rechtsschein handeln. Schließt S im Vertrauen auf die Kaufmannseigenschaft des M mit diesem einen Vertrag ab, kann die Kausalität bejaht werden.

Anmerkung: Aus diesem Kausalitätserfordernis ergibt sich, dass es im *reinen Unrechtsverkehr* keine Rechtsscheinshaftung geben kann. Dies führt das folgende Beispiel vor Augen: Keiner lässt sich im Vertrauen auf die Kaufmannseigenschaft des anderen von diesem mit dem Auto anfahren!

Ergebnis: M muss sich gem. § 242 BGB i.V.m. dem Grundsatz der allgemeinen Rechtsscheinshaftung zu Gunsten des S als Kaufmann behandeln lassen, wenn die beiden in vertragliche Beziehungen zueinander treten.

IV. Zusammenfassung

Sound: Scheinkaufmann kraft Auftretens ist derjenige, der durch ein nach außen gerichtetes Verhalten entgegen den tatsächlichen Verhältnissen in zurechenbarer Weise den Anschein erweckt, er betreibe als Inhaber (oder als persönlich haftender Gesellschafter, vgl. dazu Teil 2: Gesellschaftsrecht) ein kaufmännisches Unternehmen.

hemmer-Methode: Beim Scheinkaufmann handelt es sich letztlich nur um einen Sonderfall der allgemeinen Anwendung des Grundsatzes von Treu und Glauben (§§ 242, 157 BGB): Derjenige, der im Rechtsverkehr durch sein Verhalten einen Vertrauenstatbestand schafft, muss sich zu Gunsten schutzwürdiger Dritter so behandeln lassen, als entsprächen seine Behauptungen den Tatsachen. Lernen Sie früh, vernetzt zu denken! So können Sie sich scheinbar unbekannte Fallkonstellationen herleiten und sparen sich „doppeltes Lernen."

V. Zur Vertiefung

- Hemmer/Wüst, Basics Zivilrecht, Bd. 5, Rn. 466.
- Hemmer/Wüst, Handelsrecht, Rn. 61 ff.
- Hemmer/Wüst, Handelsrecht, Karteikarten Nr. 12, 13.

Fall 5: Die telefonische Bürgschaft

Sachverhalt:

S ist freischaffender Straßenkünstler. Er verbürgt sich telefonisch bei der Bank B für eine Verbindlichkeit seines Getränkelieferanten G. Auf Nachfrage der Bank sagt S wahrheitswidrig, er sei ins Handelsregister eingetragen. Als G seine Verbindlichkeiten der B gegenüber nicht begleichen kann, möchte die B den S aus der Bürgschaft in Anspruch nehmen.

Frage: Zu Recht?

I. Einordnung

Durch das Rechtsinstitut des Scheinkaufmanns soll der Vertragspartner in seinem Vertrauen geschützt werden. Dieser Schutz wird dadurch erreicht, dass grundsätzlich sämtliche handelsrechtliche Normen auch auf den Scheinkaufmann angewendet werden (vgl. Fall 4). Dabei entstehen jedenfalls dann keine Bedenken, wenn die fraglichen Normen keine zwingenden Schutzvorschriften zu Gunsten von Nichtkaufleuten abwandeln (z.B. § 347 HGB: Sorgfaltsmaßstab). Probleme ergeben sich jedoch dann, wenn durch die Anwendung der handelsrechtlichen Sondervorschriften gerade solche Normen des BGB modifiziert werden, die zwingend dem Schutz von Nichtkaufleuten dienen. Dies sind insbesondere die Formvorschriften der §§ 766, 780 BGB.

II. Gliederung

Anspruch der B gegen S auf Rückzahlung des Darlehens aus § 765 BGB

Vor.:
Bestehen der zu sichernden Forderung und wirksamer Bürgschaftsvertrag

Zu sichernde Forderung (+), Verbindlichkeit des G

Wirksamer Bürgschaftsvertrag?

1. Zwei übereinstimmende WEen (+)

2. Einhaltung der Form: § 766 S. 1 BGB
S verbürgt sich telefonisch
Schriftform (-), § 766 BGB (-)
grds. Nichtigkeit gem. § 125 BGB

3. Möglicherweise ergibt sich etwas anderes aus § 350 HGB?
Formfreiheit nach § 350 HGB

a) Bürgschaft für S = Handelsgeschäft i.S.d. § 343 I HGB?
Vor.: S = Kaufmann
(-), S ist freischaffender Straßenkünstler und betreibt als Freiberufler folglich kein Gewerbe
S ≠ Kaufmann, Bürgschaft für ihn daher grds. kein Handelsgeschäft
§ 350 HGB grds. (-)

b) ABER: Geltung des § 350 HGB i.V.m. dem Grundsatz der allgemeinen Rechtsscheinshaftung?

(1) Vor.

- Rechtsscheinstatbestand (+)

- Zurechenbarkeit (+)

- Schutzbedürftigkeit (+)

- Kausalität (+)

(2) Rechtsfolge
Grds. § 350 HGB i.V.m. dem Grundsatz der allgemeinen Rechtsscheinshaftung (+)
Einschränkung?
Als Freiberufler kann S niemals ins Handelsregister eingetragen werden; daher kann er auch nicht als Scheinkaufmann behandelt werden, da so die zwingende Schutzvorschrift des § 766 BGB zu Gunsten von Nichtkaufleuten umgangen würde (aber str.)

4. Rechtsmissbrauch, § 242 BGB?
(-), keine Anhaltspunkte
§ 350 HGB ist damit nicht anwendbar
damit ist der Bürgschaftsvertrag formunwirksam und gem. § 125 BGB nichtig

Ergebnis: Anspruch aus § 765 BGB (-)

III. Lösung

1. Anspruch aus § 765 BGB

Die B könnte gegen S einen Anspruch auf Begleichung der Verbindlichkeit des G aus § 765 BGB haben. Dazu müsste einerseits eine zu sichernde Forderung bestehen (Akzessorietät), andererseits müssten B und S einen wirksamen Bürgschaftsvertrag geschlossen haben.

Die Verbindlichkeit des G stellt die zu sichernde Forderung dar.

Fraglich ist allerdings, ob B und S einen wirksamen Bürgschaftsvertrag miteinander abgeschlossen haben.

2. Inhalt der Vereinbarung

Zunächst müssten sich B und S darüber geeinigt haben, dass S für die Schuld des G bürgen sollte. S erklärte am Telefon, für die Verbindlichkeit des G bürgen zu wollen, und B war damit einverstanden. Eine Einigung liegt folglich vor.

Anmerkung: Ob die Parteien wirklich eine Bürgschaft wollen, ist durch Auslegung gem. §§ 133, 157 BGB zu ermitteln. Beachten Sie, dass die Bürgschaftserklärung vom **Garantievertrag** und dem **Schuldbeitritt** abzugrenzen ist (vgl. dazu Hemmer, Die Fälle BGB AT, Fall 41).

3. Formwirksamkeit der Bürgschaftserklärung, § 766 BGB

Weiterhin bedarf die Erklärung des Bürgen zu ihrer Wirksamkeit der Schriftform, vgl. § 766 S. 1 BGB.

S hat seine Erklärung hier telefonisch abgegeben. Damit ist die Schriftform des § 766 S. 1 BGB nicht gewahrt. Der Bürgschaftsvertrag ist demnach grds. auf Grund Formmangels gem. § 125 BGB nichtig.

4. § 350 HGB?

Möglicherweise kommt es vorliegend jedoch gar nicht auf die mangelnde Schriftform an. Das Formerfordernis des § 766 S. 1 BGB könnte hier nämlich gem. § 350 HGB entfallen.

a) Bürgschaft = Handelsgeschäft i.S.d. § 343 HGB?

Gem. § 350 HGB findet § 766 BGB dann keine Anwendung, wenn die Bürgschaft für den Bürgen ein Handelsgeschäft darstellt.

Handelsgeschäfte sind nach § 343 I HGB alle Geschäfte eines Kaufmanns, die zum Betrieb seines Handelsgewerbes gehören. § 344 I HGB stellt dabei eine Vermutung dahingehend auf, dass alle von einem Kaufmann vorgenommenen Geschäfte im Zweifel als zum Betrieb seines Handelsgewerbes gehörig sind.

S müsste jedenfalls Kaufmann sein. Als Freiberufler betreibt er allerdings kein Gewerbe und kann damit kein Kaufmann sein.

Folglich handelt es sich bei der Bürgschaft um kein Handelsgeschäft. § 350 HGB ist damit grds. nicht anwendbar.

Anmerkung: Die Handelsgeschäfte des Kaufmanns werden umfassend in Kapitel V behandelt. Daher wird an dieser Stelle nicht näher darauf eingegangen.

b) Geltung des § 350 HGB i.V.m. dem Grundsatz der allgemeinen Rechtsscheinshaftung

S könnte sich vorliegend jedoch nach den allgemeinen Grundsätzen der Rechtsscheinshaftung als Kaufmann behandeln lassen müssen mit der Folge, dass § 350 HGB zu Gunsten der B anwendbar wäre.

(1) Voraussetzungen

Zunächst müssten die Voraussetzungen der allgemeinen Rechtsscheinshaftung gegeben sein.

(a) Rechtsscheinstatbestand

S erklärte der B gegenüber, er sei ins Handelsregister eingetragen. Damit erweckte er den Rechtsschein, Kaufmann zu sein.

(b) Zurechenbarkeit

Nach dem sog. Veranlasserprinzip (vgl. *Fall 3*) ist dieser Rechtsschein dem S auch zurechenbar.

(c) Schutzbedürftigkeit

Kenntnis der B liegt nicht vor. Die B hätte – jedoch das Handelsregister einsehen und erkennen können, dass S nicht eingetragen war. Allerdings beinhaltet die im Handelsverkehr erforderliche Sorgfalt, § 347 HGB, keine Verpflichtung, Nachforschungen über die Richtigkeit des Rechtsscheins anzustellen. Die Schutzbedürftigkeit der B ist damit zu bejahen.

(d) Kausalität

Schließlich ist Kausalität erforderlich. Bereits die Tatsache, dass die B sich mit einer telefonischen Erklärung des S zufrieden gab, zeigt, dass die B im Vertrauen auf die Kaufmannseigenschaft des S handelte. Andernfalls hätte sie wegen § 766 S. 1 BGB, von dessen Kenntnis man bei einer Bank ausgehen kann, auf einer schriftlichen Erklärung des S bestanden. Die Voraussetzungen der allgemeinen Rechtsscheinshaftung liegen demnach vor.

(2) Rechtsfolge

Grundsätzlich gilt S damit als Kaufmann, so dass die Bürgschaft für ihn gem. §§ 343 I, 344 I HGB ein Handelsgeschäft darstellt und die Abgabe seiner Erklärung, für G bürgen zu wollen, gem. § 350 HGB i.V.m. der allgemeinen Rechtsscheinshaftung auch formlos wirksam wäre.

Fraglich ist allerdings, ob der Scheinkaufmann sich in jedem Fall uneingeschränkt als Kaufmann behandeln lassen muss.

Problematisch ist hier nämlich Folgendes: Als Freiberufler betreibt S kein Gewerbe und kann somit niemals ins Handelsregister eingetragen werden und die Kaufmannseigenschaft erlangen. Er ist also „durch und durch" Nichtkaufmann und daher auch als solcher zu schützen.

Anmerkung: Wäre S Betreiber eines kleinen Theaters, könnte er gem. § 2 HGB durch Eintragung ins Handelsregister die Kaufmannseigenschaft erlangen. Dann würde auch § 350 HGB Geltung finden können. Folglich wäre es dann auch nicht unbillig, ihn hier als Kaufmann zu behandeln. Letztlich ist dies ja gerade der „klassische Fall" des Scheinkaufmanns.

§ 766 BGB ist eine zwingende Schutznorm zu Gunsten des Nichtkaufmanns. Dies bedeutet, dass ein rechtsgeschäftlicher Verzicht auf dessen Geltung nicht möglich ist. Es widerspricht folglich auch dem Charakter einer zwingenden Schutznorm, einen „Verzicht" durch das bloße Auftreten als Kaufmann zuzulassen (so aber die wohl h.M.).

Daher kann § 350 HGB dem S nicht nach den allgemeinen Grundsätzen der Rechtsscheinshaftung entgegengehalten werden.

5. Rechtsmissbrauch?

Eine Berufung des S auf die Formunwirksamkeit der Bürgschaft könnte allerdings rechtsmissbräuchlich i.S.d. § 242 BGB sein. Denn schließlich behauptete er ja wahrheitswidrig, im Handelsregister eingetragen zu sein.

Anmerkung: Aus dem Sinn und Zweck der Formvorschriften, der vor allem in einer Schutz-, Warn- Beratungs- und Kontrollfunktion besteht, ergibt sich, dass die Rechtsfolge der Nichtigkeit bei Vorliegen eines Formmangels grds. nicht korrigiert werden können. Dennoch werden sehr restriktiv zu handhabende Ausnahmefälle über den Gesichtspunkt der unzulässigen Rechtsausübung, § 242 BGB, anerkannt.

Eine Unvereinbarkeit mit Treu und Glauben liegt aber nur dann vor, wenn das Ergebnis der Formnichtigkeit des Vertrages für die betreffende Partei *schlechthin untragbar* wäre. Ein hartes Ergebnis allein genügt nicht. Zur Bestimmung der Frage, wann ein Ergebnis derart untragbar ist, wurden verschiedene Fallgruppen entwickelt (vgl. hierzu Palandt, § 125 Rn. 21 ff.).

Die bloße wahrheitswidrige Behauptung des S unterfällt keiner Fallgruppe. Damit stellt die Berufung des S auf die Formunwirksamkeit keinen Rechtsmissbrauch dar.

Es bleibt damit bei der Geltung des § 766 S. 1 BGB. Mangels Einhaltung der erforderlichen Schriftform ist der Bürgschaftsvertrag formunwirksam und daher gem. § 125 BGB nichtig.

Ergebnis: B hat keinen Anspruch gegenüber S aus § 765 BGB.

hemmer-Methode: Logischer Prüfungsaufbau! Gerade in Fällen wie diesem ist es in der Klausur äußerst wichtig, auf eine saubere Abfolge der Einwendungen und Gegeneinwendungen zu achten. Sie heben sich so deutlich vom Rest ab und sichern sich damit einen Punktevorsprung.

Prägen Sie sich daher folgende *Prüfungsreihenfolge* ein:
1. Anspruchsgrundlage, § 765 BGB
2. Einwand des Formmangels, § 766 BGB
3. Gegeneinwand aus § 350 HGB
4. Gegen-Gegeneinwand der Nichtverzichtbarkeit der Schutznorm trotz Scheinkaufmannseigenschaft
5. Grenze des Rechtsmissbrauchs, § 242 BGB

IV. Zusammenfassung

Sound: Im Falle zwingender Schutzvorschriften ist zwischen nicht eingetragenen Kleingewerbetreibenden (d.h. Kannkaufleuten) und nicht eintragungsfähigen Personen zu unterscheiden. Letztere können nicht durch bloße Erklärung auf die Geltung der zwingenden Schutzvorschriften verzichten. Ihnen kann höchstens in Ausnahmefällen die Einrede des Rechtsmissbrauchs, § 242 BGB, entgegengehalten werden.

hemmer-Methode: Denken Sie auch an eine mögliche Umdeutung der Bürgschaftserklärung in einen formlos wirksamen Schuldbeitritt und schöpfen Sie so den Sachverhalt voll aus! Eine solche Umdeutung hätte aber zur Folge, dass der Schutzzweck des § 766 BGB umgangen würde. Sie scheidet daher im Ergebnis aus.
Wäre die Fragestellung des obigen Falls nicht auf ein mögliches Vorgehen aus der Bürgschaft beschränkt, müssten Sie auch an etwaige Schadensersatzansprüche denken. So kommt zum einen ein Anspruch aus §§ 280 I, 311 II Nr. 3, 241 II BGB („c.i.c.") in Betracht. Auch wenn dieser tatbestandlich gegeben ist, kann er im Ergebnis keinen Schadensersatz gewähren. Zwar handelt S wahrheitswidrig und damit wohl auch arglistig. Wenn aber trotz dieses Verhaltens eine Berufung auf § 125 BGB möglich ist und damit kein Anspruch der B gegen S aus § 765 BGB besteht, darf nicht „durch die Hintertür der c.i.c." doch ein Anspruch hergeleitet werden. Zum anderen ist an einen Schadensersatzanspruch aus § 826 BGB zu denken. Jedoch weist der Sachverhalt keine Anhaltspunkte für das Vorliegen einer vorsätzlichen sittenwidrigen Schädigung seitens des S auf. Damit müsste auch § 826 BGB im vorliegenden Fall verneint werden.

V. Zur Vertiefung

- Hemmer/Wüst, Handelsrecht, Rn. 72 f.
- Hemmer/Wüst, BGB AT II, Rn. 85.
- Hemmer/Wüst, Handelsrecht, Karteikarten Nr. 12, 13.

Kapitel II: Vertretung des Kaufmanns

Fall 6: Wer A sagt, muss auch B sagen

Sachverhalt:

Herta Hummel (H) ist Inhaberin eines Kurzwarengeschäfts. Bereits seit mehreren Monaten bemerkt sie, dass sich ihre Ladenangestellte Juliane Jakobi (J) Kunden gegenüber als Prokuristin ausgibt und die Geschäftskorrespondenz mit dem Zusatz „ppa." (= per procura) unterzeichnet. Da J aber verkäuferisches Talent besitzt, lässt H sie gewähren und unternimmt nichts dagegen. Als J dann aber mit dem Großhändler Gero Ganzhuber (G) einen Kaufvertrag über 1.000 Knäuel Schurwolle in den Farben der Vorsaison abschließt, weigert sich H, die Ware abzunehmen und den Kaufpreis i.H.v. 5.000 € zu entrichten. Schließlich habe J keine Prokura, was ja bereits das Handelsregister dokumentiere. J sei nur zum Verkauf befugt.

Frage: Kann G von H Zahlung des Kaufpreises verlangen?

I. Einordnung

Um heutzutage wettbewerbsfähig zu bleiben, kann ein Kaufmann unmöglich alle Geschäfte selbst tätigen. Den „Tante-Emma-Laden" von früher gibt es so gut wie nicht mehr!

Daher spielt gerade im Handelsverkehr die Stellvertretung des Kaufmanns eine große Rolle. Im Interesse erhöhter Rechtssicherheit kennt das HGB zwei Sonderformen rechtsgeschäftlicher Vertretungsmacht, die vom Umfang her typisiert sind: Die **Prokura** (§§ 48 ff. HGB) und die **Handlungsvollmacht** (§§ 54 ff. HGB).

Grds. gelten über Art. 2 I EGHGB natürlich die Vorschriften der §§ 164 ff BGB. So wird auch die Stellvertretung eines Kaufmanns nach dem *bekannten Schema* geprüft:

1. eigene Willenserklärung

2. in fremdem Namen

3. mit Vertretungsmacht.

Die §§ 48 ff. HGB treffen nur Regelungen in Bezug auf die Vertretungsmacht. Geht es hingegen um die Wissenszurechnung oder ein mögliches Selbstkontrahieren, so bleibt es bei den Regelungen des BGB (§§ 166, 181 BGB).

Anmerkung: Lesen sie einmal die Vorschriften der §§ 59-83 HGB. Auch wenn Prokurist und Handlungsbevollmächtigter zum „großen Heer" der kaufmännischen Angestellten gehören und deren Rechtsverhältnisse damit im Grunde dem Arbeitsrecht zuzuordnen sind, schadet es nicht, diese für den handelsrechtlichen Bereich relevanten Sondervorschriften zu kennen.

II. Gliederung

Anspruch des G gegenüber H auf Kaufpreiszahlung aus § 433 II BGB

Vor.: wirksamer Kaufvertrag, § 433 BGB
G und J einigten sich über den Verkauf der 1000 Knäuel Schurwolle
Wirkung für und gegen H, wenn wirksame Stellvertretung seitens der J, §§ 164 ff. BGB

1. Eigene WE (+)

2. In fremdem Namen (+)
J unterzeichnet „ppa.", daher ergibt sich Handeln in fremdem Namen zumindest aus den Umständen, vgl. § 164 I 2 BGB

3. mit Vertretungsmacht?

a) Prokura?

- **Eintragung, § 53 I HGB**
  Hier (-)
  Aber: Eintragung der Erteilung der Prokura hat rein deklaratorische Wirkung
  Fehlen schadet daher nicht

- **Wirksame Erteilung**
  H = Inhaber eines Handelsgewerbes (+)
  Ausdrückliche Erklärung (-)
  Damit: Prokura (-)
- **b) Handlungsvollmacht, § 54 HGB bzw. Duldungsvollmacht (+)**
  Ergebnis:
  Kaufpreisanspruch gem. § 433 II BGB (+)

III. Lösung

1. Anspruch des G gegenüber H auf Kaufpreiszahlung aus § 433 II BGB

G steht dann ein Anspruch auf Zahlung des Kaufpreises i.H.v. 5000 € gegenüber H zu, wenn ein wirksamer Kaufvertrag zwischen ihnen vorliegt.

G einigte sich hier mit J über den Verkauf von 1000 Knäuel Wolle. Dabei muss H das Handeln der J dann für und gegen sich gelten lassen, wenn J sie beim Vertragsschluss wirksam vertreten hat, §§ 164 ff. BGB.

2. Eigene Willenserklärung

J hat hier eine eigene Willenserklärung abgegeben, § 164 I 1 BGB.

3. In fremdem Namen

Sie müsste im Namen der H gehandelt haben. Jedenfalls geht aus dem von ihr verwendeten Zusatz „ppa." hervor, dass sie nicht sich selbst, sondern den Ladeninhaber verpflichten möchte. Folglich geht zumindest aus den Umständen hervor, dass sie im Namen der H handelte, vgl. § 164 I 2 BGB.

4. Mit Vertretungsmacht

Außerdem müsste J mit Vertretungsmacht gehandelt haben.

a) Prokura

Dies wäre zunächst dann der Fall, wenn J Prokuristin der H wäre, §§ 48 ff. HGB.

(1) Eintragung

Gem. § 53 I HGB ist die Erteilung der Prokura vom Inhaber des Handelsgeschäfts zur Eintragung in das Handelsregister anzumelden.

Das Handelsregister enthält jedoch keinen dahingehenden Eintrag, dass J Prokuristin der H ist. Es stellt sich somit die Frage, ob bereits aus diesem Grund die Stellung der J als Prokuristin zu verneinen ist. Allerdings hat die Eintragung der Prokura rein *deklaratorische* Wirkung. Sie wird also auch ohne Eintragung wirksam. Der Grund ist, dass der Vertragspartner auch außerhalb von der Erteilung der Prokura erfahren haben kann, z.B. auf Grund ständiger Vertragsbeziehungen.

Anmerkung: Man unterscheidet *konstitutiv* und *deklaratorisch* wirkende Eintragungen in das Handelsregister: Während eine Eintragung dann konstitutiv ist, wenn die betreffende Rechtstatsache erst durch sie zur Entstehung gelangt, spricht man dann von deklaratorischer Wirkung, wenn die Eintragung gerade keine Entstehensvoraussetzung für die Rechtstatsache ist. Aber auch deklaratorisch wirkende Eintragungen können Rechtswirkungen haben: Beispielsweise hat die Eintragung der Stellung eines Gesellschafters als Kommanditist für sich gesehen zwar nur deklaratorische Wirkung. Allerdings bestimmt § 176 I 1 HGB, dass die Haftungsbeschränkung erst ab dem Zeitpunkt der Eintragung wirksam wird. Maßgeblich hierfür ist der Schutz der Gläubiger, die aus dem Handelsregister ersehen können sollen, wie die Haftungsverhältnisse unter den Gesellschaftern ausgestaltet sind.

Die fehlende Eintragung der Prokura in das Handelsregister besagt damit noch nicht, dass J keine Prokura hatte.

(2) Wirksame Erteilung

Die Prokura müsste der J wirksam erteilt worden sein.

Gem. § 48 I HGB kann die Prokura nur vom Inhaber des Handelsgeschäfts mittels ausdrücklicher Erklärung erteilt werden.

(a) H = Inhaberin eines Handelsgewerbes

H ist Inhaberin eines Kurzwarengeschäfts und damit eines Gewerbes. Mangels anderer Anhaltspunkte greift die Vermutungswirkung des § 1 II HGB ein, so dass sie als Inhaberin eines Handelsgewerbes anzusehen ist.

Anmerkung: Nur der Inhaber eines Handelsgeschäfts **persönlich** kann Prokura erteilen, vgl. § 48 I HGB arg. e contrario! Dies bedeutet, dass eine Prokura **nicht** durch einen **rechtsgeschäftlichen Vertreter** eines Kaufmanns erteilt werden kann. Daher kann ein Prokurist keine Unterprokura erteilen.

(2) Ausdrückliche Erklärung

H hatte zwar über mehrere Monate hinweg beobachtet, wie J sich als Prokuristin aufführte und nichts dagegen unternommen. Sie hatte der J gegenüber allerdings nicht ausdrücklich erklärt, dass sie ihr Prokura erteile. Eine konkludente Prokuraerteilung ist nach dem eindeutigen Wortlaut des § 48 I HGB ausgeschlossen. Damit kann es weder eine stillschweigend erteilte noch eine Duldungsprokura geben.

Anmerkung: Der Begriff Prokura muss bei der Erteilung jedoch nicht notwendigerweise genannt werden, wenn aus der Formulierung unzweideutig die Erteilung einer Prokura hervorgeht (z.B. Ermächtigung zur Zeichnung „ppa" [per procura]).

Folglich hat H der J keine Prokura gem. § 48 I HGB erteilt.

Damit hatte J keine Vertretungsmacht auf Grund einer Stellung als Prokuristin.

b) Handlungsvollmacht, § 54 HGB bzw. Duldungsvollmacht

Da H das Auftreten der J und folglich auch Bestellungen beim Großhändler seit längerer Zeit billigend in Kauf nahm, hat sie der J damit möglicherweise konkludent Handlungsvollmacht i.S.d. § 54 HGB erteilt. Jedenfalls muss sie sich nach den Grundsätzen der Duldungsvollmacht so behandeln lassen, als hätte sie der J rechtsgeschäftliche Vollmacht erteilt.

Damit handelte J mit Vertretungsmacht, so dass die Voraussetzungen einer wirksamen Stellvertretung gegeben sind. Damit kam ein wirksamer Kaufvertrag zwischen G und H über 1000 Knäuel Schurwolle zu Stande.

Ergebnis: G hat gegenüber H einen Anspruch auf Kaufpreiszahlung i.H.v. 5000 € aus § 433 II BGB.

IV. Zusammenfassung

Sound: Die Erteilung der Prokura kann nur vom Inhaber des Handelsgeschäfts persönlich und mittels ausdrücklicher Erklärung erfolgen. Die konkludente Erteilung einer Prokura ist damit ausgeschlossen.

hemmer-Methode: Gem. § 48 I HGB kann nur der Inhaber eines Handelsgeschäfts Prokura erteilen. Folglich finden die Vorschriften über die Prokura selbst dann keine Anwendung, wenn ein Kleingewerbetreibender, der nicht ins Handelsregister eingetragen ist, seinem Mitarbeiter ausdrücklich Prokura erteilt. Denken Sie in diesem Zusammenhang aber an eine mögliche Umdeutung der „Prokura" gem. § 140 BGB (dazu auch Fall 11) in eine Handlungsvollmacht. Auch wenn § 54 HGB vom „Handelsgewerbe" spricht, findet diese Vorschrift nach herrschender Meinung analoge Anwendung auf Kleingewerbetreibende (vgl. Baumbach / Hopt, § 54 Rn. 6).

V. Zur Vertiefung

- Hemmer/Wüst, Basics Zivilrecht, Bd. 5, Rn. 470.
- Hemmer/Wüst, Handelsrecht, Rn. 85 ff.
- Hemmer/Wüst, Handelsrecht, Karteikarten Nr. 16, 20.

Fall 7: Vertrauen ist gut, Kontrolle besser...

Sachverhalt:

Fredo (F), Inhaber eines Schreibwarengeschäfts, beschäftigt zwei Mitarbeiterinnen, Gundula (G) und Charlotte (C). Er erteilt den beiden „Gesamtprokura", was so auch im Handelsregister eingetragen wird. G verkauft dennoch eines Tages im Alleingang im Namen des F dessen Lieferwagen. Dabei verschweigt sie dem Käufer Rocco (R) arglistig, dass es sich bei dem Lieferwagen um ein Unfallfahrzeug handelt. C ist stillschweigend mit dem Kauf einverstanden. Als R von den wahren Umständen erfährt, erklärt er sogleich der C gegenüber die Anfechtung. C teilt dies jedoch weder F noch G mit. 13 Monate später verlangt R den von ihm bereits bei Vertragsschluss in bar entrichteten Kaufpreis i.H.v. 13.000 € zurück.

Frage: Zu Recht?

I. Einordnung

Der Umfang der Prokura ist im Außenverhältnis grds. unbeschränkt und unbeschränkbar, vgl. § 50 I HGB. Dies erfordern die Leichtigkeit und Schnelligkeit des Handelsverkehrs.

Allerdings ist diese umfassende Bevollmächtigung nicht immer erwünscht, da sie auch gefährlich sein kann. Es empfiehlt sich daher, den Prokuristen bei seinem Handeln einer Kontrollinstanz zu unterziehen. Dies kann über eine Beschränkung der persönlichen Ausübungsbefugnis der Prokura erreicht werden, z.B. durch die Bindung des Prokuristen an die Mitwirkung einer anderen Person.

Wird zwei oder mehr Personen ausdrücklich mit der Bestimmung Prokura erteilt, dass sie nur zusammen handeln können, spricht man von einer *Gesamtprokura*. Dies ist in § 48 II HGB explizit vorgesehen.

II. Gliederung

Anspruch des R auf Rückzahlung der 13.000 € aus § 812 I 1, 1. Alt. BGB

1. **Etwas erlangt**
   Etwas = jeder vermögenswerte Vorteil
   (+), Eigentum und Besitz am Geld

2. **Durch Leistung**
   Bewusste und zweckgerichtete Mehrung fremden Vermögens

⇨ (+), R bezahlte die 13.000 € zur Erfüllung einer (möglicherweise nur vermeintlichen) Verbindlichkeit aus dem Kaufvertrag

3. **Ohne rechtlichen Grund?**
   KV, § 433 BGB, als rechtlicher Grund?

a) **Zustandekommen des Kaufvertrags**
   G einigte sich mit R über den Verkauf des Lieferwagens
   Wirksame Vertretung des F durch G, §§ 164 ff. BGB?

(1) **Eigene WE in fremdem Namen (+)**

(2) **Mit Vertretungsmacht?**
   Prokura, §§ 48 ff. HGB?

- **Sachlicher Umfang, § 49 I HGB (+)**

- **Wirksame Erteilung, § 48 I HGB (+)**

- **Art der Prokura**
  Gesamtprokura, § 48 II HGB
  G ist daher nur dann vertretungsbefugt, wenn sie zusammen mit C handelt
  Alleinige Vertretung der G nach außen ausreichend
  Interne Genehmigung der C ist erfolgt
  Damit: Vertretungsbefugnis der G (+)

b) **Keine Unwirksamkeit des Kaufvertrags** gem. § 142 I BGB?

Vor.: Wirksame Anfechtung

(1) **Anfechtungsgrund**
   § 123 I BGB?
   Arglistiges Verschweigen seitens der G, dass Lieferwagen Unfallfahrzeug ist, stellt arglistige Täuschung i.S.d. § 123 I BGB dar
   G ist nicht Dritte i.S.d. § 123 II BGB

Anfechtungsgrund des § 123 I BGB ist also gegeben

(2) Anfechtungserklärung

Gem. § 143 II BGB gegenüber dem Vertragspartner
Spätestens im Rückzahlungsverlangen liegt Anfechtungserklärung gegenüber F

(3) Anfechtungsfrist

Jahresfrist gem. § 124 I BGB
Fristbeginn mit Entdeckung der Täuschung, § 124 II BGB
Erklärung im Zeitpunkt des Rückzahlungsverlangens daher verfristet
ABER: R gibt unmittelbar nach Entdeckung der Täuschung der C gegenüber eine Anfechtungserklärung ab
Bei der Passivvertretung ist C *alleine* vertretungsbefugt

⇨ Anfechtungserklärung damit fristgerecht
⇨ Anfechtung wirksam
⇨ KV ex tunc unwirksam, § 142 I BGB
⇨ Rechtlicher Grund (-)
⇨ Vor. des § 812 I 1, 1. Alt. BGB (+)

Ergebnis: Rückzahlungsanspruch (+)

III. Lösung

1. Anspruch des R auf Rückzahlung der 13.000 € aus § 812 I 1, 1. Alt. BGB

R könnte gegenüber F einen Anspruch auf Rückzahlung der 13.000 € aus § 812 I 1, 1. Alt. BGB zustehen.

2. Etwas erlangt

Dazu müsste F zunächst etwas erlangt haben. „Etwas" ist dabei jeder vermögenswerte Vorteil. F erlangte hier sowohl Eigentum (gem. § 929 S. 1 BGB) als auch Besitz am Geld. Damit erlangte er einen vermögenswerten Vorteil und folglich auch „etwas" i.S.d. § 812 I 1, 1. Alt. BGB.

3. Durch Leistung

Dies müsste durch Leistung des R, d.h. durch bewusste und zweckgerichtete Mehrung fremden Vermögens erfolgt sein.

R zahlte dem F 13.000 € in bar, um seine (möglicherweise nur vermeintlich bestehende) Verbindlichkeit aus dem Kaufvertrag zu erfüllen. R handelte also bewusst und zweckgerichtet. Eine Leistung liegt somit vor.

4. Ohne rechtlichen Grund

Schließlich müsste die Leistung rechtsgrundlos erfolgt sein.
R hat sich hier mit G über den Kauf des Lieferwagens geeinigt. Damit könnte ein Kaufvertrag vorliegen, der einen rechtlichen Grund i.S.d. § 812 I 1, 1. Alt. darstellen würde.

a) Zustandekommen des Kaufvertrags

Indem R sich mit G über den Kauf des Lieferwagens geeinigt hat, könnte ein wirksamer Kaufvertrag gem. § 433 BGB zwischen R und F zu Stande gekommen sein. Dann müsste G den F wirksam vertreten haben, §§ 164 ff. BGB.

(1) Eigene Willenserklärung in fremdem Namen

G hat hier eine eigene Willenserklärung, die auf den Verkauf des Lieferwagens gerichtet war, abgegeben. Dabei handelte sie im Namen des F, § 164 I BGB.

(2) Mit Vertretungsmacht

G müsste außerdem mit Vertretungsmacht gehandelt haben.
Dies könnte hier dann der Fall sein, wenn G Prokuristin des F wäre.

(a) Umfang

Zunächst ist zu klären, ob der Prokurist überhaupt zum Verkauf eines Lieferwagens des Geschäftsinhabers berechtigt ist.

Gem. § 49 I HGB ermächtigt die Prokura zu allen Arten von Geschäften, die der Betrieb eines Handelsgewerbes mit sich bringt. Damit ist auch der Verkauf eines Firmen-Lieferwagens vom sachlichen Umfang der Prokura gedeckt.

(b) Wirksame Erteilung

Darüber hinaus müsste G auch wirksam Prokura erteilt worden sein, vgl. § 48 HGB.

F, der ein Schreibwarengeschäft besitzt und damit Inhaber eines Handelsgeschäfts ist, hat der G ausdrücklich Prokura erteilt, § 48 I HGB.

(c) Art der Prokura

Allerdings hat F nicht nur der G Prokura erteilt. Vielmehr hatte er G und C zu „Gesamtprokuristinnen" bestellt. Fraglich ist, welche Konsequenz dies für den vorliegenden Fall hat.

Bei der *echten Gesamtprokura* ist jeder Prokurist nur dann vertretungsberechtigt, wenn er mit einem oder allen anderen Prokuristen zusammen handelt. § 48 II HGB lässt diese Art der Prokuraerteilung ausdrücklich zu.

Anmerkung: Dagegen spricht man dann von einer sog. *unechten Gesamtprokura*, wenn der Prokurist nur dann vertretungsberechtigt ist, wenn er gemeinsam mit solchen Personen handelt, die kraft einer organschaftlichen Stellung vertretungsberechtigt sind, so z.B. die Gesellschafter einer oHG. Indem § 125 HGB vorsieht, dass die Vertretungsbefugnis eines Gesellschafters von der Mitwirkung eines Prokuristen abhängig gemacht werden kann, muss auch umgekehrt der Prokurist an die Mitwirkung der Organe der oHG gebunden werden können. Auch bestimmt § 48 II HGB gerade nicht, dass eine Gesamtprokura nur mehreren Prokuristen gegenüber erteilt werden kann. Beachten Sie, dass sich in diesem Fall der sachliche Umfang der Prokura auf den Umfang der Vertretungsmacht des betreffenden Organs erweitert, da sonst die diesem obliegenden Aufgaben nicht mehr durchführbar sind.

Dies bedeutet, dass die G nur dann vertretungsberechtigt ist und den F wirksam verpflichten kann, wenn sie gemeinsam mit der C handelt.

G hat hier allerdings alleine mit R über den Verkauf des Lieferwagens verhandelt und den Vertrag abgeschlossen. C war lediglich nachträglich damit einverstanden. Fraglich ist, ob dies ein „gemeinsames Handeln" in diesem Sinne darstellt.

Da die Gesamtprokura einerseits zwar eine gegenseitige Kontrolle der Prokuristen beabsichtigt, diese andererseits aber nicht handlungsunfähig machen möchte, sind von der Rechtsprechung gewisse Erleichterungen bezüglich des „gemeinsamen Handelns" anerkannt. So müssen die Erklärungen der Gesamtprokuristen nicht notwendigerweise gleichzeitig erfolgen. Sie können vielmehr auch nacheinander handeln. Außerdem wird es bei der Aktivvertretung als ausreichend angesehen, wenn nur der eine Gesamtprokurist im Außenverhältnis auftritt und der andere intern seine Genehmigung erteilt.

Anmerkung: Außerdem ist es nach der Rechtsprechung zulässig, dass der eine Gesamtprokurist den anderen zur Vornahme bestimmter Arten von Geschäften bevollmächtigt.

Damit liegt ein gemeinsames Handeln der beiden Gesamtprokuristinnen G und C vor, so dass G vertretungsberechtigt war und F wirksam verpflichten konnte. Folglich kam zwischen F und R ein Kaufvertrag über den Lieferwagen zu Stande.

b) Keine Unwirksamkeit des Kaufvertrags

Der Kaufvertrag könnte allerdings gem. § 142 I BGB ex tunc unwirksam sein. Dies wäre dann der Fall, wenn R den Kaufvertrag wirksam angefochten hat.

(1) Anfechtungsgrund

Zunächst ist das Vorliegen eines Anfechtungsgrundes erforderlich.

Eine Anfechtung wegen Eigenschaftsirrtums gem. § 119 II BGB scheidet von vornherein auf Grund des Vorrangs des kaufrechtlichen Gewährleistungsrechts aus.

Möglicherweise ist jedoch der Anfechtungsgrund des § 123 I BGB einschlägig.

Anmerkung: Die Anfechtung nach § 123 BGB ist auch dann möglich, wenn dem Käufer daneben kaufrechtliche Mängelansprüche zustehen. Denn der arglistig täuschende Verkäufer ist in diesem Fall nicht schutzwürdig. Vielmehr sollen dem Käufer möglichst viele Rechte zustehen.

Danach kann derjenige anfechten, der durch arglistige Täuschung zur Abgabe einer Willenserklärung bestimmt worden ist.

F selbst hat hier nicht unmittelbar mit R kontrahiert.

Allerdings hat G in den Vertragsverhandlungen arglistig verschwiegen, dass der Lieferwagen ein Unfallfahrzeug ist. Darin könnte eine arglistige Täuschung i.S.d. § 123 I BGB liegen.

Das Verschweigen von Tatsachen stellt nur dann eine Täuschung dar, wenn hinsichtlich der verschwiegenen Tatsache eine Aufklärungspflicht besteht. Nach der Rechtsprechung ist der Verkäufer eines Kraftfahrzeuges dazu verpflichtet, offen zu legen, wenn das Fahrzeug in einen Unfall verwickelt war, da dies einen besonders wichtigen Umstand darstellt. Damit liegt eine arglistige Täuschung seitens der G vor.

Anmerkung: Eine Aufklärungspflicht besteht vor allem in folgenden Fallkonstellationen:
Zum einen hinsichtlich besonders wichtiger Umstände, d.h. solcher Umstände, die für die Willensbildung des anderen Teils offensichtlich von ausschlaggebender Bedeutung sind (vgl. Palandt, § 123 Rn. 5 ff.).
Zum anderen ist der Vertragspartner verpflichtet, rechtlich zulässige Fragen des anderen Teils vollständig und richtig zu beantworten und gegebenenfalls einen diesbezüglichen erheblichen Verdacht mitzuteilen.

Fraglich ist, ob G möglicherweise Dritte i.S.d. § 123 II BGB ist. In diesem Fall könnte R den Kaufvertrag nur dann anfechten, wenn F von der arglistigen Täuschung wusste. Mangels anderer Angaben ist davon auszugehen, dass F keine Kenntnis von der Täuschung hatte. Eine Anfechtung wäre damit ausgeschlossen.

Dritter i.S.d. § 123 II BGB ist allerdings nur der am Geschäft Unbeteiligte. So ist jedenfalls derjenige kein Dritter, der auf Seiten des Erklärungsempfängers steht und maßgeblich am Zustandekommen des Vertrages mitgewirkt hat. Dies ist aber gerade beim Vertreter der Fall. Damit ist G nicht Dritte i.S.d. § 123 II BGB.

Damit kann R den Kaufvertrag nach § 123 I BGB anfechten.

(2)   Anfechtungserklärung

Gem. § 143 II BGB ist die Anfechtung dem Vertragspartner gegenüber zu erklären, hier also dem F. Spätestens in dem Moment, in dem R die Rückzahlung der 13.000 € verlangt, erklärt er wenigstens konkludent, nicht mehr am Vertrag festhalten zu wollen. Eine Anfechtungserklärung liegt damit vor.

(3)   Anfechtungsfrist

Die Erklärung müsste schließlich innerhalb der Jahresfrist des § 124 I BGB abgegeben worden sein. Dabei beginnt die Frist gem. § 124 II BGB in dem Zeitpunkt zu laufen, in dem der Anfechtungsberechtigte die Täuschung entdeckt.

Seit dem Moment, in dem R von den wahren Umständen und damit der Täuschung erfuhr, waren bereits 13 Monate vergangen, bis R dem F gegenüber die Anfechtung erklärte. Damit wäre die Frist nicht gewahrt, die Anfechtung des R folglich unwirksam.

Allerdings hat R unmittelbar nach Entdeckung der Täuschung der C gegenüber eine Anfechtungserklärung abgegeben. Damit wäre die Anfechtung dem F gegenüber fristgerecht erklärt worden, wenn C den F dabei wirksam vertreten hätte, §§ 164 ff. BGB.

Fraglich ist hier lediglich, ob C vertretungs-berechtigt war, als sie die Erklärung alleine entgegennahm. Sie sprach außerdem mit niemandem darüber und damit nicht mit der G, so dass diese kein Einverständnis erteil-te. Allerdings genügt bei der *Passiv*vertre-tung – im Gegensatz zur *Aktiv*vertretung (siehe oben) – in Analogie zu §§ 28 II BGB, 125 II 3 HGB, 35 II 3 GmbHG, dass die Wil-lenserklärung gegenüber *einem* der Ge-samtprokuristen abgegeben wird. Folglich konnte C den F wirksam vertreten und R hat bereits damals F gegenüber die Anfechtung – fristgerecht – erklärt.

Anmerkung: Spannung aufbauen! Sie se-hen, dass die Frage nach der Vertretungs-befugnis der C bei der Entgegennahme der Anfechtungserklärung erst bei der Frage re-levant wird, ob die Erklärung *fristgerecht* er-folgt ist. Daher ist es klausurtaktisch besser, dies erst an dieser Stelle und nicht bereits im Rahmen der Anfechtungserklärung zu prüfen.

Auf Grund der wirksamen Anfechtung ist der Kaufvertrag über den Lieferwagen daher gem. § 142 I BGB ex tunc unwirksam.

Somit ist die Leistung des R an den F rechtsgrundlos erfolgt. Die Voraussetzungen des § 812 I 1, 1. Alt. BGB liegen vor.

Ergebnis: R hat einen Rückzahlungsan-spruch gegenüber F i.H.v. 13.000 € aus § 812 I 1, 1. Alt. BGB (i.V.m. § 818 II BGB).

Anmerkung: Wäre F inzwischen um die 13.000 € entreichert, stellt sich die Frage, ob er sich gem. § 818 III BGB darauf berufen könnte. Dies könnte er jedenfalls dann nicht, wenn er bösgläubig i.S.d. § 819 I BGB wäre. Dann haftete er nach den allgemeinen Vor-schriften, §§ 819 I, 818 IV, 276 BGB (Geld-schulden als Beschaffungsschulden – oder laienhaft ausgedrückt *„Geld hat man zu ha-ben"*).

F selbst wusste jedenfalls nichts von dem Mangel des rechtlichen Grundes i.S.d. § 819 I BGB. Möglicherweise muss er sich aber die Kenntnis der G von der Anfechtbarkeit, die gem. § 142 II BGB nach der erfolgten Anfechtung der Kenntnis vom Mangel des rechtlichen Grundes gleichgestellt wird, zu-rechnen lassen, § 166 I BGB.
Geht es bei Gesamtprokuristen um die Zu-rechnung eines Willensmangels, der Kennt-nis, des bösen Glaubens oder der Arglist (z.B. § 442 BGB) an den Geschäftsinhaber, stellt sich die Frage, ob diese bei *jedem* Prokuristen vorliegen müssen, um die Zu-rechnung eintreten lassen zu können. Aller-dings ist Folgendes zu bedenken: Der Ge-schäftsinhaber wäre umso besser geschützt, je größer die Anzahl seiner Gesamtprokuris-ten wäre. So könnte die Wissenszurechnung stets ausgeschaltet werden. Daher genügt es bei § 166 I BGB, dass die entsprechen-den Umstände bei *einem* Gesamtprokuristen vorliegen. Sie werden dem Geschäftsinha-ber dann zugerechnet.
Damit würde die Kenntnis der G dem F zu-gerechnet, so dass er bösgläubig i.S.d. § 819 I BGB wäre und sich damit nicht auf Entreicherung berufen könnte.

IV. Zusammenfassung

Sound: Die Gesamtprokura ist regelmäßig nur bei der *Aktiv*vertretung von Bedeutung. Geht es hingegen um den Zugang von Wil-lenserklärungen und damit die *Passiv*vertre-tung, ist jeder Gesamtprokurist in Analogie zu den §§ 28 II BGB, 125 II 3 HGB, 35 II 3 GmbHG allein vertretungsbefugt.

hemmer-Methode: Es gibt noch weitere „Spielarten" der echten Gesamtprokura: So kann diese auch in der Weise erteilt werden, dass von einer Mehrzahl von Prokuristen jeweils nur zwei bestimmte Personen zusammen handeln können. Man bezeichnet dies als eine sog. *Gruppenprokura*. Ist ein Gesamtprokurist nur gemeinsam mit einem Einzelprokuristen vertretungsberechtigt, spricht man von einer sog. halbseitigen Gesamtprokura. Sie zeichnet sich also dadurch aus, dass gerade keine wechselseitige Bindung der Vertreter vorliegt.

V. Zur Vertiefung

- Hemmer/Wüst, Handelsrecht, Rn. 95 ff.
- Hemmer/Wüst, Handelsrecht, Karteikarte Nr. 18.

Fall 8: Alles außer Grundstücke

Sachverhalt:

Albert (A) ist ausschließlich im Immobiliengeschäft tätig. Er hat Bertram (B) zu seinem Prokuristen bestellt. B sollte umfassend die Geschäfte des Handelsgewerbes führen. Im Namen des A verkauft B formgerecht ein Grundstück an Cäsar (C) zum Preis von 250.000 €. A ist mit diesem Kaufpreis ganz und gar nicht einverstanden und will den Kaufvertrag daher nicht gegen sich gelten lassen. Für den Umfang der Prokura gelte ja wohl immer noch der Grundsatz „Alles außer Grundstücke". Ist A an den Kaufvertrag gebunden?

Frage: Zu Recht?

I. Einordnung

Zum Schutz des Rechtsverkehrs ist der sachliche Umfang der Prokura für das Außenverhältnis durch § 49 I HGB zwingend festgelegt, vgl. § 50 I HGB. Die Prokura zeichnet sich dadurch aus, dass sie zur Vornahme aller Geschäfte ermächtigt, die der Betrieb *irgend*eines Handelsgewerbes mit sich bringt. Eine wichtige Einschränkung dieses Grundsatzes enthält jedoch § 49 II HGB.

II. Gliederung

Wirksame Stellvertretung des A durch B?

1. Eigene WE (+)

2. In fremdem Namen
(+); B handelte im Namen des A

3. Mit Vertretungsmacht
Prokura?

a) Erteilung (+)

b) Umfang:

Gem. § 49 I HGB alle Geschäfte, die der Betrieb irgendeines Handelsgewerbes mit sich bringt

Gem. § 49 II HGB: grds. keine Veräußerung von Grundstücken

In **analoger Anwendung** betrifft dies bereits das Verpflichtungsgeschäft, hier den Verkauf

Ausnahme:
Erteilung einer besonderen Befugnis

Hier wohl konkludent neben Prokuraerteilung erfolgt, da A ausschließlich im Immobiliengeschäft tätig (a.A. vertretbar)

⇨ Damit Vertretungsmacht des B (+)

⇨ Stellvertretung wirksam

Ergebnis:
A ist an den Vertrag gebunden

III. Lösung

B und C einigten sich hier formwirksam, § 311 b I 1 BGB, über den Verkauf des Grundstücks des A, § 433 BGB. A ist dann an diesen Kauvertrag gebunden, wenn B ihn dabei wirksam vertreten hat, §§ 164 ff. BGB.

Dies ist dann der Fall, wenn B eine eigene Willenserklärung im Namen des A abgegeben hat und darüber hinaus mit Vertretungsmacht handelte.

1. Eigene Willenserklärung

Mangels anderer Anhaltspunkte ist davon auszugehen, dass B die Willenserklärung, gerichtet auf den Verkauf des Grundstücks, als eigene Willenserklärung abgab.

2. In fremdem Namen

B gab die Willenserklärung im Namen des A ab und handelte damit in fremdem Namen.

3. Vertretungsmacht

B müsste ferner Vertretungsmacht gehabt haben. Diese könnte sich daraus ergeben, dass B als Prokurist handelte.

a) Erteilung der Prokura

A hatte den B zum Prokuristen bestellt und ihm damit Prokura erteilt, § 48 I HGB.

b) Umfang der Prokura

(1) § 49 I HGB

Als Prokurist ist B gem. § 49 I HGB grds. zur Vornahme aller Geschäfte ermächtigt, die der Betrieb eines Handelsgeschäfts mit sich bringt.

Anmerkung: Grds. ist der Umfang der Vertretungsmacht bei der Prokura im Außenverhältnis also unbeschränkt. Der Prokurist kann grds. alle Geschäfte tätigen, die der Betrieb irgendeines Handelsgeschäfts mit sich bringt. So kann der Prokurist des Inhabers einer Autowerkstatt auch teuren Schmuck einkaufen und handelt hierbei mit Vertretungsmacht. Da der Betrieb irgendeines Handelsgeschäfts, nämlich derjenige eines Juweliergeschäfts, derartige Geschäfte mit sich bringt, ist es unerheblich, dass eine Autowerkstatt in der Regel keinen Schmuck ankauft.

(2) § 49 II HGB

Fraglich ist allerdings, ob B mit der Veräußerung des Grundstücks den Umfang seiner Vertretungsmacht eingehalten hat. § 49 II HGB gestattet dem Prokuristen grds. nämlich nicht, Grundstücke zu veräußern. In analoger Anwendung betrifft dieses Veräußerungsverbot bereits das zu Grunde liegende Verpflichtungsgeschäft.

Anmerkung: Beachten Sie: die Beschränkung des § 49 II HGB muss sich über den Wortlaut hinaus bereits auf das Verpflichtungsgeschäft erstrecken. Andernfalls könnte der Prokurist den Kaufmann zum Verkauf eines Grundstücks verpflichten und diesen damit zur Erfüllung zwingen. Dann liefe der von § 49 II HGB gewollte Schutz leer.

Allerdings geht aus § 49 II HGB a.E. hervor, dass der Inhaber des Handelsgeschäfts dem Prokuristen eine besondere Befugnis – etwa durch eine zusätzliche Vollmacht – zur Veräußerung (und damit auch zum Verkauf) von Grundstücken erteilen kann. Fraglich ist, ob dies vorliegend erfolgt ist. A war hier ausschließlich im Immobiliengeschäft tätig. Er hatte dem B aus dem Grund Prokura erteilt, damit dieser umfassend die laufenden Geschäfte tätigen konnte. Davon erfasst sind jedoch auch der Verkauf und die Veräußerung von Grundstücken, was das Kerngeschäft des A ausmacht. Damit hat A dem B neben der Prokura konkludent die Vollmacht erteilt, Grundstücke zu verkaufen und zu veräußern. B handelte im vorliegenden Fall daher mit Vertretungsmacht.

Anmerkung: Einer anderen Auffassung zufolge bedarf die Erweiterung des Umfangs der Prokura gem. § 49 II HGB ebenso wie die Erteilung der Prokura einer ausdrücklichen Erklärung, § 48 I HGB, und der Eintragung in das Handelsregister, vgl. Koller/Roth/Morck, § 49 Rn. 8. Lediglich zur Vornahme einzelner Grundstücksgeschäfte kann dem Prokuristen eine konkludente Vollmacht erteilt werden.

Ergebnis: Auf Grund wirksamer Stellvertretung ist A gem. § 164 I BGB an den geschlossenen Kaufvertrag gebunden.

IV. Zusammenfassung

Sound: Die Prokura ist eine rechtsgeschäftlich erteilte Vertretungsmacht (Vollmacht), deren weitreichender Umfang gesetzlich fixiert ist, §§ 49 f. HGB. Der Prokurist ist also ein kaufmännischer Angestellter, dessen Wirkungsbereich im Interesse der Rechtssicherheit im Außenverhältnis gesetzlich festgelegt ist.

hemmer-Methode: Nur ein Kaufmann kann Prokura erteilen. Erteilt ein Kleingewerbetreibender, der mangels Eintragung kein Kaufmann ist, „Prokura", so erweckt er gegebenenfalls den Rechtsschein, Kaufmann zu sein und muss nach den allgemeinen Regeln der Rechtsscheinshaftung die handelsrechtlichen Vorschriften gegen sich gelten lassen (vgl. Fall 3, 4). Denken Sie in einem derartigen Fall jedoch stets an eine mögliche Umdeutung der „Prokura" in eine bürgerlich-rechtliche Generalvollmacht, § 140 BGB (näher dazu Fall 11).

V. Zur Vertiefung

- Hemmer/Wüst, Basics Zivilrecht, Bd. 5, Rn. 468 ff.
- Hemmer/Wüst, Handelsrecht, Rn. 83 ff.
- Hemmer/Wüst, Handelsrecht, Karteikarte Nr. 17.

Fall 9: Befugnisse des Prokuristen

Sachverhalt:

Prokurist P kauft als Stellvertreter des Kaufmanns K ein Grundstück von V. Das Grundstück wird an K aufgelassen und dieser im Grundbuch eingetragen. Der Kaufpreis wird nur zum Teil sofort gezahlt. Für den Restkaufpreis bestellt P in Vertretung des K unter Übergabe eines Briefes eine Grundschuld für V, die sogleich eingetragen wird.

Frage: Ist die Bestellung der Grundschuld wirksam?

I. Einordnung

§ 49 II HGB enthält zwei gesetzliche Beschränkungen der Prokura: Weder die Veräußerung von Grundstücken noch die Belastung von Grundstücken ist von der dem Prokuristen per Gesetz eingeräumten Vertretungsmacht gedeckt.

Allerdings gibt es auch Fälle, in denen es entgegen dem Wortlaut des § 49 II HGB denkbar ist, dass die Prokura als solche bereits zur Belastung von Grundstücken ermächtigt, ohne dass die Erteilung einer besonderen Befugnis erforderlich wäre (vgl. § 49 II HGB a.E.). Dies soll anhand des vorliegenden Falls dargestellt werden.

II. Gliederung

Wirksamkeit der Bestellung der Grundschuld

1. Einigung zwischen K und V
   K selbst hat nicht gehandelt
   wirksame Stellvertretung des K durch P, §§ 164 ff. BGB?

a) Abgabe einer eigenen WE im Namen des K (+)

b) Mit Vertretungsmacht?
   P = Prokurist
   Bestellung der Grundschuld vom Umfang der Prokura gedeckt?

(1) Grundsatz: § 49 I HGB
   Prokurist zur Vornahme aller Geschäfte ermächtigt, die der Betrieb eines Handelsgeschäfts mit sich bringt

(2) Gesetzliche Beschränkung: § 49 II HGB

(a) Belastung von Grundstück und damit Bestellung einer Grundschuld grds. *nicht* vom Umfang der Vertretungsmacht gedeckt
   Besondere Befugnis, vgl. § 49 II HGB a.E. nicht erteilt

(b) ABER:
   Hier Sonderfall der Bestellung einer *Restkaufpreisgrundschuld*

   Der Erwerb eines bereits belasteten Grundstücks wäre von Vertretungsmacht des § 49 I HGB gedeckt gewesen
   ⇨ Daher gilt § 49 II HGB für Restkaufpreisgrundschuld nicht (so die h.M.)
   ⇨ Damit: Vertretungsmacht (+)
   ⇨ Wirksame Stellvertretung also (+)
   ⇨ Einigung KV (+)

2. Eintragung, §§ 1191, 873 BGB (+)

3. Briefübergabe, §§ 1192 I, 1116 I, 1117 I BGB (+)

4. Verfügungsbefugnis
   (+), K ist Eigentümer des Grundstücks und als solcher verfügungsbefugt

Ergebnis:
Bestellung der Grundschuld (+)

III. Lösung

Die Bestellung der Grundschuld ist dann wirksam, wenn die Voraussetzungen hierfür gegeben sind.

1. Einigung

K und V müssten sich über die Bestellung einer Grundschuld am Grundstück des K geeinigt haben.

K selbst hat keine Verhandlungen mit V geführt. Allerdings haben P und V sich darüber geeinigt, dass eine Grundschuld für V bestellt werden sollte. Diese Erklärung des P könnte für und gegen K Wirkung entfalten. Voraussetzung hierfür ist jedoch eine wirksame Stellvertretung des K durch P, §§ 164 ff. BGB.

a) Abgabe einer eigenen Willenserklärung in fremdem Namen

Es ist davon auszugehen, dass P eine eigene Willenserklärung im Namen des K abgegeben hat, vgl. § 164 I BGB.

b) Vertretungsmacht

Fraglich ist aber, ob P im vorliegenden Fall mit Vertretungsmacht handelte. Diese könnte sich aus seiner Stellung als Prokurist ergeben.

(1) Grundsatz: § 49 I HGB

Gem. § 49 I HGB ist der Prokurist grds. zur Vornahme aller Geschäfte ermächtigt, die der Betrieb eines Handelsgeschäfts mit sich bringt.

(2) Einschränkung, § 49 II HGB

Jedoch enthält § 49 II HGB eine Beschränkung dieses Grundsatzes. Dort ist nämlich bestimmt, dass die Vertretungsmacht des Prokuristen sich nur dann auf die Veräußerung und Belastung von Grundstücken erstreckt, wenn ihm diesbezüglich eine besondere Befugnis erteilt worden ist, sog. Immobiliarklausel.

(a) Grundsätzlich stellt die Bestellung einer Grundschuld die Belastung eines Grundstücks dar.

Eine besondere Befugnis des P fehlt im vorliegenden Fall. Insbesondere fehlen Anhaltspunkte für die Annahme einer konkludenten Erteilung einer derartigen Befugnis (anders im Fall 5). Danach wäre das Handeln des P nicht von der Prokura gedeckt gewesen.

(b) Es stellt sich allerdings die Frage, ob die Bestellung der Grundschuld hier überhaupt eine Belastung eines Grundstücks i.S.d. § 49 II HGB darstellt. Denn die Besonderheit des vorliegenden Falls besteht darin, dass die Belastung des Grundstücks mit der „Restkaufpreisgrundschuld" nur der Abwicklung des Erwerbs dient, es sich also um eine bloße Erwerbsmodalität handelt.

Folgende Erwägung kann hier angestellt werden: Wenn der Prokurist schon das ganze Grundstück kaufen kann, dann sollte ihm zu Finanzierungszwecken auch der „eingeschränkte Grundstückserwerb" gestattet sein, d.h. der Eigentumserwerb bei gleichzeitiger Sicherung der Restkaufpreisforderung durch ein Grundpfandrecht. Außerdem hätte bereits V das Grundstück mit einer Eigentümergrundschuld belasten und erst dann an K verkaufen und auflassen können. Der Erwerb eines belasteten Grundstücks wird allerdings von der Vertretungsmacht des § 49 I HGB gedeckt. Es besteht folglich kein Bedarf, § 49 II HGB auf die Bestellung mit einer Restkaufpreisgrundschuld anzuwenden.

Anmerkung: Hätte P an Stelle einer Grundschuld eine Restkaufpreishypothek für K bestellt, käme man hier zum gleichen Ergebnis.

P handelte folglich mit Vertretungsmacht. Die Voraussetzungen der Stellvertretung liegen demnach vor, die Willenserklärung des P wirkt für und gegen K.

Folglich liegt eine Einigung zwischen K und V vor.

2. Eintragung, §§ 1191 I, 873 BGB

Die Eintragung der Grundschuld ins Grundbuch ist erfolgt, vgl. §§ 1191 I, 873 BGB.

3. Briefübergabe, §§ 1192 I, 1116 I, 1117 I BGB

Außerdem wurde der Grundschuldbrief übergeben, vgl. §§ 1192 I, 1116 I, 1117 I BGB.

4. Verfügungsbefugnis

Als Eigentümer des Grundstücks ist K schließlich verfügungsbefugt.

Anmerkung: Da die Bestellung der Grundschuld sich hier im Verhältnis zwischen K und V vollzieht, ist selbstverständlich auf die Verfügungsbefugnis des K abzustellen. Damit wird die Person des P nur im Rahmen der Prüfung der Einigung relevant!

Ergebnis: Die Bestellung der Grundschuld war wirksam.

IV. Zusammenfassung

Sound: Der Umfang der Prokura ist im Außenverhältnis grds. unbeschränkt und unbeschränkbar, vgl. § 50 I HGB. Jedoch bestehen einzelne Grenzen, die zum Schutz des Kaufmanns bestehen. Gem. § 49 I HGB ist der Prokurist nicht zur Vornahme von Handlungen ermächtigt, die nicht auf den Betrieb eines Handelsgewerbes gerichtet sind; Privatgeschäfte des Kaufmanns und sog. Grundlagengeschäfte sind folglich nicht durch die Prokura gedeckt. § 49 II HGB enthält eine weitere gesetzliche Beschränkung hinsichtlich der Veräußerung und Belastung von Grundstücken.

hemmer-Methode: Lernen Sie nicht zu schematisch! Sie laufen sonst Gefahr, mögliche Probleme zu übersehen. Hätten Sie sich also im vorliegenden Fall nur gemerkt, dass der Prokurist gem. § 49 II HGB nicht zur Belastung eines Grundstückes ermächtigt ist, wenn ihm diesbezüglich keine besondere Befugnis erteilt wurde, wären Sie nicht auf den „Clou" des Falles gekommen.

V. Zur Vertiefung

- Hemmer/Wüst, Basics Zivilrecht, Bd. 5, Rn. ff.
- Hemmer/Wüst, Handelsrecht, Rn. 91 f.
- Hemmer/Wüst, Handelsrecht, Karteikarte Nr. 17.

Fall 10: Wie gewonnen, so zerronnen

Sachverhalt:

Panther (P) ist Prokurist des Einzelkaufmanns Kramer (K). Auf Grund von Meinungsverschiedenheiten über die Zweckmäßigkeit bestimmter Geschäfte widerruft K Anfang April die Prokura. Er versperrt P den Zugang zum Geschäft. Am Monatsende weigert sich K, dem P die vereinbarte monatliche Vergütung i.h.v. 3.500 € zu zahlen. P habe schließlich auch nicht mehr gearbeitet.

Frage: Kann P von K Zahlung der Vergütung für den Monat April verlangen?

I. Einordnung

Auf Grund des weitreichenden und gesetzlich zwingend festgelegten sachlichen Umfangs der Prokura wäre es höchst problematisch, wenn der Geschäftsinhaber weiterhin an das Bestehen der Prokura gebunden wäre, selbst wenn er dem Prokuristen gegenwärtig kein Vertrauen mehr entgegen brächte. Um nicht in eine gefährliche Abhängigkeit vom Prokuristen zu geraten, ordnet § 52 I HGB die freie Widerruflichkeit der Prokura an.

II. Gliederung

Vergütungsanspruch des P gem. § 611 I BGB

1. Anspruch entstanden?
Vor.: Wirksamer DienstV, § 611 BGB
Hier (+)
Damit: Anspruch entstanden

2. Anspruch erloschen?

a) Infolge des Widerrufs der Prokura?
Freie Widerruflichkeit der Prokura, § 52 I HGB
ABER: keine Auswirkung auf das zu Grunde liegende Rechtsverhältnis, vgl. § 52 I HGB a.E.
Damit: Vergütungsanspruch nicht automatisch erloschen

b) Infolge fristloser Kündigung?
⇨ Vorliegen eines wichtigen Grundes, § 626 BGB
Entzug der Prokura als derartiger wichtiger Grund?

⇨ Konkreter Einzelfall entscheidend

Bloße Meinungsverschiedenheiten stellen in der Regel jedoch keinen wichtigen Grund i.S.d. § 626 I BGB dar

Außerdem wäre § 52 I HGB a.E. überflüssig

Wichtiger Grund (-)
Fristlose Kündigung daher (-)

c) Gem. §§ 326 I 1, 614 BGB?

(1) Grundsatz
P hat im April nicht gearbeitet, so dass grundsätzlich auch der Vergütungsanspruch entfällt

(2) Ausnahme: § 615 S. 1 BGB?
(+), Annahmeverzug des K bezüglich der Dienste des P
Insbesondere war ein Angebot seitens des P gem. § 296 BGB entbehrlich
Damit: Anspruch nicht erloschen

Ergebnis:
Vergütungsanspruch (+)

III. Lösung

1. Anspruch des P gegen K auf Zahlung der Vergütung für den Monat April i.H.v. 3.500 € gem. § 611 I BGB

P könnte gegenüber K einen Vergütungsanspruch gem. § 611 I BGB haben. Dann müsste der Anspruch entstanden und dürfte nicht wieder erloschen sein.

2.   Anspruch entstanden

Das Bestehen eines Vergütungsanspruchs setzt voraus, dass zwischen P und K ein wirksamer Dienstvertrag vorliegt, § 611 I BGB. Regelmäßig ist der Prokurist auf Grund eines Dienstvertrages beim Geschäftsinhaber angestellt. Folglich besteht auch zwischen K und P ein Dienstvertrag. Damit ist der Vergütungsanspruch des P gegen K aus § 611 I BGB entstanden.

3. Anspruch erloschen?

Dieser Anspruch könnte allerdings erloschen sein.

a) Infolge des Widerrufs der Prokura?

Fraglich ist, wie sich die Tatsache auswirkt, dass K die Prokura des P widerrufen hat.

Gem. § 52 I HGB ist die Prokura ohne Rücksicht auf das der Erteilung zu Grunde liegende Rechtsverhältnis jederzeit frei widerruflich. Der Geschäftsinhaber soll nicht in eine gefährliche Abhängigkeit vom Prokuristen geraten und ihm so jederzeit das Vertrauen entziehen können.

Gem. § 52 I HGB a.E. wird der Vergütungsanspruch durch den Widerruf der Prokura allerdings nicht berührt. Das bedeutet, dass die Prokura sowohl hinsichtlich ihrer Erteilung als auch ihres Widerrufs völlig losgelöst von den Bestimmungen des Dienstvertrages und damit abstrakt ist.

Anmerkung: Die Prokura ist aber dann nicht abstrakt vom zu Grunde liegenden Rechtsverhältnis, also beispielsweise dem Dienstvertrag, wenn *dieses* erlischt. Gem. § 168 I BGB erlischt dann nämlich auch die Prokura!

Damit ist der Vergütungsanspruch des P nicht infolge des Widerrufs der Prokura erloschen.

Anmerkung: Die Rechtsprechung erkennt allerdings aus gesellschaftsrechtlichen Gründen auch Ausnahmen von der freien Widerruflichkeit der Prokura an: Wenn einem stillen Gesellschafter, einem Kommanditisten oder einem von der Vertretung ausgeschlossenen persönlich haftenden Gesellschafter auf Grund des Gesellschaftsvertrags Prokura erteilt wird, so muss analog §§ 117, 127 HGB ein wichtiger Grund gegeben sein, damit die Prokura entzogen werden kann.

b) Infolge fristloser Kündigung?

Möglicherweise hat K dem P zugleich fristlos gekündigt, als er die Prokura widerrufen hat.

Dabei stellt nicht jeder Entzug einer Prokura automatisch einen wichtigen Kündigungsgrund i.S.d. § 626 I BGB dar. Abzustellen ist dabei jeweils auf den konkreten Einzelfall.

K müsste die Prokura des P daher aus solchen Gründen widerrufen haben, die zugleich wichtig i.S.d. § 626 I BGB sind. Anlass für den Entzug der Prokura waren hier Meinungsverschiedenheiten über die Zweckmäßigkeit bestimmter Geschäfte. Dies alleine vermag jedoch keinen wichtigen Grund i.S.d. § 626 I BGB darzustellen, der es K keineswegs zumutet, die Frist einer ordentlichen Kündigung abzuwarten. Außerdem wäre andernfalls die Regelung des § 52 I HGB a.E. überflüssig, da der Vergütungsanspruch zwar nicht auf Grund des Widerrufs der Prokura, wohl aber infolge der damit einhergehenden fristlosen Kündigung entfiele.

Daraus folgt, dass der Vergütungsanspruch des P auch nicht auf Grund einer fristlosen Kündigung entfallen ist.

c) Gem. §§ 326 I 1, 614 BGB?

Der Vergütungsanspruch könnte schließlich gem. §§ 326 I 1, 614 BGB untergegangen sein.

P hat im April keine Dienstleistung erbracht. Damit würde er der Grundregel der §§ 326 I 1, 614 BGB zufolge keinen Anspruch auf Vergütung mehr haben: Ohne Arbeit kein Lohn.

Allerdings könnte sich etwas anderes aus § 615 S. 1 BGB ergeben. Denn K hatte dem P den Zugang zum Laden versperrt, so dass es P gar nicht möglich war, seine Leistung zu erbringen. Vielmehr war K dadurch gem. § 293 BGB mit der Annahme der Dienste des P in Annahmeverzug geraten. Ein tatsächliches Angebot seitens des P war insbesondere gem. § 296 BGB entbehrlich. Daraus folgt, dass P trotz tatsächlicher Nichtleistung die vereinbarte Vergütung i.H.v. 3.500 € verlangen kann.

Der Vergütungsanspruch ist also nicht untergegangen.

Ergebnis: P steht ein Anspruch auf Zahlung der vereinbarten Vergütung für den Monat April i.H.v. 3.500 € gegenüber K zu.

V. Zusammenfassung

Sound: Die Prokura ist grundsätzlich frei widerruflich, § 52 I HGB, wobei dies keine Auswirkungen auf das schulrechtliche Grundverhältnis hat. Der Prokurist verliert nur dann seine Vergütungsansprüche, wenn der Entzug der Prokura aus einem Grund geschieht, der zugleich ein wichtiger i.S.d. § 626 I BGB ist.

hemmer-Methode: Erlischt die Prokura *eines* Gesamtprokuristen, so bleibt diejenige des *anderen* Gesamtprokuristen davon unberührt. Allerdings verwandelt sich diese nicht automatisch in eine Einzelprokura. Dies bedeutet, dass der andere Gesamtprokurist vorerst nur *passiv* vertretungsbefugt ist, also Willenserklärungen entgegennehmen kann, vgl. §§ 28 II BGB, 125 II 3 HGB, 35 II 3 GmbHG analog. Die Gesamtprokura des „übrig gebliebenen" Gesamtprokuristen erhält erst dann wieder ihren ursprünglichen Umfang zurück, wenn die Gesamtprokura an einen neuen Vertreter erteilt ist.

V. Zur Vertiefung

- Hemmer/Wüst, Handelsrecht, Rn. 107 f.
- Hemmer/Wüst, Arbeitsrecht, Rn. 431 ff.

Fall 11: Gerettete Prokura

Sachverhalt:

Der 17-jährige Michael Mischelin (M) hat von seinem Großonkel einen größeren Reifenhandel geerbt. Seine Eltern haben ihm den selbständigen Betrieb des Unternehmens erlaubt, auch die erforderliche Genehmigung des Familiengerichts wurde eingeholt. Kurz darauf erteilt M seinem 19-jährigen Schulfreund Pierre Pirelli (P) Prokura, die weder im Handelsregister einge-tragen noch vom Familiengericht genehmigt wird. P bestellt in der Folgezeit im Namen des M beim Versandhaus Qualle (Q) eine Waschmaschine, die Q umgehend an M liefert. Dieser weigert sich jedoch, den Kaufpreis i.H.v. 600 € zu bezahlen.

Frage: Steht Q gegen M ein Zahlungsanspruch i.H.v. 600 € zu?

I. Einordnung

Ist die Erteilung einer Prokura fehlgeschla-gen, müssen Sie stets die Möglichkeit einer Umdeutung gem. § 140 BGB in eine Hand-lungsvollmacht (§ 54 HGB) in Erwägung ziehen. Dieses Problem kann Ihnen in der Klausur auch und gerade im Zusammen-hang mit Minderjährigenrecht begegnen, da der minderjährige Kaufmann nicht ohne wei-teres Prokura erteilen kann.

II. Gliederung

Anspruch des Q gegen M auf Bezahlung aus § 433 II BGB

Vor.: Wirksamer KV

1. M – Q: direkter Vertragsschluss (-)

2. Wirksame Vertretung des M durch P, §§ 164 ff. BGB?
Abgabe einer eigenen WE im Namen des M (+)
Mit Vertretungsmacht?

a) Prokura?

(1) Umfang
(+), gem. § 49 I HGB

(2) Wirksame Erteilung?
Gem. § 48 I HGB
M = Kaufmann, § 1 HGB?
Reifenhandel = Handelsgewerbe i.S.d. § 1 II HGB
M ist damit „Istkaufmann" i.S.d. § 1 HGB

Keine sonstigen Wirksamkeits-hindernisse

(P): M = 17 Jahre,
beschränkt geschäftsfähig, §§ 2, 106 BGB

Gem. §§ 112 I 2, 1643, 1822 Nr. 11 BGB ist eine familiengerichtliche Genehmigung bzgl. der Prokuraerteilung erforderlich

Hier (-)
Daher: wirksame Erteilung der Prokura (-)

b) Handlungsvollmacht, § 54 I HGB?

(1) Erteilung

Ausdrücklich?
(-), M hat dem P ja gerade Prokura erteilt

ABER: Umdeutung gem. § 140 BGB?

- **wirksames Ersatzgeschäft**
  (+), Handlungsvollmacht = Minus gegen-über der Prokura

- **mutmaßlicher Parteiwille (+)**

- **(P): Minderjährigkeit des M?**
  Keine familiengerichtliche Genehmigung erforderlich
  Generalermächtigung der Eltern gem. § 112 I 1 BGB damit ausreichend
  § 140 BGB (+)
  Daher: wirksame Erteilung einer Hand-lungsvollmacht (+)

(2) Abschluss des Kaufvertrages vom Um-fang der Handlungsvollmacht gedeckt?

Vor.: Geschäft, das ein Reifenhandel ge-wöhnlich mit sich bringt, vgl. § 54 I HGB a.E.

⇒ Kauf einer Waschmaschine (-)
⇒ Damit: Vertretungsmacht (-)
⇒ Wirksame Stellvertretung (-)
⇒ Wirksamer Kaufvertrag also (-)

Ergebnis: Anspruch (-)

III. Lösung

Möglicherweise steht Q gegenüber M ein Anspruch auf Zahlung des Kaufpreises i.H.v. 600 € zu, § 433 II BGB.

Voraussetzung hierfür ist, dass Q und M einen wirksamen Kaufvertrag über die Waschmaschine geschlossen haben, § 433 BGB.

1. Direkter Vertragsschluss Q – M

Q und M selbst haben keine Vertragsverhandlungen miteinander geführt. Damit haben die beiden unmittelbar keinen Vertrag miteinander geschlossen.

2. Wirksame Stellvertretung

Allerdings haben sich P und Q über den Kauf der Waschmaschine geeinigt. Die Willenserklärung des P, die auf den Ankauf der Waschmaschine gerichtet war, könnte für und gegen M wirken. Dies ist dann der Fall, wenn P den M wirksam vertreten hat, §§ 164 ff. BGB.

P hat eine eigene Willenserklärung abgegeben; er handelte im Namen des M, § 164 I BGB. Fraglich ist jedoch, ob er mit Vertretungsmacht handelte.

a) Prokura

Diese könnte sich aus einer Prokura ergeben. Dazu müsste der Kauf der Waschmaschine zum einen vom Umfang der Prokura gedeckt sein. Außerdem müsste die Erteilung der Prokura als solche wirksam sein.

(1) Umfang

Gem. § 49 I HGB ist der Prokurist zur Vornahme aller Geschäfte ermächtigt, die der Betrieb (irgend)eines Handelsgewerbes mit sich bringt. Der Kauf einer Waschmaschine fällt in den Geschäftsbereich irgendeines Handelsgewerbes und ist daher vom Umfang der Prokura erfasst.

(2) Wirksame Erteilung

M müsste dem P jedoch auch wirksam Prokura erteilt haben. Dazu ist zum einen erforderlich, dass M Kaufmann ist, vgl. § 48 I HGB. Außerdem dürften keine sonstigen Wirksamkeitshindernisse entgegenstehen.

(a) Kaufmannseigenschaft des M

M müsste Kaufmann sein, vgl. § 48 I HGB. Er betreibt einen größeren Reifenhandel und damit ein Handelsgewerbe i.S.d. § 1 II HGB. M ist folglich „Istkaufmann" gem. § 1 HGB.

(b) Keine sonstigen Wirksamkeitshindernisse

Möglicherweise steht der wirksamen Erteilung der Prokura aber die Tatsache entgegen, dass M als 17-Jähriger gem. §§ 2, 106 BGB beschränkt geschäftsfähig ist.

Gem. § 107 BGB bedarf der beschränkt Geschäftsfähige für die Vornahme solcher Rechtsgeschäfte, die nicht lediglich rechtlich vorteilhaft sind, der Einwilligung seiner gesetzlichen Vertreter.

Die Erteilung der Prokura führt dazu, dass der Prokurist im Namen des Inhabers des Handelsgeschäfts Verträge abschließen und diesen damit verpflichten kann, was einen rechtlich Nachteil bedeutet. Folglich ist die Erteilung einer Prokura ein Rechtsgeschäft, das nicht lediglich rechtlich vorteilhaft ist. Damit bedarf M hierzu gem. §§ 107, 111 BGB der Einwilligung seiner gesetzlichen Vertreter und damit seiner Eltern, §§ 1626, 1629 BGB.

Eine besondere Einwilligung der Eltern liegt hier nicht vor.

Allerdings haben die Eltern den M mit Genehmigung des Familiengerichts dazu ermächtigt, den Reifenhandel selbständig zu betreiben. Gem. § 112 I 1 BGB ist der Minderjährige dann grds. hinsichtlich solcher Rechtsgeschäfte unbeschränkt geschäftsfähig, die der Geschäftsbetrieb mit sich bringt.

Eine Ausnahme von diesem Grundsatz ist in § 112 I 2 BGB geregelt: Bei bestimmten Rechtsgeschäften kann zusätzlich die Genehmigung des Familiengerichts erforderlich sein. Dies ist bei der Prokuraerteilung gem. §§ 1643 I, 1822 Nr. 11 BGB der Fall.

Mangels Vorliegens dieser besonderen familiengerichtlichen Genehmigung konnte M dem P also nicht wirksam Prokura erteilen.

Folglich hat P nicht auf Grund einer Prokura mit Vertretungsmacht gehandelt, als er den Kaufvertrag über die Waschmaschine abschloss.

Anmerkung: Die Umdeutung dient also dazu, den Willen der Beteiligten aufrecht zu erhalten. So entsprechen andersartige oder weitreichendere Rechtsfolgen nicht dem ursprünglich Gewollten und können daher durch eine Umdeutung nicht begründet werden.

b) Handlungsvollmacht

P könnte aber auf Grund einer Handlungsvollmacht i.S.d. § 54 HGB mit Vertretungsmacht gehandelt haben.

(1) Erteilung

Zunächst müsste P dem M überhaupt Handlungsvollmacht erteilt haben.

(a) Ausdrückliche Erteilung

Eine ausdrückliche Erteilung ist hier nicht erfolgt. M wollte dem P ja gerade Prokura erteilen.

(b) Umdeutung, § 140 BGB

Möglicherweise kann aber die unwirksame Prokuraerteilung in die Erteilung einer Handlungsvollmacht umgedeutet werden. Dazu müssten die Voraussetzungen des § 140 BGB vorliegen.

(aa) Wirksames Ersatzgeschäft

In dem nichtigen Rechtsgeschäft muss ein wirksames Ersatzgeschäft enthalten sein, das seinerseits ein „Weniger" gegenüber dem nichtigen Geschäft darstellt.

Dies bedeutet also, dass mit der Erteilung der Handlungsvollmacht der durch die Prokuraerteilung bezweckte Erfolg ganz oder teilweise erreicht werden können muss.

Sowohl Prokura als auch Handlungsvollmacht räumen dem Vertreter in gesetzlich festgelegtem Umfang Vertretungsmacht ein. Dabei ist die Prokura vom Umfang her weiter: Im Gegensatz zur Handlungsvollmacht ermächtigt sie den Vertreter zur Vornahme sämtlicher Geschäfte, die der Betrieb irgendeines (und damit nicht lediglich „eines derartigen", vgl. § 54 I HGB a.E.) Handelsgeschäfts mit sich bringt. Auch ist eine sachliche Beschränkung Dritten gegenüber bei der Prokura unmöglich (anders bei der Handlungsvollmacht, vgl. § 54 III HGB, wenn auch nur bei Kenntnis / Kennenmüssen des Dritten).

Folglich schließt die Prokura die Handlungsvollmacht umfangmäßig ein.

(bb) Mutmaßlicher Parteiwille

Schließlich ist anzunehmen, dass M und P gewollt haben, dass P wenigstens irgendeine Vollmacht erhalten sollte.

(cc) (P): Minderjährigkeit des M?

Schließlich dürfte die Minderjährigkeit des M nicht der Erteilung der Handlungsvollmacht entgegenstehen. Denn auch das Ersatzgeschäft muss ja wirksam sein.

Auch die Erteilung einer Handlungsvollmacht ist ein Rechtsgeschäft, das nicht lediglich rechtlich vorteilhaft ist, § 107 BGB.

Anders als die Prokuraerteilung bedarf sie jedoch keiner familiengerichtlichen Genehmigung. Somit genügt die Generalermächtigung der Eltern nach § 112 I BGB. Damit stellt die Erteilung der Handlungsvollmacht ein Rechtsgeschäft dar, das M wirksam vornehmen konnte.

Eine Umdeutung ist folglich möglich. Daher liegt eine wirksame Erteilung einer Handlungsvollmacht i.S.d. § 54 HGB vor.

(2) Umfang

Weiterhin müsste P auf Grund der durch die Handlungsvollmacht eingeräumten Vertretungsmacht dazu ermächtigt sein, eine Waschmaschine zu kaufen.

Gem. § 54 I HGB räumt die Handlungsvollmacht allerdings nur Vertretungsmacht zur Vornahme solcher Geschäfte ein, die der Betrieb eines *derartigen* Handelsgewerbes, bezogen auf den vorliegenden Fall also eines Reifenhandels, mit sich bringt. Der Kauf einer Waschmaschine ist jedoch keinesfalls ein für den Reifenhandel branchentypisches Geschäft.

P handelte folglich ohne Vertretungsmacht.

Damit liegen die Voraussetzungen für eine wirksame Stellvertretung, §§ 164 ff. BGB, nicht vor.

P konnte den M also nicht wirksam verpflichten.

Ergebnis: Mangels Vorliegens eines Kaufvertrages hat Q keinen Anspruch gegenüber M auf Zahlung des Kaufpreises gem. § 433 II BGB.

Anmerkung: P handelte folglich als Vertreter ohne Vertretungsmacht. Gem. § 179 I BGB kann Q sich an ihn halten und wahlweise Erfüllung oder Schadensersatz verlangen. Wiederholen Sie diese Ihnen aus dem BGB AT bekannte Problematik!

IV. Zusammenfassung

Sound: Die Handlungsvollmacht ist eine Vollmacht, die zur Vornahme solcher Geschäfte ermächtigt, die der Betrieb eines bestimmten Handelsgewerbes mit sich bringt, vgl. § 54 I HGB a.E. Im Gegensatz zur Prokura räumt sie also nur Vertretungsmacht hinsichtlich **branchentypischer** Geschäfte ein, *nicht* jedoch in Bezug auf alle Geschäfte *irgendeines* Handelsgewerbes.

hemmer-Methode: Anders als die Prokuraerteilung ist die Erteilung einer Handlungsvollmacht auch in konkludenter Form möglich. Folglich spielen hier auch die Regeln über **Duldungs-** und **Anscheinsvollmacht** eine bedeutende Rolle.

Dabei ist im bürgerlichen Recht äußerst umstritten, ob eine *Anscheinsvollmacht* rechtsgeschäftliche Bindung erzeugen kann oder aber ob lediglich eine Haftung des Vertretenen aus §§ 280 I, 241 II, 311 II BGB ("c.i.c.") in Betracht kommt. Folgt man der h.M., die hier eine vertragliche Bindungswirkung annimmt, stellt sich weiterhin das Problem, ob der Dritte ein Wahlrecht hat, den Vertretenen auf Grund der Anscheinsvollmacht in Anspruch zu nehmen oder sich aber gem. § 179 I BGB an den Vertreter zu halten. Gegen ein derartiges Wahlrecht wird vorgebracht, dass § 179 I BGB auf die Fälle zu beschränken sei, in denen der Geschäftspartner ein berechtigtes Interesse daran habe, den Vertreter in Anspruch zu nehmen. Dieses Interesse bestünde gerade dann, wenn der Vertretene nach den Regeln der Anscheinsvollmacht haften müsse. Andererseits muss sich der Dritte aber in Fällen der Rechtsscheinshaftung immer auch auf die wahre Rechtslage stützen können. Das Institut der Rechtsscheinshaftung dient schließlich allein *seinem* Schutz.

V. Zur Vertiefung

Fall 12: Nichts als Ärger mit dem Prokuristen

Sachverhalt:

Unternehmer U ist Inhaber einer großen Kfz-Werkstatt. Sein Prokurist P hat bei der Bank B im Namen des U ein Darlehen i.H.v. 100.000 € aufgenommen. Zum vereinbarten Zeitpunkt begehrt die B Rückzahlung der 100.000 €. U allerdings verweigert die Rückzahlung, da er dem P die Aufnahme von Krediten untersagt und die B auch gewusst habe, dass U für gewöhnlich keine Kredite in diesem Rahmen in Anspruch nehme. Außerdem habe P den gesamten Betrag sofort auf seinem Privat-Konto gutschreiben lassen.

Frage: Steht der B ein Rückzahlungsanspruch i.H.v. 100.000 € gegen den U zu?

I. Einordnung

Die Prokura ist eine besondere Form der Vollmacht und legt das *rechtliche Können* des Prokuristen fest. Überschreitet der Prokurist die durch die Prokura festgelegten Grenzen der Vertretungsmacht, handelt er als Vertreter ohne Vertretungsmacht, ist also sog. *falsus procurator*. In diesem Fall entfaltet das von ihm abgeschlossene Geschäft keine Wirkung für und gegen den Vertretenen. Vielmehr gelten die §§ 177 ff. BGB zu Gunsten des Vertragspartners.

Der Umfang der Prokura ist gesetzlich bestimmt, vgl. § 49 HGB (siehe Fall 8). Dabei kommt eine rechtsgeschäftliche Beschränkung Dritten gegenüber nicht in Betracht, vgl. § 50 I HGB.

Selbstverständlich steht es dem Kaufmann frei, dem Prokuristen im Innenverhältnis, welches das *rechtliche Dürfen* bestimmt, Beschränkungen aufzulegen (vgl. auch den Wortlaut des § 50 I HGB: „...Dritten gegenüber..."). Überschreitet der Vertreter sein rechtliches Dürfen, hält sich aber gleichwohl im Rahmen seines rechtlichen Könnens – was angesichts des § 50 I HGB gerade und vor allem bei der Prokura relevant werden kann –, wird der Vertretene grundsätzlich verpflichtet. In Ausnahmefällen greifen jedoch die Regeln über den Missbrauch der Vertretungsmacht ein.

II. Gliederung

Anspruch der B gegen U auf Rückzahlung des Darlehens gem. § 488 I 2 BGB

1. Fälligkeit des Darlehens, § 488 I 2 BGB (+)

2. Wirksamer Darlehensvertrag, § 488 BGB?
U – B: direkter Vertragsschluss (-)
Wirksame Vertretung des U durch P, §§ 164 ff. BGB?

a) Abgabe einer eigenen WE im Namen des U, § 164 I BGB (+)

b) Mit Vertretungsmacht?
Prokura, §§ 48 ff. HGB?
(1) Wirksame Erteilung, § 48 I HGB (+)
(2) Umfang, § 49 I HGB
(+); Aufnahme von Krediten = Geschäft, das der Betrieb eines Handelsgewerbes gewöhnlich mit sich bringt
Beschränkung der Vertretungsmacht Dritten ggü. unwirksam, § 50 I HGB
Damit: Stellvertretung grds. wirksam

(3) (P): Wissen der B um die Tatsache, dass U gewöhnlich keine derartigen Kredite aufnimmt
Regeln über den *Missbrauch der Vertretungsmacht*?
Modifikation dieses Instituts im Handelsrecht:

(a) Vor.:
Bewusstes Handeln des Vertreters zum Nachteil des Vertretenen
und:

- M.M.: Kenntnis des Vertragspartners vom Missbrauch; bloßes Kennenmüssen damit anders als im allg. Zivilrecht nicht ausreichend
- H.M.: grob fahrlässige Nichtkenntnis ausreichend; überzeugend, denn sonst liefe Schutz des Vertretenen völlig leer

B hätte Missbrauch zumindest erkennen müssen wohl (+)
Damit: Grundsätze vom Missbrauch der Vertretungsmacht (+)

(b) Rechtsfolgen str.

(aa) BGH: § 242 BGB

(bb) Lit.: §§ 177 ff. BGB

(cc) Stellungnahme

Lit. ist überzeugend, da genauere und flexiblere Festlegung der Rechtsfolgen möglich
Vorteil für den Vertretenen: Genehmigung bleibt möglich

⇨ Damit P = falsus procurator
⇨ Wirksame Stellvertretung (-)
⇨ Darlehensvertrag U – B (-)

Ergebnis: Anspruch (-)

III. Lösung

1. Anspruch der B gegen U auf Rückzahlung der Darlehenssumme gem. § 488 I 2 BGB

B könnte gegen U ein Anspruch auf Rückzahlung der Darlehenssumme i.H.v. 100.000 € zustehen, § 488 I 2 BGB.
Voraussetzung hierfür ist, dass das Darlehen zur Rückzahlung fällig ist und ein wirksamer Darlehensvertrag vorliegt, § 488 BGB.

2. Fälligkeit des Darlehens

Dem Sachverhalt zufolge ist das Darlehen zur Rückzahlung fällig, vgl. § 488 I 2 BGB.

3. Wirksamer Darlehensvertrag

B und U selbst haben nicht unmittelbar miteinander verhandelt.
Allerdings hat der Prokurist P im Namen des U ein Darlehen bei der B aufgenommen.
Möglicherweise wirkt das Handeln des P für und gegen U. Dies setzt voraus, dass P den U wirksam i.S.d. §§ 164 ff. BGB vertreten hat.

a) Abgabe einer eigenen Willenserklärung im Namen des U

P hat eine eigene Willenserklärung, gerichtet auf den Abschluss des Darlehensvertrages i.S.d. § 488 BGB, abgegeben.

b) Mit Vertretungsmacht

P müsste außerdem mit Vertretungsmacht gehandelt haben. Diese könnte sich hier aus der Stellung des P als Prokurist ergeben, §§ 48 ff. HGB.

(1) Wirksame Erteilung der Prokura

Mangels Anhaltspunkten kann davon ausgegangen werden, dass U dem P wirksam Prokura erteilt hat, vgl. § 48 I HGB.

(2) Umfang

Weiterhin müsste die Aufnahme eines Darlehens vom Umfang der durch die Prokura eingeräumten Vertretungsmacht gedeckt sein.
Gem. § 49 I HGB ermächtigt die Prokura zur Vornahme aller Geschäfte, die ein Handelsgewerbe mit sich bringt. Der Abschluss eines Darlehensvertrages kann als derartiges Geschäft angesehen werden.
U hat dem P allerdings untersagt, Kredite aufzunehmen. Damit könnte er die Vertretungsmacht des B beschränkt haben. Gem. § 50 I HGB entfaltet diese Beschränkung jedoch lediglich im Innenverhältnis zwischen U und P Wirkungen. Der B gegenüber ist sie grundsätzlich wirkungslos.

P handelte demnach grundsätzlich mit Vertretungsmacht. Die Voraussetzungen einer wirksamen Stellvertretung gem. §§ 164 ff. BGB lägen demnach vor.

(3) Missbrauch der Vertretungsmacht

Problematisch erscheint hier aber, dass die B wusste, dass U gewöhnlich keine Kredite i.H.v. 100.000 € aufnahm. Damit könnten die Regeln über den Missbrauch der Vertretungsmacht eingreifen.

(a) Grundsatz

Missbraucht der Prokurist seine Vertretungsmacht, liegt grundsätzlich eine wirksame Stellvertretung vor.

Denn der Vertretene, der den Vertreter bewusst eingeschaltet hat und dessen Vorteil das Rechtsinstitut der Stellvertretung ja in erster Linie dient, soll auch das Risiko eines Missbrauchs der Vertretungsmacht tragen. Der Vertreter handelt schließlich „im Rahmen der Vertretungsmacht" und ist so der Risikosphäre des Vertretenen zuzurechnen.

(b) Ausnahme

Anderes gilt jedoch dann, wenn der Schutz des Vertretenen ausnahmsweise vorrangig ist. Handeln nämlich der Vertreter und der Geschäftspartner bewusst zum Nachteil des Vertretenen zusammen oder ist der Vertragspartner aus einem anderen Grund nicht schutzwürdig, etwa weil er den Missbrauch der Vertretungsmacht erkannt hat, kann der Missbrauch nicht dem Einflussbereich des Vertretenen zugerechnet werden.

Anmerkung: Im allgemeinen Zivilrecht unterscheidet man *zwei Fallgruppen* des Missbrauchs der Vertretungsmacht:
1. Kollusion:
Vertreter und Vertragspartner wirken einverständlich zum Nachteil des Vertretenen zusammen
2. Evidenz:
Der Vertragspartner hatte Kenntnis vom Missbrauch der Vertretungsmacht durch den Vertreter oder hätte Kenntnis haben müssen, weil es „evident", d.h. offensichtlich war.

Dieses Problemfeld kennen Sie bereits aus dem BGB AT! Sie sehen, viele sog. „Basics" tauchen in einem anderen Kontext wieder auf. Richten Sie daher Ihr besonderes Augenmerk auf das Erlernen allgemeiner Strukturen und lernen Sie früh, vernetzt zu denken. Sie sparen sich so viel Zeit und Mühe und vermeiden damit einen frühzeitigen „Wissensinfarkt".

Mangels eines einverständlichen Zusammenwirkens zwischen B und P kommt hier nur die Fallgruppe der *Evidenz* in Betracht.

(c) Voraussetzungen

Zunächst müssten die Voraussetzungen vorliegen.

Anmerkung: Während die Fallgruppe der Kollusion bei der Prokura wie im normalen Zivilrecht behandelt wird, erfährt diejenige der Evidenz eine Modifikation.
Denn sonst wäre der Vertragspartner bei ungewöhnlichen Geschäften stets verpflichtet nachzuforschen, ob der Prokurist möglicherweise seine Vertretungsmacht missbrauche, um nicht dem Vorwurf ausgesetzt zu sein, den evidenten Missbrauch fahrlässig verkannt zu haben. Ansonsten bestünde eine weitgehende Rechtsunsicherheit. Außerdem wäre der Schutzgedanke, dass sich der Vertragspartner auf den Umfang der Prokura verlassen kann, nicht mehr gewährleistet.

(aa) Bewusstes Handeln zum Nachteil des Vertretenen

Anders als in den normalen Fällen des Missbrauchs der Vertretungsmacht ist bei der Prokura (und im Übrigen auch bei den anderen Vertretungsregeln des HGB mit gesetzlich festgelegtem Umfang, so z.B. auch der Handlungsvollmacht) ein bewusstes Handeln des Prokuristen zum Nachteil des vertretenen Kaufmanns erforderlich.

U hatte dem P hier ausdrücklich die Aufnahme von Krediten untersagt.

P setzte sich jedoch wissentlich über diese Anweisung hinweg und ließ die ausbezahlte Darlehenssumme darüber hinaus sofort bei seinem Privatkonto gutschreiben. Damit ist das Erfordernis des bewussten Handelns zum Nachteil des Vertretenen erfüllt.

(bb) Kenntnis bzw. Kennenmüssen des Vertragspartners

Des Weiteren ist streitig, welche Anforderungen an den Vertragspartner zu stellen sind.

Eine Ansicht verlangt hier, dass der Vertragspartner den Missbrauch positiv erkennen muss. Bloßes Erkennenmüssen soll danach anders als im allgemeinen Zivilrecht nicht ausreichen.

Die wohl überwiegende Auffassung lässt es ausreichen, wenn der Missbrauch grob fahrlässig verkannt wird.

Dies erscheint letztlich auch überzeugend. Andernfalls liefe der Schutz des Vertretenen nahezu völlig leer.

Der B war hier bekannt, dass U für gewöhnlich keine Kredite in diesem Rahmen in Anspruch nahm. Damit hätte sich ihr ein Missbrauch geradezu aufdrängen müssen.

Folglich kann hier von einer grob fahrlässigen Verkennung des Missbrauchs der Vertretungsmacht durch P ausgegangen werden.

Damit liegen die Voraussetzungen einer Evidenz vor und die Regeln über den Missbrauch der Vertretungsmacht greifen ein.

(d) Rechtsfolge

Umstritten ist allerdings die Rechtsfolge.

(aa) BGH: § 242 BGB

Der BGH wendet an dieser Stelle § 242 BGB an: Hat der Vertreter von seiner Vertretungsmacht in ersichtlich verdächtiger Weise Gebrauch gemacht, so dass beim Vertragspartner begründete Zweifel entstehen mussten, so kann der Geschäftsherr einer Inanspruchnahme aus dem Vertrag die Arglisteinrede des § 242 BGB entgegenhalten.

Trifft den Vertretenen eine Mitverantwortung – etwa weil er den Vertreter nicht ordnungsgemäß überwacht hat – seien die nachteiligen Folgen des Rechtsgeschäfts nach § 254 BGB zu teilen.

(bb) Lit.: §§ 177 ff. BGB

Die wohl überwiegende Meinung in der Literatur verneint eine vertragliche Bindung des Vertretenen. Allerdings würden die §§ 177 ff. BGB entsprechend gelten, so dass der Vertretene beispielsweise bei Abschluss eines günstigen Geschäfts dieses genehmigen könne. In diesem Fall werde er selbst berechtigt und verpflichtet. Verweigere er hingegen seine Genehmigung, so werde das zunächst nur schwebend unwirksame Geschäft endgültig unwirksam.

(cc) Stellungnahme

Für die Ansicht der Literatur spricht, dass die Regeln der §§ 177 ff. BGB eine flexiblere Rechtsfolge ermöglichen. Nur so kann der Vertretene ein für ihn günstiges Geschäft trotz Missbrauchs der Vertretungsmacht an sich ziehen.

Die „halbe Vertretung" der Rechtsprechung erscheint hingegen auch aus einem anderen Grund nicht überzeugend. So betrifft § 254 BGB Schadensersatzansprüche und damit die Sekundärebene. Folglich kann er nicht auf der Ebene des hier in Frage stehenden Primäranspruchs angewendet werden.

Damit ist der Auffassung der Literatur zu folgen.

Anmerkung: Trifft den Vertretenen ein Verschulden, so entfällt nach der Lösung der Lit. die Vertretungsmacht gleichwohl. Allerdings steht dem Vertragspartner u.U. ein Schadensersatzanspruch aus §§ 280 I, 241 II, 311 II BGB zu. Dieser Anspruch ist jedoch in jedem Fall – eventuell bis auf Null – zu kürzen, da den Vertragspartner auf Grund der Kollusion bzw. Evidenz ein Mitverschuldensanteil trifft. In dieser Konstellation wird § 254 BGB an der logisch richtigen Stelle angewandt!

Die Vertretungsmacht des P entfällt. Demnach konnte P den U nicht wirksam verpflichten. Ein Darlehensvertrag zwischen U und B liegt nicht vor.

Ergebnis: B steht kein Anspruch auf Rückzahlung des Darlehens aus § 488 I 2 BGB zu.

Anmerkung: Anhaltspunkte für eine pflichtwidrige Überwachung des P durch U liegen nicht vor. Damit kommt auch ein Schadensersatzanspruch der B aus §§ 280 I, 241 II, 311 II BGB nicht in Betracht.
Da im Übrigen die Auszahlung der 100.000 € direkt an P erfolgte, hat U auch nichts erlangt, was er über die Vorschriften einer ungerechtfertigten Bereicherung, §§ 812 ff. BGB, herausgeben müsste.
Ein Anspruch der B gegen P gem. § 179 I BGB scheitert daran, dass die B den Missbrauch der Vertretungsmacht kannte, vgl. § 179 III BGB.

IV. Zusammenfassung

Sound: Missbraucht der Prokurist seine Vertretungsmacht, kann er den Geschäftsinhaber grundsätzlich wirksam i.S.d. §§ 164 ff. BGB vertreten. Ist der Vertragspartner aber nicht schutzwürdig, kommt nach den Grundsätzen des Missbrauchs der Vertretungsmacht *kein* Geschäft zwischen ihm und dem Vertretenen zu Stande. Dies ist dann der Fall, wenn *Kollusion* oder *Evidenz* gegeben sind.

hemmer-Methode: Versuchen Sie stets, sich den Sinn und Zweck einer Norm vor Augen zu führen! Gerade im Handelsverkehr müssen sich die Geschäftspartner unbedingt auf den gesetzlich garantierten Umfang der Prokura verlassen können. Eine Nachforschungspflicht hinsichtlich etwaiger Beschränkungen wäre nicht mit der Leichtigkeit und Schnelligkeit des Handelsverkehrs zu vereinbaren.

V. Zur Vertiefung

- Hemmer/Wüst, Basics Zivilrecht, Bd. 5, Rn. 476 f.
- Hemmer/Wüst, Handelsrecht, Rn. 106.
- Hemmer/Wüst, Handelsrecht, Karteikarte Nr. 19.

Fall 13: Geschäftstüchtiger Schwager

Sachverhalt:

Dietrich (D) ist Inhaber eines Elektrofachgeschäfts. Als er wegen eines dringenden Termins kurz seinen Laden verlassen muss, bittet er seinen Schwager Siegbert (S), solange aufzupassen. S könne etwaige Kunden beraten, den Verkauf möchte D dann aber selbst durchführen.

Innerhalb der Stunde verkauft S dem Emil (E) einen DVD-Player, wobei er ihm einen Preisnachlass i.h.v. 30% gewährt. S hat die Preise des D immer schon als viel zu hoch empfunden. D allerdings ist ganz und gar nicht mit dem Geschäft einverstanden und verlangt erbost von E die Herausgabe des DVD-Players.

Frage: Zu Recht?

I. Einordnung

Zum Schutz des Rechtsverkehrs enthält § 56 HGB eine dahingehende unwiderlegliche Vermutung, dass der Ladenangestellte in den dort genannten Fällen als Bevollmächtigter handelt. Relevant wird diese Vermutungsregelung vor allem in den Fällen, in denen der Angestellte sein rechtliches Können überschreitet und folglich als Vertreter ohne Vertretungsmacht handelt. Auf Grund der Regelung des § 56 HGB ist der Vertrag zum Schutz des Vertragspartners dennoch wirksam.

Anmerkung: Die h.M. misst § 56 HGB daher zwei Wirkungen zu:
1. Die Erteilung einer Vollmacht mit einem bestimmten Inhalt (vgl. Fall 14).
2. Für den Fall, dass keine Vollmacht erteilt wurde, die unwiderlegliche Vermutung, nach der der Angestellte als bevollmächtigt gilt (vgl. den vorliegenden Fall 13).

II. Gliederung

Anspruch aus § 985 BGB
1. E = Besitzer i.S.d. § 854 I BGB (+)
2. D = Eigentümer?
   Ursprünglich (+)
   Verlust durch wirksame Übereignung an E, §§ 929 ff. BGB?

a) Einigung
Unmittelbar zwischen D und E (-)

Einigung zwischen S und E (+)
Wirksame Stellvertretung seitens des S, §§ 164 ff. BGB?

Abgabe einer eigenen WE im Namen des D, § 164 I BGB (+)

Mit Vertretungsmacht?

(1) Rechtsgeschäftliche Vertretungsmacht = Vollmacht?
(-), S sollte nur beratend tätig werden

(2) § 56 HGB?

(a) Kaufmannseigenschaft des D
(+); D = Kaufmann i.S.d. § 1 HGB

(b) Verkauf innerhalb eines Ladens
(+), unter den Begriff des „Verkaufs" fallen auch die damit einhergehenden dinglichen Geschäfte

(c) S = „Angestellter"
Vor.: Handeln mit Wissen und Wollen des Ladeninhabers im Rahmen des Verkaufs (+)

(d) guter Glaube des E, 54 III HGB entsprechend (+)
Damit besteht eine unwiderlegliche Vermutung dahingehend, dass S als bevollmächtigt gilt
Wirksame Stellvertretung also (+)
Einigung D – E (+)

b) Übergabe (+)
c) Verfügungsbefugnis (+)
E = neuer Eigentümer

D ≠ Eigentümer
§ 985 BGB (-)

Anspruch aus § 1007 II 1, III BGB

1. D = früherer Besitzer

2. Abhandenkommen?

Gleicher Begriff wie i.R.d. § 935 BGB

a) Abhandenkommen = Besitzverlust ohne oder gegen den Willen des bisherigen Besitzers

S gab DVD-Player zwar freiwillig weg **ABER:** S = bloßer Besitzdiener § 855 BGB Damit unfreiwilliger Besitzverlust des D i.S.d. § 935 I 1 BGB

b) ABER: § 56 HGB überwindet § 935 I BGB; ansonsten liefe § 56 HGB leer Abhandenkommen folglich (-)

3. Außerdem E = neuer Eigentümer

Ergebnis: Anspruch (-)

Anspruch aus § 812 I 1, 1. Alt. BGB

1. E = etwas erlangt?
(+), Besitz und Eigentum am DVD-Player

2. Durch Leistung des D?
= Bewusste und zweckgerichtete Vermehrung fremden Vermögens
S handelte bewusst und zweckgerichtet
Handeln des S wird dem D wie eigenes Handeln zugerechnet
Also Leistung des D (+)

3. Ohne rechtlichen Grund?
Kaufvertrag?
Wirksame Stellvertretung durch S?

(P): Vertretungsmacht

a) Rechtsgeschäftlich erteilt (-)

b) § 56 HGB?

(1) (P): auch Preisnachlass erfasst?
(+), Vertretungsmacht gilt auch im Hinblick auf Nebenabreden, z.B. die Einräumung eines Rabatts, als erteilt

(2) Übrige Vor. grds. (+)
Damit Wirksamkeit der Stellvertretung (+)
Kaufvertrag D – E (+)
Rechtlicher Grund (+)

Ergebnis: Anspruch (-)

III. Lösung

Anspruch aus § 985 BGB

D könnte gegen E ein Anspruch auf Herausgabe des DVD-Players aus § 985 BGB zustehen.

Dazu müsste D noch Eigentümer des DVD-Players und E Besitzer ohne Recht zum Besitz i.S.d. § 986 BGB sein.

1.   E = Besitzer?

E müsste Besitzer sein. Als Inhaber der tatsächlichen Sachherrschaft kann die Besitzerstellung des E bejaht werden, vgl. § 854 I BGB.

2.   D = Eigentümer?

D müsste weiterhin Eigentümer des DVD-Players sein.

Mangels anderer Anhaltspunkte kann von der ursprünglichen Eigentümerstellung des D ausgegangen werden.

Allerdings könnte D sein Eigentum am DVD-Player dadurch verloren haben, dass er es gem. § 929 S. 1 BGB auf E übertrug.

a)   Einigung

Zunächst müssten D und E sich über den Eigentumsübergang geeinigt haben, § 929 S. 1 BGB.

D selbst hat keine Willenserklärung abgegeben, die auf die Übertragung des Eigentums am DVD-Player gerichtet war.

Allerdings ist eine Einigung zwischen S und E erfolgt.

Das Handeln des S könnte nun für und gegen D gelten, sofern dieser ihn wirksam vertreten hat, §§ 164 ff.

S hat eine eigene Willenserklärung im Namen des D abgegeben, die auf die Verschaffung des Eigentums am DVD-Player gerichtet war.

Fraglich ist, ob S insofern mit Vertretungsmacht handelte, § 164 I BGB.

(1) Vollmacht

Dies wäre dann der Fall, wenn D dem S rechtsgeschäftliche Vertretungsmacht (=Vollmacht) i.S.d. § 167 I BGB erteilt hätte. Zwar wollte D, dass S ihm für die Dauer seiner Abwesenheit im Laden half. Er hatte ihn aber ausdrücklich gebeten, lediglich beratend tätig zu werden. Damit hat D dem S gerade keine Vollmacht hinsichtlich der Veräußerung der Elektroartikel erteilt.

(2) § 56 HGB

Möglicherweise gilt S gem. § 56 HGB als zur Veräußerung berechtigt. § 56 HGB begründet eine unwiderlegliche Vermutung für das Bestehen einer Vollmacht des Ladenangestellten.

(a) Kaufmannseigenschaft des D

D müsste Kaufmann sein. Als Inhaber eines Elektrofachgeschäfts ist er Kaufmann i.S.d. § 1 HGB.

(b) „Verkauf" innerhalb eines Ladens

Weiterhin müsste die Veräußerung des DVD-Players von § 56 HGB erfasst sein. Dem Wortlaut nach bezieht sich § 56 HGB lediglich auf Verkäufe und Empfangnahmen, die in einem Laden oder Warenlager gewöhnlich geschehen. Nach einhelliger Ansicht muss § 56 HGB jedoch teleologisch so ausgelegt werden, dass unter den Begriff „Verkäufe" auch die damit einhergehenden dinglichen Geschäfte fallen. Andernfalls könnte der Ladenangestellte den Geschäftsinhaber zwar wirksam verpflichten, die Verschaffung des Eigentums im Namen des Ladeninhabers wäre ihm aber nicht möglich. Die Folge wäre, dass der Vertragspartner den Geschäftsinhaber dann aber aus dem schuldrechtlichen (meist Kauf-)Vertrag erfolgreich auf Übereignung verklagen könnte. Dies erscheint jedoch umständlich und sinnlos.

Anmerkung: Nach dem Wortlaut des § 56 HGB werden hiervon auch keine Ankaufsgeschäfte erfasst. Hier lehnt die h.M. mangels Vorliegens einer vergleichbaren Interessenlage eine analoge Anwendung jedoch ab: Anders als beim Verkauf, wo es um bestimmte und in der Regel mit einem Kaufpreis versehene Gegenstände geht, die somit der Steuerbarkeit des Geschäftsinhabers unterliegen, ist dies beim Ankauf gerade nicht der Fall.

(c) S = Angestellter

S müsste Angestellter i.S.d. § 56 HGB sein. Dabei ist das Vorliegen eines wirksamen Arbeitsvertrages keine Voraussetzung. Neben Angestellten im arbeitsrechtlichen Sinne fällt unter den Begriff des Angestellten i.S.d. § 56 HGB jeder, der mit Wissen und Wollen des Ladeninhabers i.R.d. Verkaufs tätig wird.

S wurde auf die Bitte des D hin und damit mit dessen Wissen und Wollen tätig.

(d) Guter Glaube des E

Schließlich müsste E gutgläubig hinsichtlich der fehlenden Vertretungsmacht des S sein. Das heißt, er dürfte weder Kenntnis noch fahrlässige Unkenntnis von der Beschränkung des S auf die beratende Tätigkeit haben, § 54 III HGB analog.

E wusste nicht, dass S keine Waren veräußern durfte. Auch trifft ihn mangels besonderer Anhaltspunkte keine fahrlässige Unkenntnis. Folglich ist der gute Glaube des E zu bejahen.

Anmerkung: Der Geschäftsinhaber kann also den von § 56 HGB vorausgesetzten Rechtsscheinstatbestand und die damit einhergehende Vermutung durch einen klaren Hinweis zerstören. So kann der Kunde beispielsweise dann nicht mit befreiender Wirkung bei einem Angestellten im Ladenlokal bezahlen, wenn der Geschäftsinhaber dort ein gut sichtbares Schild mit der Aufschrift „Zahlungen ausschließlich an der Kasse" angebracht hat.

Damit besteht eine unwiderlegliche Vermutung dahingehend, dass S als bevollmächtigt gilt und damit mit Vertretungsmacht handelte. Die Voraussetzungen einer wirksamen Stellvertretung i.S.d. §§ 164 ff. BGB liegen somit vor.

Dies bedeutet, dass das Handeln des S für und gegen den D wirkt, § 164 I BGB.

Anmerkung: Denken Sie daran, dass neben der handelsrechtlichen Sondervorschrift des § 56 HGB selbstverständlich die allgemeinen Grundsätze der *Duldungs-* und *Anscheinsvollmacht* eingreifen können! Diese gehen über die engen tatbestandlichen Voraussetzungen des § 56 HGB hinaus und müssen daher immer dann angedacht werden, wenn § 56 HGB nicht einschlägig ist.

Demnach liegt eine Einigung in Bezug auf die Eigentumsübertragung am DVD-Player zwischen D und E vor.

b)   Übergabe

Der DVD-Player müsste außerdem übergeben worden sein, § 929 S. 1 BGB.

Unter eine Übergabe versteht man, dass der Erwerber zumindest mittelbaren Besitz an der zu übereignenden Sache erhält, wobei der Veräußerer keinerlei Besitzrest behält.

S verschaffte dem E die tatsächliche Sachherrschaft über den DVD-Player und damit unmittelbaren Besitz, § 854 I BGB. D behielt keinerlei Besitzrest zurück.

Damit ist eine Übergabe i.S.d. § 929 S. 1 BGB erfolgt.

c)   Verfügungsbefugnis

D müsste schließlich verfügungsbefugt gewesen sein.

Es ist davon auszugehen, dass er Eigentümer seiner Waren und damit auch des fraglichen DVD-Players war. Folglich war er auch verfügungsbefugt.

Anmerkung: Regelmäßig ist der Inhaber eines Einzelhandelsgeschäfts nicht Eigentümer aller von ihm zum Verkauf angebotener Ware. Vielmehr hat er die Ware seinerseits unter Vereinbarung eines Eigentumsvorbehalts vom Großhändler erworben. Da der Händler den Kaufpreis aber normalerweise erst dann bezahlen kann, wenn er die Ware seinerseits an seine Kunden veräußert, erteilt im Regelfall der Großhändler sein Einverständnis zur Weiterveräußerung. Damit ergibt sich die Verfügungsbefugnis des Einzelhändlers aus § 185 I BGB. Diese Konstruktion nennt man *„verlängerten Eigentumsvorbehalt".* Gleichzeitig tritt der Einzelhändler im Vorfeld sämtliche Kaufpreisansprüche gegen die Kunden an den Großhändler ab, der ihm jedoch eine Einzugsermächtigung erteilt.

Damit ist die Übereignung des DVD-Players von D an E wirksam. D hat also sein Eigentum an den neuen Eigentümer E verloren.

Die Voraussetzungen des § 985 BGB liegen folglich nicht vor.

Ergebnis: D hat keinen Herausgabeanspruch gegen E aus § 985 BGB.

Anspruch aus § 1007 II 1, III BGB

Möglicherweise steht D jedoch ein Herausgabeanspruch aus § 1007 II 1, III BGB zu. Dann müsste eine Vindikationslage i.S.e. Besitzer-Besitzer-Verhältnisses vorliegen.

a)   D = früherer Besitzer

D war früherer Besitzer des DVD-Players, einer beweglichen Sache.

b)   Abhandenkommen

Der DVD-Player müsste D abhanden gekommen sein. Dies ist dann der Fall, wenn D den Besitz ohne oder gegen seinen Willen verloren hat.

Anmerkung: Der Begriff des *Abhanden-kommens* i.R.d. § 1007 II BGB entspricht demjenigen i.R.d. § 935 BGB. Dies bedeu-tet, dass auch hier grds. zwei Fälle zu unter-scheiden sind:

Zum einen ist entscheidend, ob der Besitz-verlust des früheren unmittelbaren Besitzers (bzw. des Eigentümers) freiwillig oder un-freiwillig war, vgl. § 935 I 1 BGB.

Ist der frühere Besitzer (bzw. Eigentümer) nicht unmittelbarer, sondern nur mittelbarer Besitzer, kommt es für die Frage nach der Unfreiwilligkeit des Besitzverlusts auf die Person des unmittelbaren Besitzers an, vgl. § 935 I 2 BGB. Hat der frühere Besitzer (bzw. Eigentümer) die fragliche Sache ver-liehen, kommt es für die Frage nach dem Abhandenkommen also darauf an, ob der *Entleiher* den Besitz freiwillig oder unfreiwil-lig aufgegeben hat.

S hat dem E den Besitz freiwillig verschafft.

Damit ist für die Frage nach dem Abhanden-kommen entscheidend, ob D, der mit dieser Besitzübertragung nicht einverstanden war, in diesem Zeitpunkt noch unmittelbarer oder lediglich mittelbarer Besitzer des DVD-Players war. Während im ersten Fall ein Ab-handenkommen zu bejahen wäre, müsste dieses im letzten Falle verneint werden, da insofern die Person des S maßgeblich wäre.

Fraglich ist daher, ob S, als er den DVD-Player veräußerte, unmittelbarer Besitzer gem. § 854 I BGB war. Zwar hatte S die tat-sächliche Sachherrschaft über den DVD-Player inne.

Allerdings wollte S zu jeder Zeit für den D besitzen. Auch die Veräußerung sollte dem D, dessen verkäuferisches Talent S ja in Zweifel zog, dienen. Indem er in dessen E-lektro- und damit Erwerbsgeschäft für kurze Zeit tätig wurde, stand er auch in einem Weisungsverhältnis. Damit war S nicht un-mittelbarer Besitzer, sondern hatte vielmehr die Stellung eines Besitzdieners i.S.d. § 855 BGB inne.

Dies bedeutet, dass (nur) D unmittelbarer Besitzer i.S.d. § 854 I BGB war, als S den DVD-Player dem E übergab. Dies erfolgte gegen den ausdrücklich erklärten Willen des E. Grundsätzlich läge damit ein Abhanden-kommen i.S.d. § 1007 II 1 BGB vor.

Fraglich ist allerdings, ob dieses Ergebnis mit § 56 HGB zu vereinbaren ist.

Legt man § 56 HGB so aus, dass dieser auch die dingliche Seite des Verkaufs und damit die Übereignung i.S.d. §§ 929 ff. BGB erfasst, muss § 56 HGB konsequenterweise auch ein Abhandenkommen i.S.d. § 935 BGB überwinden. Ansonsten liefe die Ziel-setzung des § 56 HGB leer (siehe auch o-ben).

Damit ist ein Abhandenkommen des DVD-Players im Ergebnis abzulehnen.

Im Übrigen scheitert ein Herausgabean-spruch aus § 1007 II 1 BGB auch daran, dass E ja Eigentümer des DVD-Players ge-worden ist.

Ergebnis: D steht kein Herausgabean-spruch aus § 1007 II 1, III BGB zu.

Anspruch aus § 812 I 1, 1. Alt. BGB

Schließlich könnte D jedoch einen Heraus-gabeanspruch aus § 812 I 1, 1. Alt. BGB haben.

a)　Etwas erlangt

E müsste etwas erlangt haben. Unter „et-was" versteht man jeden vermögenswerten Vorteil. E ist hier sowohl Besitzer als auch Eigentümer des DVD-Players geworden. Damit hat er vermögenswerte Vorteile und folglich auch „etwas" erlangt.

b)　Durch Leistung

Dies müsste durch Leistung des D erfolgt sein. Unter einer Leistung versteht man jede bewusste und zweckgerichtete Mehrung fremden Vermögens.

S verschaffte dem E sowohl Besitz als auch Eigentum am DVD-Player, um so den zwi-schen D und E abgeschlossenen Kaufver-trag zu erfüllen. Folglich liegt eine bewusste und zweckgerichtete Mehrung fremden Vermögens vor. Das Handeln des S wird dabei dem D zugerechnet, so dass eine Lei-stung des D zu bejahen ist.

c)　Ohne rechtlichen Grund

D müsste schließlich ohne rechtlichen Grund geleistet haben.

Dies wäre dann nicht der Fall, wenn zwischen D und E ein wirksamer Kaufvertrag über den DVD-Player, § 433 BGB, zu Stande gekommen wäre.

S hat sich hier mit E über den Verkauf des DVD-Players geeinigt. Dabei wirkt das Handeln des S dann für und gegen D, wenn die Voraussetzungen einer wirksamen Stellvertretung erfüllt sind, §§ 164 ff. BGB.

Problematisch ist hier nur, ob S mit Vertretungsmacht handelte.

d) Rechtsgeschäftliche Vertretungsmacht

S hätte zum einen dann mit Vertretungsmacht i.S.d. § 164 I BGB gehandelt, wenn D ihm eine rechtsgeschäftliche Vollmacht gem. § 167 BGB erteilt hätte.

Zwar durfte S während der Abwesenheit des D beratend tätig werden. D wollte aber gerade nicht, dass S Verkaufsgeschäfte vornahm und teilte ihm dies auch ausdrücklich mit. Damit erteilte er ihm gerade keine diesbezügliche Vollmacht gem. § 167 BGB.

e) § 56 HGB

Möglicherweise ist S jedoch gem. § 56 HGB als ermächtigt anzusehen, Kaufverträge im Namen des D abzuschließen.

(1) Preisnachlass von § 56 HGB erfasst?

Zunächst stellt sich allerdings die Frage, ob § 56 HGB neben der Vornahme von Verkäufen auch die Gewährung eines Preisnachlasses erfasst. Zwar enthält der Wortlaut nicht explizit die Ermächtigung zur Bewilligung eines Rabattes. Allerdings ist diese als Nebenabrede derart eng mit dem Verkauf verknüpft, dass sie unter den Begriff „Verkäufe" i.S.d. § 56 HGB fällt.

(2) Übrige Voraussetzungen

Schließlich handelte S als Angestellter i.S.d. § 56 HGB (s.o.) in einem Laden, so dass die übrigen Voraussetzungen des § 56 HGB gegeben sind.

Ein Kaufvertrag und rechtlicher Grund liegt damit vor. Die Voraussetzungen des § 812 I 1, 1. Alt. BGB sind nicht gegeben.

Ergebnis: D hat gegenüber E keinen Anspruch auf Herausgabe des DVD-Players aus § 812 I 1, 1. Alt. BGB.

IV. Zusammenfassung

Sound: § 56 HGB erfasst neben dem schulrechtlichen Kaufvertrag auch die dingliche Seite, die Übereignung i.S.d. §§ 929 ff. BGB. Konsequenterweise muss § 56 HGB dann auch ein Abhandenkommen i.S.d. § 935 BGB überwinden, da ansonsten die Zielsetzung des § 56 HGB leer liefe.

hemmer-Methode: Anstellung i.S.d. § 56 HGB meint jedes Tätigwerden mit Wissen und Wollen des Geschäftsinhabers. Ein rechtswirksames Arbeitsverhältnis ist also nicht erforderlich. Vielmehr kommt es auf eine sog. Funktionszuweisung an. Dies bedeutet im Umkehrschluss aber auch, dass nicht jeder, der auf Grund eines Arbeitsvertrages beim Geschäftsherrn tätig ist, automatisch Angestellter i.S.d. § 56 HGB ist. So findet § 56 HGB insbesondere auf Reinigungspersonal, Packer oder in der Buchführung beschäftigte Personen keine Anwendung.

V. Zur Vertiefung

- Hemmer/Wüst, Basics Zivilrecht, Bd. 5, Rn. 479
- Hemmer/Wüst, Handelsrecht, Rn. 117 ff.
- Hemmer/Wüst, Handelsrecht, Karteikarte Nr. 21.

Fall 14: Verkäuferisches Talent

Sachverhalt:

Justus hat ein Juwelengeschäft. Eines Tages stattet ihm Gottlieb (G) einen Besuch ab und er-steht eine wertvolle Perlenkette, die er seiner Angebeteten Paula schenken möchte. G wird dabei von der 16-jährigen Angela (A) bedient, die ab und zu im Laden des J aushilft. Diese hatte den Preis der Kette auf 1.500 € beziffert. Kurz nachdem G das Geschäft verlassen hatte und A dem J stolz von ihrem verkäuferischen Talent berichtet, bemerkt dieser, dass die Kette eigentlich 3.250 € kosten sollte. Er eilt daher dem G hinterher und verlangt von ihm die Rück-gängigmachung des Kaufs.

Frage: Zu Recht?

I. Einordnung

In den seltensten Fällen steht ausschließlich der Geschäftsinhaber selbst im Laden und verkauft seine Ware. Vielmehr erfolgt dies regelmäßig unter der Einschaltung von An-gestellten.

Dies erfordert jedoch den Schutz des Kun-den, der nicht in jedem Einzelfall überprüfen kann, ob der ihn bedienende Angestellte tat-sächlich mit Vertretungsmacht handelt. Vor allem geht es hierbei auch um die Frage, ob der Kunde den Kaufpreis mit befreiender Wirkung zahlen kann.

Die handelsrechtliche Sondervorschrift des § 56 HGB stellt daher für Ladenangestellte oder Angestellte in Warenlagern die Vermu-tung auf, dass der Ladeninhaber ihnen in bestimmtem Umfang Vollmacht erteilt hat.

II. Gliederung

Rückgängigmachung des Kaufs

1. Zustandekommen eines wirksamen Kaufvertrages
Einigung zwischen A und G über den Verkauf der Perlenkette zu einem Preis i.H.v. 1.500 €
(P): wirksame Stellvertretung seitens der A, §§ 164 ff. BGB?

a) Abgabe einer eigenen WE in fremdem Namen (+)

b) Mit Vertretungsmacht
§ 56 HGB?

(1) Kaufmannseigenschaft des J
(+); J = Kaufmann i.S.d. § 1 HGB

(2) Verkauf innerhalb eines Ladens (+)
A = „Angestellte" (+)

(3) (P): Minderjährigkeit der A, §§ 2, 106 BGB?
Unerheblich, da gem. § 165 BGB auch der beschränkt Geschäftsfähige Stellvertreter sein kann

Nur der Geschäftsinhaber wird verpflichtet

⇨ Vertretungsmacht daher (+)
⇨ Wirksame Stellvertretung also (+)
⇨ Damit Kaufvertrag über die Perlenkette zwischen J und G zu einem Preis i.H.v. 1.500 € zu Stande gekommen

2. Anfechtungsmöglichkeit?

a) Anfechtungserklärung
Gegenüber G als dem Vertragspartner, § 143 II BGB

b) Anfechtungsgrund
Gem. § 166 I BGB ist auf die Person des Vertreters abzustellen
A irrte sich über den tatsächlichen Preis der Kette

(1) § 119 II BGB?
Irrtum über eine verkehrswesentliche Ei-genschaft?
Eigenschaft = alle wertbildenden Fakto-ren
Der Preis einer Sache ist als der Wert selbst gerade kein wertbildender Faktor
Damit § 119 II BGB (-)

(2) § 119 I, 1. Alt. BGB?
(-), lediglich unbeachtlicher Motivirrtum nicht von § 119 I erfasst
Anfechtungsrecht (-)

> **Ergebnis:** J kann den Kauf nicht rückgängig machen

III. Lösung

J kann den Kauf dann rückgängig machen, wenn er den zunächst wirksam zu Stande gekommenen Kaufvertrag anfechten kann.

1. Zustandekommen eines Kaufvertrags über die Perlenkette

Zunächst müsste zwischen J und G ein Kaufvertrag über die Perlenkette zu Stande gekommen sein.

A hat sich hier mit G über den Verkauf des Schmuckstücks zu einem Preis i.H.v. 1.500 € geeinigt. Damit läge dann ein Kaufvertrag zwischen J und G vor, wenn A den J wirksam vertreten hat, §§ 164 ff. BGB.

a) Abgabe einer eigenen Willenserklärung in fremdem Namen

Es kann davon ausgegangen werden, dass A eine eigene Willenserklärung abgegeben hat. Sofern sie dabei nicht ausdrücklich im Namen des J gehandelt hat, ergibt sich doch zumindest aus den Umständen, dass sie den Ladeninhaber verpflichten wollte, § 164 I 2 BGB.

b) Mit Vertretungsmacht

A müsste außerdem mit Vertretungsmacht gehandelt haben.

Der Sachverhalt enthält keine Angaben dahingehend, dass J der A eine rechtsgeschäftliche Vollmacht i.S.d. § 167 BGB erteilt hatte, auf Grund derer sie zum Verkauf der Perlenkette berechtigt gewesen wäre.

Jedenfalls könnte sich eine Vertretungsmacht der A aus § 56 HGB ergeben. Danach gilt derjenige, der in einem Laden angestellt ist, zu solchen Verkäufen und Empfangnahmen ermächtigt, die gewöhnlich in einem derartigen Laden geschehen. Ein Juwelier verkauft für gewöhnlich Schmuckstücke, so dass § 56 HGB auch den Verkauf der Perlenkette erfasst, sofern die übrigen Voraussetzungen gegeben sind.

(1) Kaufmannseigenschaft des J

J müsste Kaufmann sein. Als Inhaber eines Juweliergeschäfts betreibt er ein Gewerbe, das auf Grund der Vermutungsregelung des § 1 II HGB ein Handelsgewerbe ist. Damit ist J Kaufmann.

(2) A als Angestellte i.S.d. § 56 HGB

Weiterhin müsste A Angestellte des J i.S.d. § 56 HGB sein. Dies setzt voraus, dass sie mit Wissen und Wollen des J im Rahmen des Verkaufs handelt. Auch wenn A nur Aushilfskraft ist, wird sie mit Wissen und Wollen des J tätig. A ist folglich dessen Angestellte.

(3) (P): Minderjährigkeit der A gem. § 2 BGB?

Fraglich ist, ob die Minderjährigkeit und damit einhergehende beschränkte Geschäftsfähigkeit (§§ 2, 106 BGB) der A § 56 HGB entgegensteht.

Allerdings begründet § 56 HGB nur Verpflichtungen für den Geschäftsinhaber, hier also den J. Gem. § 165 BGB kann auch ein beschränkt Geschäftsfähiger Stellvertreter sein. Damit hindert die Minderjährigkeit der A nicht die Anwendung des § 56 HGB.

Der Vertrag ist somit zunächst wirksam zu Stande gekommen.

2. Anfechtung

Möglicherweise kann J den Kaufvertrag anfechten, so dass dieser gem. § 142 I BGB ex tunc unwirksam würde.

a) Anfechtungserklärung

Gem. § 143 II BGB ist die Anfechtung gegenüber dem Vertragspartner, hier also gegenüber G zu erklären.

b) Anfechtungsgrund

J ist allerdings nur dann zur Anfechtung berechtigt, wenn er sich auf einen Anfechtungsgrund berufen kann.

J selbst war nicht unmittelbar am Vertragsschluss beteiligt. Vielmehr hatte A die Verkaufsverhandlungen geführt. Damit ist gem. § 166 I BGB bezüglich der Frage nach dem Vorliegen von Willensmängeln nicht auf J, sondern die Person der A abzustellen.

A hatte sich hier über den wahren Preis der Perlenkette i.h.v. 3.250 € geirrt. Fraglich ist, ob dies einen Anfechtungsgrund darstellt.

(1) § 119 II BGB

Gem. § 119 II BGB besteht dann ein Anfechtungsrecht, wenn der Erklärende sich über eine verkehrswesentliche Eigenschaft irrt. Dabei versteht man unter einer Eigenschaft jeden „wertbildenden Faktor" einer Sache. Der Preis einer Sache ist jedoch als ihr Wert gerade kein wertbildender Faktor, sondern vielmehr *die Summe* aller wertbildenden Faktoren. Folglich berechtigt § 119 II BGB im vorliegenden Fall nicht zur Anfechtung.

(2) § 119 I, 1. Alt. BGB

Möglicherweise war A bei der Abgabe ihrer Willenserklärung über deren Inhalt im Irrtum.

Hier liegt allerdings kein Auseinanderfallen von Wille und Erklärung im Zeitpunkt der Erklärung vor. Vielmehr irrte A sich bereits im Stadium der Willensbildung. Dies stellt einen lediglich unbeachtlichen Motivirrtum dar.

Anmerkung: Der Motivirrtum ist nur unter den Voraussetzungen des § 119 II BGB beachtlich, der hier aber gerade nicht einschlägig ist.

Folglich liegt in der Person der A kein beachtlicher Willensmangel vor, auf Grund dessen J zur Anfechtung des Kaufvertrages berechtigt wäre. J kann damit nicht anfechten.

Ergebnis: J kann den wirksam zu Stande gekommenen Kaufvertrag über die Perlenkette zu einem Preis i.H.v. 1.500 € nicht rückgängig machen.

IV. Zusammenfassung

Sound: Wer in einem Laden oder offenen Warenlager angestellt ist, gilt gem. § 56 HGB zur Vornahme von solchen *Ver*käufen und Empfangnahmen ermächtigt, die in einem derartigen Laden gewöhnlich geschehen.

hemmer-Methode: Zwar setzt § 56 HGB nach seiner systematischen Stellung voraus, dass der Vertretene Kaufmann ist. Daher scheidet eine unmittelbare Anwendung auf Kleingewerbetreibende aus. Die h.M. geht jedoch auf Grund von Vertrauensschutzerwägungen von einer analogen Anwendung auf diesen Personenkreis aus.

V. Zur Vertiefung

- Hemmer/Wüst, Basics Zivilrecht, Bd. 5, Rn. 479.
- Hemmer/Wüst, Handelsrecht, Rn. 117 ff.
- Hemmer/Wüst, Handelsrecht, Karteikarte Nr. 21.

Kapitel III: Das Handelsregister

Fall 15: Feine Freunde

Sachverhalt:

Heiner Hester (H) ist Inhaber eines Musikalienhandels, er ist ins Handelsregister eingetragen. Als sein Geschäft so schlecht läuft, dass es kaum mehr Gewinn abwirft, stellt H den Betrieb ein. Eine Löschung der Firma im Handelsregister unterbleibt. Kurze Zeit später verbürgt er sich telefonisch bei der Bank B für eine Darlehensverbindlichkeit seines Geschäftsfreundes Johannes (J) i.h.v. 100.000 €. Als das Darlehen zur Rückzahlung fällig wird, ist J zahlungsunfähig. B möchte daher gegen H vorgehen.

Frage: Zu Recht?

I. Einordnung

Gerade im kaufmännischen Rechts- und Geschäftsverkehr ist es sehr wichtig, dass sich die Beteiligten schnell und zuverlässig Informationen beschaffen können.

Diesem Bedürfnis versucht das Handelsregister nachzukommen: Dabei handelt es sich um ein bei den Amtsgerichten geführtes *öffentliches* Verzeichnis von Rechtstatsachen auf dem Gebiet des Handelsrechts, §§ 8 ff. HGB, §§ 125-158 FGG. Anders als beim Grundbuch muss derjenige, der das Handelsregister einsehen möchte, kein berechtigtes Interesse nachweisen. Damit besteht ein umfassendes Informationsrecht für *jeden* Einsichtswilligen, was Ausfluss der *allgemeinen Publikationsfunktion* des Handelsregisters ist.

§ 15 HGB ist Ausdruck der *Schutzfunktion* des Handelsregisters und dient damit der Sicherheit und Leichtigkeit des Rechtsverkehrs. Er unterscheidet zwei verschiedene Publizitätswirkungen: Während § 15 I, II 2, III HGB den abstrakten guten Glauben an das Fortbestehen bestimmter Tatsachen *schützt*, *zerstört* § 15 II 1 HGB den abstrakten guten Glauben an das Fortbestehen bestimmter Tatsachen.

§ 15 I HGB will das allgemeine Vertrauen auf die Nichtexistenz nicht eingetragener und bekannt gemachter, eintragungspflichtiger Tatsachen schützen und regelt damit das Prinzip der sog. *negativen Publizität*.

II. Gliederung

Anspruch der B gegen H auf Zahlung von 100.000 € gem. § 765 I BGB

Vor.: Bestehen der zu sichernden Forderung und wirksamer Bürgschaftsvertrag

1. **Zu sichernde Forderung**
   (+), Anspruch der B gegen J auf Rückzahlung des Darlehens gem. § 488 I 2 BGB

2. **Wirksamer Bürgschaftsvertrag?**

a) **Einigung (+)**

b) **Einhaltung der Form: § 766 S. 1 BGB**
   H verbürgt sich telefonisch
   Schriftform (-), § 766 BGB (-)
   Grds. Nichtigkeit gem. § 125 BGB

c) **Möglicherweise ergibt sich etwas anderes aus § 350 HGB?**
   Formfreiheit nach § 350 HGB

d) **Bürgschaft für H = Handelsgeschäft i.S.d. § 343 I HGB**
   H = Kaufmann
   Gem. § 5 HGB?
   (-), H betreibt kein Gewerbe mehr

⇨ H ≠ Kaufmann, Bürgschaft für ihn daher grds. kein Handelsgeschäft § 350 HGB grds. (-)

e) ABER: Geltung des § 350 HGB nach § 15 I HGB?

▪ **Vor. des § 15 I HGB**

(aa) Betriebsaufgabe = eintragungspflichtige Tatsache?
(+), gem. § 31 II 1 HGB

(bb) Nichteintragung bzw. Nichtbekanntmachung (+)

(cc) Guter Glaube
(+), B hatte keine positive Kenntnis

▪ **Rechtsfolgen des § 15 I HGB**
Grundsatz der *negativen Publizität*, H kann der B die Betriebsaufgabe *nicht* entgegen halten

Ergebnis: Anspruch aus § 765 BGB (+)

III. Lösung

1. Anspruch der B gegen H auf Zahlung von 100.000 € gem. § 765 I BGB

B könnte gegenüber H ein Anspruch auf Zahlung von 100.000 € gem. § 765 I BGB zustehen.

Voraussetzung hierfür ist zum einen, dass eine zu sichernde Forderung besteht, zum anderen, dass B und H einen wirksamen Bürgschaftsvertrag miteinander abgeschlossen haben, vgl. § 765 BGB.

2. Zu sichernde Forderung

B steht gegenüber J ein Anspruch auf Rückzahlung des Darlehens i.H.v. 100.000 € gem. § 488 I 2 BGB zu. Damit liegt eine zu sichernde Forderung vor.

3. Wirksamer Bürgschaftsvertrag

Weiterhin müssten sich B und H wirksam darüber geeinigt haben, dass H der B gegenüber für die Schuld der J bürgte, § 765 I BGB.

a) Einigung

Eine Einigung zwischen B und H über den Abschluss eines Bürgschaftsvertrages ist vorliegend erfolgt.

b) Formwirksamkeit der Bürgschaftserklärung, § 766 BGB

B und H müssten die erforderliche Form des § 766 S. 1 BGB eingehalten haben.

Danach müsste H seine Erklärung, bürgen zu wollen, in schriftlicher Form abgegeben haben. Gem. § 126 I BGB müsste er die Erklärung daher eigenhändig durch Namensunterschrift oder mittels notariell beglaubigten Handzeichens unterzeichnet haben. H hatte seine Erklärung jedoch telefonisch und damit mündlich abgegeben. Mangels Einhaltung der gesetzlich vorgeschriebenen Schriftform ist der Bürgschaftsvertrag damit grundsätzlich gem. § 125 S. 1 BGB nichtig.

c) § 350 HGB?

Möglicherweise ergibt sich jedoch etwas anderes aus § 350 HGB. Danach findet die Formvorschrift des § 766 S. 1 BGB dann keine Anwendung, wenn die Bürgschaft auf der Seite des Bürgen ein Handelsgeschäft i.S.d. § 343 BGB darstellt.

(1) Bürgschaftserklärung = Handelsgeschäft i.S.d. § 343 I HGB?

Es stellt sich also die Frage, ob die Abgabe der Bürgschaftserklärung für H ein Handelsgeschäft darstellt. Gem. § 343 I HGB sind alle Geschäfte eines Kaufmanns, die zum Betrieb seines Handelsgewerbes gehören, Handelsgeschäfte. § 344 HGB stellt dabei eine Vermutung dahingehend auf, dass alle von einem Kaufmann vorgenommenen Geschäfte im Zweifel als zum Betrieb seines Handelsgewerbes gehörig sind.

H müsste also Kaufmann sein. Zwar stellt der Musikalienhandel des H ein Gewerbe dar, das mangels anderer Anhaltspunkte auf Grund der Vermutung des § 1 II HGB als Handelsgewerbe anzusehen ist.

Nachdem H den Musikalienhandel allerdings eingestellt hat, betreibt er kein Gewerbe mehr und ist folglich weder Ist-Kaufmann nach § 1 HGB noch Kann-Kaufmann nach § 2 HGB. Da H aber immer noch in das Handelsregister eingetragen ist, könnte sich seine Kaufmannseigenschaft aber möglicherweise aus § 5 HGB geben. Er wäre dann „Fiktivkaufmann". Allerdings setzt § 5 HGB auch voraus, dass *tatsächlich* ein Gewerbe betrieben wird. Damit ist H auch nicht gem. § 5 HGB Kaufmann. Die Erklärung des H, bürgen zu wollen, stellt damit kein Handelsgeschäft i.S.d. § 343 I HGB dar. Damit ist § 350 HGB grundsätzlich nicht einschlägig und es bleibt beim Grundsatz des § 766 S. 1 BGB.

(2) § 15 I HGB

Allerdings ist H nach wie vor im Handelsregister eingetragen. Damit kann H sich gem. § 15 I HGB möglicherweise nicht auf die Betriebseinstellung berufen und muss sich nach wie vor als Kaufmann behandeln lassen. Die Bürgschaft des H würde dann als Handelsgeschäft gelten, so dass § 350 HGB Anwendung fände.

(a) Voraussetzungen des § 15 I HGB

Zunächst müssten die Voraussetzungen des § 15 I HGB vorliegen.

(aa) Betriebsaufgabe als eintragungspflichtige Tatsache

Die Einstellung des Betriebes des Musikalienhandels müsste eine eintragungspflichtige Tatsache sein, § 15 I HGB.
Tatsachen i.S.d. § 15 HGB sind wirklich geschehene Vorgänge, so auch die Einstellung eines Betriebes. Wann eine Tatsache eintragungspflichtig ist, bestimmt das Gesetz im jeweiligen Sachzusammenhang.

Anmerkung: Eintragungspflichtig sind z.B.: Anmeldung der Firma (§ 29 HGB), Änderung und Erlöschen der Firma (§ 31 HGB), Erteilung und Erlöschen der Prokura (§ 53 I, III HGB), Anmeldung einer Personenhandelsgesellschaft (§ 106 II), Auflösung der Gesellschaft und Ausscheiden von Gesellschaftern (§ 143 II, III).

Die Eintragungspflichtigkeit einer Betriebsaufgabe geht aus § 31 HGB hervor.

(bb) Nichteintragung bzw. Nichtbekanntmachung

Weiterhin darf die eingetragungspflichtige Tatsache nicht ins Handelsregister eingetragen oder bekannt gemacht worden sein, vgl. § 15 I HGB.

Anmerkung: Lassen Sie sich nicht durch den Wortlaut des § 15 I HGB verwirren, der nicht von „oder" spricht, sondern von „und". Anders formuliert sagt § 15 I HGB, dass, wenn Eintragung *und* Bekanntmachung erfolgt sind, die Unkenntnis dieser Tatsache gerade *nicht mehr* geschützt ist. Fehlt hingegen eines der beiden Erfordernisse, ist die Unkenntnis noch geschützt.

Die Aufgabe des Musikalienhandels ist weder im Handelsregister eingetragen noch bekannt gemacht. Damit ist dem Erfordernis der Nichteintragung bzw. Nichtbekanntmachung Genüge geleistet, vgl. § 15 I HGB.

(cc) Guter Glaube

Schließlich müsste die B gutgläubig hinsichtlich der nicht eingetragenen Tatsache sein. Sie wusste nichts davon, dass H seinen Musikalienhandel in Wirklichkeit aufgegeben hatte. Ihr guter Glaube ist folglich zu bejahen.

Anmerkung: Hätte die Bank hingegen positive Kenntnis von der Geschäftsaufgabe des H gehabt, so wäre der Schutz des § 15 I HGB entfallen. Bloß fahrlässige Unkenntnis ist hingegen unschädlich, da niemand zu Nachforschungen gezwungen werden soll.

Damit liegen die Voraussetzungen des § 15 I HGB vor.

(dd) Rechtsfolgen des § 15 I HGB

Damit wird das Vertrauen der B auf das „Schweigen" des Handelsregisters geschützt. Dies bedeutet, dass H der B die Betriebsaufgabe nicht entgegen halten kann. Damit gilt er ihr gegenüber immer noch als Kaufmann. Die Bürgschaft gilt für H demnach als Handelsgeschäft i.S.d. § 343 I HGB, so dass § 350 HGB Anwendung findet.

Die Formvorschrift des § 766 S. 1 BGB ist also abbedungen. Eine mündliche Vereinbarung ist ausreichend. Es liegt folglich kein Formverstoß und somit keine Nichtigkeit gem. § 125 S. 1 BGB vor.

Der Bürgschaftsvertrag ist wirksam.

Ergebnis: B kann von H Zahlung i.H.v. 100.000 € gem. § 765 I BGB verlangen.

IV. Zusammenfassung

Sound: Sind eintragungspflichtige Tatsachen nicht in das Handelsregister eingetragen oder bekannt gemacht, so schützt § 15 I HGB den abstrakten guten Glauben an das Nichtvorhandensein dieser Tatsachen.

hemmer-Methode: Neben der *allgemeinen Publikationsfunktion* und der *Schutzfunktion* beinhaltet das Handelsregister noch zwei verschiedene andere Funktionen: So zum einen die *Beweisfunktion*: Für bestimmte Rechtsverhältnisse erleichtert das Handelsregister die Beweisführung im Handelsverkehr. Zum anderen hat das Handelsregister eine gewisse *Kontrollfunktion*. Denn die bei einer Eintragung ins Handelsregister mitwirkenden Organe des Handelsstandes sind gem. § 126 FGG verpflichtet, die Registergerichte bei der Verhütung unrichtiger Eintragungen, bei der Berichtigung und Vervollständigung des Handelsregisters und beim Einschreiten gegen einen unzulässigen Firmengebrauch zu unterstützen (vgl. Klunzinger, Handelsrecht, S. 153 ff.).

V. Zur Vertiefung

- Hemmer/Wüst, Basics Zivilrecht, Bd. 5, Rn. 481 ff.

- Hemmer/Wüst, Handelsrecht, Rn. 120 ff.

- Hemmer/Wüst, Handelsrecht, Karteikarten Nr. 22, 23.

Fall 16: Mitgefangen, mitgehangen...

Sachverhalt:

Aus gesundheitlichen Gründen scheidet der Gesellschafter Frieder März (F) aus der X-OHG aus. Eine Eintragung in das Handelsregister unterbleibt. Einige Monate später verkaufte die X-OHG ihr Firmenfahrzeug an Laurenz Mai (L), der das Handelsregister nicht eingesehen hatte. L macht kurz darauf geltend, dass der Benzinverbrauch des Fahrzeugs um 20% höher sei als vereinbart. Er mindert den Kaufpreis und verlangt von F die Rückzahlung des zuviel gezahlten Betrages.

Frage: Zu Recht?

I. Einordnung

§ 15 I HGB wird häufig auch im Zusammenhang mit gesellschaftsrechtlichen Problemen relevant. Daher soll anhand dieses Falles das Zusammenspiel von Handels- und Gesellschaftsrecht verdeutlicht werden.

II. Gliederung

Anspruch des L gegen F auf Rückzahlung des zuviel gezahlten Betrages aus §§ 441 IV 1, 346 I BGB i.V.m. 128 S. 1, 15 I HGB

1. Anspruch des L gegen die X-OHG gem. §§ 441 IV 1, 346 I BGB

a) X-OHG als möglicher Anspruchsgegner?
(+), § 124 I HGB

b) Minderungsrecht des L?

(1) Kaufvertrag, § 433 BGB (+)

(2) Sachmangel?
(+), gem. § 434 I 1 BGB

(3) Voraussetzungen des Rücktritts, § 441 I BGB
(+), insbesondere ist Nachfristsetzung entbehrlich, vgl. §§ 441 I 1, 326 V BGB

c) Minderungserklärung (+)
Damit: Rückzahlungsanspruch des L gegen die X-OHG (+)

2. Haftung des F

a) Gem. § 128 S. 1 HGB?
(-), da F als Ausgeschiedener nicht für Neuverpflichtungen der OHG haftet, vgl. § 160 I 1 HGB

b) Rechtsscheinshaftung gem. §§ 128 S. 1, 15 I HGB?

(1) Eintragungspflichtige Tatsache?
(+), gem. § 143 II HGB

(2) Nichteintragung bzw. Nichtbekanntmachung (+)

(3) Guter Glaube des L (+)

(4) Fehlende Kausalität?
(P): L hatte nie das Handelsregister eingesehen
Unschädlich, da abstraktes Vertrauen ausreichend
Grundsatz der *negativen Publizität*, F kann sich *nicht* auf sein tatsächliches Ausscheiden aus der X-OHG berufen
F gilt daher noch als Gesellschafter der OHG
Ergebnis:
Rückzahlungsanspruch des L gegen F (+)

III. Lösung

Anspruch des L gegen F auf Rückzahlung des zuviel gezahlten Betrages aus §§ 441 IV 1, 346 I BGB i.V.m. 128 S. 1, 15 I HGB

L könnte gegen F einen Anspruch auf Rückzahlung des zuviel gezahlten Betrages gem. §§ 441 IV 1, 346 I BGB i.V.m. 128 S. 1, 15 I HGB haben.

Dazu müsste L zum einen gegen die X-OHG einen derartigen Rückzahlungsanspruch haben. Zum anderen müsste F für die Verbindlichkeit der X-OHG haften.

1. Anspruch des L gegen die X-OHG gem. §§ 441 IV 1, 346 I BGB

L steht dann ein Rückzahlungsanspruch gegen die X-OHG gem. §§ 441 IV 1, 346 I BGB zu, wenn er ein Recht zur Minderung besitzt, das er der X-OHG gegenüber ausgeübt hat.

a) X-OHG als möglicher Anspruchsgegner?

Zunächst müsste die X-OHG überhaupt möglicher Anspruchsgegner des Rückzahlungsanspruchs des L sein. Gem. § 124 I HGB kann die X-OHG unter ihrer Firma Recht erwerben und Verbindlichkeiten eingehen. Damit ist sie möglicher Anspruchsgegner.

b) Minderungsrecht des L

Ein Minderungsrecht des L könnte sich aus §§ 437 Nr. 3, 441 I BGB ergeben.

(1) Kaufvertrag, § 433 BGB

Voraussetzung hierfür ist zunächst, dass zwischen L und der X-OHG ein Kaufvertrag über das Firmenfahrzeug besteht.

L hat sich mit der X-OHG über den Kauf des Fahrzeugs geeinigt und damit einen Kaufvertrag gem. § 433 BGB abgeschlossen.

Anmerkung: Selbstverständlich kann eine OHG nicht als solche am Rechtsverkehr teilnehmen, sondern muss durch ihre Organe vertreten werden (sog. organschaftliche Vertretung). Gem. § 125 I HGB ist grundsätzlich jeder Gesellschafter zur Vertretung der OHG ermächtigt.

Selbstverständlich kann sich die OHG aber auch wie jede natürliche Person durch einen selbst gewählten Vertreter, z.B. einen Prokuristen, rechtsgeschäftlich vertreten lassen. Beachten Sie aber, dass in diesem Fall die Prokura durch einen Inhaber organschaftlicher Vertretungsmacht erteilt werden muss.

(2) Sachmangel, § 434 BGB

Das Fahrzeug müsste außerdem mangelhaft sein.

Gem. § 434 I 1 BGB ist eine Sache dann mangelhaft, wenn sie bei Gefahrübergang, d.h. in der Regel bei Übergabe der Sache, § 446 S. 1 BGB, nicht die vereinbarte Beschaffenheit hat.

Unter den Begriff der Beschaffenheit fällt jede Eigenschaft und jeder der Sache anhaftende tatsächliche, wirtschaftliche oder rechtliche Umstand. Folglich ist auch der Benzinverbrauch eines Fahrzeugs ein Beschaffenheitsmerkmal.

Hier überstieg im Zeitpunkt der Übergabe des Firmenfahrzeugs dessen tatsächlicher Benzinverbrauch den vertraglich vereinbarten um 20%. Damit ist das Fahrzeug mangelhaft i.S.d. § 434 I 1 BGB.

(3) Voraussetzungen des Rücktritts, § 441 I 1 BGB

Gem. § 441 I 1 BGB kann der Käufer dann mindern, wenn die Voraussetzungen des Rücktritts gegeben sind. Dabei ist allerdings nicht erforderlich, dass der Sachmangel erheblich i.S.d. § 323 V 2 BGB ist, vgl. § 441 I 2 BGB.

Insbesondere ist grundsätzlich erforderlich, dass der Käufer dem Verkäufer erfolglos eine Nachfrist gesetzt hat. L hat der OHG gegenüber keine Nachfrist gesetzt.

Gem. §§ 441 I 1, 326 V BGB ist die Setzung einer Nachfrist jedoch entbehrlich, wenn der Mangel unbehebbar ist.

Ein Mehrverbrauch an Benzin kann nicht im Wege der Reparatur und damit Nachbesserung behoben werden. Ebensowenig kommt eine Nachlieferung in Betracht: Die Lieferung des Firmenfahrzeugs war eine Stückschuld, so dass die Lieferung eines anderen Fahrzeugs nicht zum Pflichtenprogramm der OHG gehört. Auf Grund der Tatsache, dass es sich bei dem Firmenfahrzeug um einen Gebrauchtwagen handelt, wäre die Beschaffung eines vergleichbaren Pkw ohnehin nur schwer möglich.

Anmerkung: Wiederholen Sie den Problemkreis um die Nacherfüllung beim Stückkauf, vgl. Life&Law 2003, S. 441 ff.

Der Mangel ist folglich unbehebbar, so dass die Setzung der Nachfrist entbehrlich war, vgl. §§ 441 I 1, 326 V BGB. L steht damit ein Minderungsrecht zu.

c) Minderungserklärung, § 441 I 1 BGB

Schließlich hat L der X-OHG gegenüber die Minderung erklärt.

Er kann daher von der X-OHG gem. §§ 441 IV 1, 346 I BGB den zuviel gezahlten Kaufpreis zurückverlangen.

Anmerkung: Handelsrechtliche Probleme können also auch sehr gut mit Schuldrecht verknüpft werden! Nehmen Sie den Fall daher zum Anlass, das kaufvertragliche Gewährleistungsrecht zu wiederholen.

2. Haftung des F

Es stellt sich weiterhin die Frage, ob F für die Verbindlichkeit der X-OHG einstehen muss.

a) Gem. § 128 S. 1 HGB

Eine Haftung gem. § 128 S. 1 HGB scheidet jedoch aus.

F ist aus gesundheitlichen Gründen aus der X-OHG ausgeschieden und damit kein Gesellschafter mehr. Insbesondere haftet er nicht für Neuverpflichtungen der Gesellschaft, vgl. § 160 I 1 HGB.

b) Rechtsscheinshaftung gem. §§ 128 S. 1, 15 I HGB?

Allerdings ist das Ausscheiden des F aus der X-OHG nicht in das Handelsregister eingetragen. Möglicherweise kann F sich daher auf Grund der Rechtsscheinshaftung des § 15 I HGB nicht auf sein Ausscheiden aus der Gesellschaft berufen. Es stellt sich folglich die Frage, ob die Voraussetzungen des § 15 I HGB vorliegen.

(1) Eintragungspflichtige Tatsache

Das Ausscheiden eines Gesellschafters aus einer OHG ist eine gem. § 143 II HGB in das Handelsregister einzutragende Tatsache.

(2) Nichteintragung bzw. Nichtbekanntmachung

Außerdem ist das Ausscheiden des F aus der X-OHG weder in das Handelsregister eingetragen noch bekannt gemacht worden, vgl. § 15 I HGB.

(3) Guter Glaube des L

L müsste gutgläubig sein. Er hatte keine positive Kenntnis davon, dass F nicht mehr Gesellschafter der X-OHG war. Damit ist sein guter Glaube zu bejahen.

(4) Fehlende Kausalität?

Problematisch könnte sein, dass L das Handelsregister bei Vertragsschluss gar nicht eingesehen hat und folglich auch gar nicht wusste, dass X einst Gesellschafter der OHG war.

Somit kann die Eintragung des F im Handelsregister auch nicht ursächlich für den Kaufentschluss des L gewesen sein.

Nach der h.M. ist es aber gerade nicht erforderlich, dass der gutgläubige Dritte das Handelsregister vorher tatsächlich eingesehen hat. Denn geschützt werde nicht ein konkretes, sondern vielmehr ein abstraktes oder typisiertes Vertrauen. Demnach ist für die Rechtswirkungen des § 15 I HGB keine Kausalität zwischen der fehlenden Eintragung oder der fehlenden Bekanntmachung und dem Rechtsgeschäft erforderlich.

Anmerkung: Daher ist es der h.M. zufolge auch unerheblich, wenn der Gegenbeweis erbracht wird, dass der Dritte tatsächlich nicht im Vertrauen auf die Richtigkeit und Vollständigkeit des Handelsregisters gehandelt hat.

Die Voraussetzungen des § 15 I HGB sind erfüllt.

c)   Rechtsfolgen des § 15 I HGB

Damit kann F dem L nicht entgegen halten, dass er in Wirklichkeit kein Gesellschafter der X-OHG mehr ist. F haftet folglich gem. §§ 128 S. 1, 15 I HGB für die Verbindlichkeit der X-OHG gegenüber L.

Anmerkung: Selbst wenn die Eintragung nur infolge eines Versäumnisses des Registerrichters unterblieben wäre, würde sich nichts anderes ergeben. Denn die Rechtswirkungen des § 15 I HGB sind unabhängig von einem eventuellen Verschulden oder einer möglichen Verursachung. Es handelt sich bei § 15 I HGB um ein reines Rechtsscheinsprinzip.

Ergebnis: L kann von F den zuviel gezahlten Betrag gem. §§ 441 IV 1, 346 I BGB, 128 S. 1, 15 I HGB verlangen.

IV. Zusammenfassung

Sound: Eine kausale Verknüpfung zwischen der fehlenden Voreintragung und dem Vertragsschluss ist nicht notwendig. Denn § 15 I HGB beinhaltet einen *abstrakten* Vertrauensschutz und erfordert damit nicht, dass der Dritte das Handelsregister tatsächlich eingesehen hat.

hemmer-Methode: § 15 I HGB findet dann keine Anwendung, wenn der zur Entstehung des Anspruchs führende Vorgang in keinem Zusammenhang mit dem „Geschäftsverkehr" (vgl. § 15 IV HGB) zwischen den Beteiligten steht, sondern ohne das Zutun des Dritten kraft Gesetzes entstanden ist. Das folgt daraus, dass der Dritte in diesen Fällen nicht einmal abstrakt auf die Richtigkeit des Handelsregisters vertraut haben kann. Aus diesem Grund ist die Anwendung des § 15 I HGB auf den Geschäfts- und Prozessverkehr beschränkt. Im *reinen* „Unrechtsverkehr", d.h. bei *rein* deliktischen Schädigungen oder der *reinen* Gefährdungshaftung, ist § 15 I HGB daher nicht anwendbar. Merken Sie sich: Niemand lässt sich im Vertrauen auf das Handelsregister überfahren!

V. Zur Vertiefung

- Hemmer/Wüst, Basics Zivilrecht, Bd. 5, Rn. 486 f.
- Hemmer/Wüst, Handelsrecht, Rn. 131 f.
- Hemmer/Wüst, Handelsrecht, Karteikarte Nr. 24.

Fall 17: Rache ist süß

Sachverhalt:

Richard Ratlos (R) hat Susie Sorglos (S) Prokura für seinen Betrieb erteilt. Eine Eintragung im Handelsregister erfolgt nicht. Nach einiger Zeit kommt es zwischen beiden zu unüberwindbaren Differenzen, die dazu führen, dass R der S die Prokura entzieht. Auch dies wird nicht im Handelsregister eingetragen. S reagiert beleidigt und schließt unter Berufung auf ihre Prokura für R mit Lothar Lieblos (L) einen Kaufvertrag über die Lieferung von 20 Turbo-Rasenmähern.

Frage: Kann L von R den vereinbarten Kaufpreis i.H.v. 50.000 € verlangen?

I. Einordnung

Denkbar ist, dass eine einzutragende Tatsache nicht in das Handelsregister eingetragen wird, dass aber auch die dazugehörige *vor*eintragungspflichtige Tatsache weder eingetragen noch bekannt gemacht worden ist (Problem der *sekundären Unrichtigkeit* des Handelsregisters). Es stellt sich dann die Frage, ob auch in diesem Fall § 15 I HGB das Vertrauen Dritter schützt. Denn schließlich geht die derzeitige tatsächliche Rechtslage ja aus dem Handelsregister hervor.

II. Gliederung

Anspruch des L gegen R auf Zahlung des Kaufpreises gem. § 433 II BGB

Vor.: Wirksamer Kaufvertrag zwischen L und R

(P): Wirksame Stellvertretung seitens der S, §§ 164 ff. BGB?

1. **Abgabe einer eigenen WE in fremdem Namen, § 164 I BGB (+)**

2. **Mit Vertretungsmacht? Prokura, §§ 48 ff. HGB?**

a) **Sachlicher Umfang** (+), § 49 I HGB

b) **Wirksame Erteilung, § 48 I HGB?**
   R = Kaufmann
   Eintragung ins Handelsregister, § 53 I HGB, nur deklaratorisch
   Ausdrückliche Erklärung (+)
   Damit: Prokura wirksam erteilt
   S hatte danach Vertretungsmacht

---

c) **ABER: Wirksamer Widerruf?**
   Widerruf durch R (+)
   Prokura frei widerruflich, § 52 I HGB
   Damit: Prokura wirksam widerrufen
   S handelte grds. ohne Vertretungsmacht

d) **§ 15 I HGB?**

(1) **Voraussetzungen**

(a) **Widerruf der Prokura = eintragungspflichtige Tatsache** (+), § 53 III HGB

(b) **Nichteintragung bzw. Nichtbekanntmachung (+)**

(c) **Guter Glaube des L (+)**

(d) **(P): Prokuraerteilung war nie in das Handelsregister eingetragen**

Erfordernis der Voreintragung? str.

- **e.A.: (+)**

Ohne Voreintragung entstünde kein Rechtsschein, der durch Eintragung der Zweittatsache zerstört werden müsse
Wenn Eintragung der Zweittatsache nicht erforderlich, scheidet § 15 I HGB danach also aus

- **h.M.: (-)**

Der Rechtsverkehr könne auch auf andere Art und Weise von der Ersttatsache Kenntnis erlangt haben
Derartiger Rechtsschein müsse durch Eintragung der Zweittatsache zerstört werden
§ 15 I HGB daher auch bei fehlender Voreintragung anwendbar
Voraussetzungen des § 15 I HGB (+)

(2) **Rechtsfolgen**

Grundsatz der *negativen Publizität*; R kann sich *nicht* auf den Widerruf der Prokura berufen

S gilt daher als Prokuristin und handelte demnach mit Vertretungsmacht

⇨ Wirksame Stellvertretung (+)

⇨ Damit: Wirksamer Kaufvertrag R - L (+)

Ergebnis: Anspruch des L (+)

III. Lösung

1. Anspruch des L gegen R auf Zahlung des Kaufpreises i.H.v. 50.000 € gem. § 433 II BGB

L könnte gegenüber R ein Anspruch auf Zahlung des Kaufpreises gem. § 433 II BGB zustehen.

Dies setzt voraus, dass zwischen L und R ein wirksamer Kaufvertrag besteht.

R selbst hat nicht mit L verhandelt. Allerdings einigte sich S mit L über den Ankauf von 20 Turbo-Rasenmähern. Damit liegt dann ein Kaufvertrag zwischen R und L vor, wenn S den R wirksam vertreten hat, §§ 164 ff. BGB.

2. Abgabe einer eigenen Willenserklärung in fremdem Namen

S hat eine eigene Willenserklärung im Namen des R, gerichtet auf den Ankauf der 20 Turbo-Rasenmäher, abgegeben, § 164 I BGB

3. Mit Vertretungsmacht

S müsste dabei mit Vertretungsmacht gehandelt haben.

Dies könnte dann der Fall sein, wenn S Prokuristin des R war.

a)   Sachlicher Umfang, § 49 I HGB

Zunächst müsste der Ankauf von 20 Turbo-Rasenmähern überhaupt vom sachlichen Umfang der Prokura erfasst sein.

Gem. § 49 I HGB ist ein Prokurist grundsätzlich zur Vornahme aller Geschäfte ermächtigt, die der Betrieb *(irgend)*eines Handelsgeschäfts mit sich bringt.

Unabhängig davon, was R für einen Betrieb hat, bringt jedenfalls der Betrieb irgendeines Handelsgeschäfts den Ankauf von Rasenmähern mit sich. Damit ist das Handeln der S vom Umfang der Prokura gedeckt.

b)   Wirksame Erteilung, § 48 I HGB

Weiterhin müsste R der S wirksam Prokura erteilt haben, § 48 I HGB.

R ist Kaufmann, § 1 II HGB. Er hat der S ausdrücklich Prokura erteilt. Insbesondere hindert die fehlende Eintragung der Prokura in das Handelsregister nichts an der wirksamen Erteilung. Die Eintragung nach § 53 I HGB ist nämlich nur deklaratorisch.

Folglich war S Prokuristin des R. Demnach hätte sie dann mit Vertretungsmacht gehandelt, wenn sie auch im Zeitpunkt des Vertragsschlusses über den Ankauf der 20 Turbo-Rasenmäher noch Inhaberin der Prokura gewesen wäre.

c)   Wirksamer Widerruf, § 52 I HGB?

R könnte nämlich die Prokura der S wirksam widerrufen haben.

Gem. § 52 I HGB ist die Prokura ohne Rücksicht auf das zu Grunde liegende Rechtsverhältnis jederzeit widerruflich.

Indem R der S die Prokura entzog, widerrief er diese damit wirksam. S war folglich im Zeitpunkt des Vertragsschlusses nicht mehr Prokuristin des R. Sie handelte grundsätzlich ohne Vertretungsmacht.

d)   § 15 I HGB

Etwas anderes könnte sich allerdings dadurch ergeben, dass der Widerruf der Prokura nicht in das Handelsregister eingetragen war. Möglicherweise kann R sich aus diesem Grund gem. § 15 I HGB dem L gegenüber nicht auf den Widerruf berufen.

(1) Voraussetzungen

Zunächst müssten die Voraussetzungen des § 15 I HGB vorliegen.

(a) Eintragungspflichtige Tatsache

Gem. § 53 III HGB ist der Widerruf einer Prokura eine eintragungspflichtige Tatsache.

(b) Nichteintragung bzw. Nichtbekanntmachung

Der Widerruf der Prokura der S wurde weder in das Handelsregister eingetragen noch bekannt gemacht.

(c) Guter Glaube des L

L müsste gutgläubig gewesen sein. Er hatte keine positive Kenntnis vom Widerruf der Prokura. Damit ist sein guter Glaube zu bejahen.

(d) Erfordernis der Voreintragung?

Problematisch könnte jedoch sein, dass bereits die Erteilung der Prokura der S nicht in das Handelsregister eingetragen war. Es stellt sich daher die Frage, ob auch in diesen Fällen der sog. *sekundären Unrichtigkeit des Handelsregisters* eine Löschungs- bzw. Eintragungspflicht besteht. Nur dann wäre § 15 I HGB anwendbar. Dies ist umstritten.

(aa) e.A.: § 15 I HGB (-)

Eine Ansicht verneint die Eintragungspflicht der Zweittatsache, hier also des *Widerrufs der Prokura,* da es mangels Eintragung der Ersttatsache, hier also der *Erteilung der Prokura,* an einem Rechtsschein fehlte, der folglich auch nicht zerstört werden müsste. Mangels Eintragungspflicht sei § 15 I HGB in diesen Fällen auch nicht anwendbar.

(bb) h.M.: § 15 I HGB (+)

Die h.M. vertritt hingegen zurecht die Auffassung, dass die Zeittatsache auch im Falle der unterlassenen Voreintragung in das Handelsregister eingetragen werden müsse. Denn der Geschäftsverkehr könne auch ohne Voreintragung von der Ersttatsache, also z.B. der Prokuraerteilung, Kenntnis erlangt haben. Jedenfalls dieser Rechtsschein müsse durch die Eintragung der Zweittatsache, also z.B. des Widerrufs der Prokura, vernichtet werden. Außerdem enthalte der Wortlaut des § 15 I HGB keine Einschränkung dahingehend, dass er nur im Falle der Voreintragung der Ersttatsache anwendbar sei.

Damit ist § 15 I HGB auch in den Fällen der sog. sekundären Unrichtigkeit des Handelsregisters anwendbar. Es ist demnach unerheblich, dass bereits die Erteilung der Prokura der S nicht in das Handelsregister eingetragen war.

Die Voraussetzungen des § 15 I HGB liegen vor.

Anmerkung: Allerdings macht die h.M. eine Ausnahme in den Fällen, in denen die voreintragungspflichtige Tatsache intern geblieben ist und die Zweittatsache in ganz kurzem zeitlichem Abstand folgt. Denn dann sei ein schutzwürdiges Vertrauen Dritter schlechthin ausgeschlossen, so dass kein Bedürfnis für die Anwendung des § 15 I HGB bestünde.

(2) Rechtsfolgen

Nach dem in § 15 I HGB enthaltenen Grundsatz der negativen Publizität wird damit das Vertrauen des L auf das (abstrakte) Schweigen des Handelsregisters geschützt. R kann sich daher nicht auf den Widerruf der Prokura der S berufen. Folglich gilt die S immer noch als Prokuristin des R und handelte damit mit Vertretungsmacht.

Die Voraussetzungen der §§ 164 ff. BGB liegen demnach vor. S konnte den R wirksam vertreten, so dass der Kaufvertrag über die 20 Turbo-Rasenmäher wirksam zwischen R und L zu Stande kam.

Ergebnis: L steht folglich ein Zahlungsanspruch gegen R gem. § 433 II BGB zu.

IV. Zusammenfassung

Sound: Auch in den Fällen der fehlenden Voreintragung (= sekundären Unrichtigkeit des Handelsregisters) besteht ein schutzwürdiges Vertrauen Dritter, so dass § 15 I HGB Anwendung findet.

hemmer-Methode: Beachten Sie, dass § 15 I HGB nur die *negative* Publizität des Handelsregisters und damit nur das Vertrauen in die Abwesenheit nicht eingetragener Tatsachen schützt! Damit begründet § 15 I HGB gerade keinen Schutz des guten Glaubens an die Richtigkeit eingetragener Tatsachen. Wenn S daher nur durch ein Versehen des Registergerichts als Prokuristin des R in das Handelsregister eingetragen wäre, könnte sie den R nicht wirksam vertreten. Insbesondere könnte R jedem Vertragspartner das Fehlen der Vollmacht der S entgegen halten. Das Vertrauen in die Richtigkeit einer Eintragung wird nur über die positive Publizitätswirkung nach § 15 III HGB oder über die allgemeinen Grundsätze der Rechtsscheinshaftung geschützt.

V. Zur Vertiefung

- Hemmer/Wüst, Basics Zivilrecht, Bd. 5, Rn. 486.
- Hemmer/Wüst, Handelsrecht, Rn. 129.

Fall 18: Rosinentheorie

Sachverhalt:

Von den zwei Komplementären einer KG, A und B, die Gesamtvertretungsmacht besaßen, scheidet A aus der KG aus. Eine Eintragung im Handelsregister erfolgt nicht (vgl. § 143 HGB). Wenig später kauft die KG beim Gebrauchtwagenhändler C ein Firmenfahrzeug, wobei B als Alleinvertreter auftritt. C verlangt nun von A Zahlung des Kaufpreises i.H.v. 15.000 €.

Frage: Zu Recht?

I. Einordnung

§ 15 I HGB bezweckt den Schutz des Dritten. Demnach ist es nur folgerichtig, dass er ein Wahlrecht hat, ob er sich auf die Wirkung des § 15 I HGB berufen möchte oder nicht. Möglicherweise ist die wahre Rechtslage nämlich günstiger.

Es stellt sich aber die Frage, ob sich der Dritte hinsichtlich eines Sachverhalts auch teilweise auf die Wirklichkeit und teilweise auf den Rechtsschein des § 15 I HGB berufen kann, wenn dies für ihn am günstigsten ist – ob er sich also „die Rosinen herauspicken kann".

II. Gliederung

Anspruch des C auf Zahlung des Kaufpreises gegen A gem. §§ 433 II BGB i.V.m. 128 S. 1, 15 I HGB

1. Anspruch des C gegen die KG gem. § 433 II BGB

a) KG als möglicher Anspruchsgegner?
(+), §§ 161 II, 124 I HGB

b) Wirksamer Kaufvertrag zwischen C und der KG
(P): Wirksame Stellvertretung seitens B?

(1) Abgabe einer eigenen WE in fremdem Namen, § 164 I BGB (+)

(2) Mit Vertretungsmacht, §§ 161 II, 125 I HGB?

Zwar ursprünglich Gesamtvertretungsmacht gemeinsam mit A, §§ 161 II, 125 II HGB

ABER: Umwandlung in Einzelvertretungsmacht mit Ausscheiden des A, da KG sonst „gelähmt"

(P): Keine Eintragung im Handelsregister?

Eintragung nur deklaratorisch

Insbesondere muss C sich nicht auf § 15 I HGB berufen ⇨ Wahlrecht!

Vertretungsmacht des B gem. §§ 161 II, 125 I HGB (+)
⇨ Kaufvertrag zwischen C und der KG (+)
⇨ Anspruch des C gem. § 433 II BGB (+)

2. Haftung des A

a) Gem. §§ 161 II, 128 S. 1 HGB?
(-), da F als Ausgeschiedener nicht für Neuverpflichtungen der OHG haftet, vgl. § 160 I 1 HGB

b) Rechtsscheinshaftung gem. § 15 I HGB?

(1) Voraussetzungen

(a) Ausscheiden aus der KG = eintragungspflichtige Tatsache (+)

(b) Nichteintragung bzw. Nichtbekanntmachung (+)

(c) Guter Glaube des C (+)
Voraussetzungen (+)

(2) Rechtsfolgen
Grundsatz der *negativen Publizität*, A kann sich grds. *nicht* auf sein tatsächliches Ausscheiden aus der KG berufen

(3) (P): Widersprüchlichkeit?
Anderes Ergebnis, weil die KG dann auch nur durch A und B *gemeinsam* hätte vertreten werden können?
Grds. Wahlrecht, ob man sich auf § 15 I HGB beruft oder nicht
ABER: Kann Wahlrecht auch bzgl. ein und derselben Tatsache (dem Ausscheiden des A aus der KG) unterschiedlich ausgeübt werden?

(a) BGH: (+)

Meistbegünstigungsrecht folge aus Wortlaut des § 15 I HGB

(b) h.L.: (-)

§ 15 I HGB als Vertrauensschutznorm Geschützter soll nicht besser gestellt werden als er stünde, wenn seine Vorstellung der Wirklichkeit entspräche Unterschiedliche Ausübung des Wahlrechts wäre daher rechtsmissbräuchlich, § 242 BGB

⇨ Daher h.L. überzeugend (a.A. aber vertretbar)

⇨ Damit: keine Haftung des A gem. §§ 433 II BGB i.V.m. 128 S. 1, 15 I HGB

Ergebnis: Anspruch des C gegen A (-)

III. Lösung

1. Anspruch des C auf Zahlung des Kaufpreises i.H.v. 15.000 € gegen A gem. §§ 433 II BGB i.V.m. 128 S. 1, 15 I HGB

C könnte einen Anspruch gegenüber A auf Zahlung des Kaufpreises gem. §§ 433 II BGB i.V.m. 128 S. 1, 15 I HGB haben.

Dazu müsste C zum einen gegen die KG ein Anspruch auf Zahlung des Kaufpreises zustehen. Zum anderen müsste A noch Gesellschafter der KG sein.

2. Anspruch des C gegen die KG gem. §§ 433 II BGB

C hat dann einen Anspruch auf Zahlung des Kaufpreises gegen die KG, wenn die KG Anspruchsgegnerin sein kann und zwischen ihm und der KG ein Kaufvertrag über das Fahrzeug zu Stande gekommen ist, § 433 BGB.

a) KG als möglicher Anspruchsgegner?

Gem. §§ 161 II, 124 I HGB kann die KG unter ihrer Firma Rechte erwerben und Verbindlichkeiten eingehen. Damit ist sie möglicher Anspruchsgegner.

b) Kaufvertrag zwischen C und der KG

C hat sich hier mit B über den Verkauf des Fahrzeugs geeinigt. Damit ist ein Kaufvertrag zwischen C und der KG zu Stande gekommen, wenn B die KG hierbei wirksam vertreten hat, §§ 164 ff. BGB.

(1) Abgabe einer eigenen WE in fremdem Namen

B hat hier eine eigene Willenserklärung, gerichtet auf den Abschluss eines Kaufvertrages, im Namen der KG abgegeben.

(2) Mit Vertretungsmacht?

Fraglich ist indes, ob B dabei mit Vertretungsmacht gehandelt hat.

Ursprünglich waren A und B Gesamtvertreter der KG, vgl. §§ 161 II, 125 II HGB. In diesem Fall hätte B alleine die KG nicht wirksam verpflichten können.

Allerdings war A aus der KG ausgeschieden, so dass B der einzig übrig gebliebene Komplementär der KG war. Er ist damit gem. §§ 161 II, 125 I HGB zur Vertretung der KG befugt, da diese sonst handlungsunfähig wäre. Die Gesamtvertretungsmacht hat sich also in eine Einzelvertretungsmacht umgewandelt.

Anmerkung: Anders als bei juristischen Personen (z.B. AG, GmbH) gilt bei den Personengesellschaften der Grundsatz der *Selbstorganschaft*. Das heißt, dass sie in der Lage sein müssen, durch ihre eigenen Organe am Rechtsverkehr teilnehmen zu können. Da bei der KG der Kommanditist von der organschaftlichen Vertretung ausgeschlossen ist, vgl. § 170 HGB, muss der einzige Komplementär zur Vertretung der KG befugt sein. Denn eine Bestellung Dritter als Organe ist nicht zulässig (vgl. Hemmer/Wüst, Gesellschaftsrecht, Rn. 14, 79 f.)

Allerdings ist das Ausscheiden des A nicht in das Handelsregister eingetragen. Daraus könnte sich möglicherweise hinsichtlich der Vertretungsmacht ein anderes ergeben.

Zunächst ist festzustellen, dass die Eintragung in das Handelsregister nur deklaratorischen Charakter hat.

Zwar könnte C sich bezüglich des Ausscheidens des A aus der KG gem. § 15 I HGB auf das „Schweigen" des Handelsregisters berufen mit der Folge, dass A noch als Gesellschafter der KG gelten würde und B die KG dementsprechend nur gemeinsam mit A hätte vertreten können. Allerdings kann der Dritte auf den Vertrauensschutz des § 15 I HGB, der ja zu seinen Gunsten wirken soll, verzichten. Ihm steht also ein Wahlrecht zu. Indem C den Kaufpreis verlangt, gibt er zu erkennen, dass er an der wahren Rechtslage festhalten möchte. Denn nur so ist B allein vertretungsbefugt und kann die KG wirksam verpflichten.

Damit ändert die fehlende Eintragung nichts an der Vertretungsmacht des B. Er konnte die KG demnach wirksam verpflichten. Somit kam ein wirksamer Kaufvertrag zwischen C und der KG zu Stande.

2.   Haftung des A

Es stellt sich weiterhin die Frage, ob A für die Verbindlichkeit der KG einstehen muss.

a)   Gem. §§ 161 II, 128 S. 1 HGB

Eine Haftung gem. §§ 161 II, 128 S. 1 HGB scheidet jedoch aus. A ist aus der KG ausgeschieden und damit kein Gesellschafter mehr. Insbesondere haftet er nicht für Neuverpflichtungen der Gesellschaft, vgl. §§ 161 II, 160 I 1 HGB.

b)   Rechtsscheinshaftung gem. §§ 161 II, 128 S. 1, 15 I HGB?

Das Ausscheiden des A aus der KG ist jedoch nicht in das Handelsregister eingetragen. A kann sich daher auf Grund der Rechtsscheinshaftung des § 15 I HGB möglicherweise nicht auf sein Ausscheiden aus der Gesellschaft berufen.

(1)   Voraussetzungen

Dies setzt zunächst voraus, dass die Voraussetzungen des § 15 I HGB gegeben sind.

(a)   Eintragungspflichtige Tatsache

Das Ausscheiden aus einer KG ist eine gem. §§ 161 II, 143 II HGB eintragungspflichtige Tatsache.

(b)   Nichteintragung bzw. Nichtbekanntmachung

Eine Eintragung im Handelsregister und eine Bekanntmachung dahingehend, dass A nicht mehr Gesellschafter der KG ist, ist nicht erfolgt.

(c)   Guter Glaube des C

Mangels positiver Kenntnis ist der gute Glaube des C zu bejahen.

Die Voraussetzungen des § 15 I HGB liegen damit vor.

(2)   Rechtsfolgen

A könnte danach dem C grundsätzlich nicht entgegen halten, dass er in Wirklichkeit kein Gesellschafter der KG mehr ist. Vielmehr müsste er gem. §§ 161 II, 128 S. 1, 15 I HGB für die Verbindlichkeit der KG gegenüber C einstehen.

(3)   (P): Widersprüchlichkeit?

Problematisch ist jedoch, ob das so gefundene Ergebnis überhaupt haltbar ist. Denn an sich schließen sich die Alleinvertretungsmacht des B gem. §§ 161 II, 125 II HGB einerseits und die weitere persönliche Haftung des A für nach seinem Ausscheiden begründete Verbindlichkeiten gem. §§ 161 II, 128 S. 1, 15 I HGB andererseits aus. Möglicherweise muss das Ergebnis auf Grund seiner Widersprüchlichkeit anders ausfallen.

Zwar ist anerkannt, dass der Dritte grundsätzlich ein Wahlrecht hat, ob er sich auf die Wirkung des § 15 I HGB berufen möchte oder nicht. Umstritten ist jedoch, ob der Dritte sein Wahlrecht hinsichtlich ein und derselben Tatsache – hier also hinsichtlich des Ausscheidens des A aus der KG – *unterschiedlich* ausüben darf.

(a) BGH: (+)

Der BGH bejaht die Möglichkeit, sich bezüglich ein und derselben Tatsache einerseits auf die wahre Rechtslage und andererseits auf § 15 I HGB zu stützen (sog. *„Rosinentheorie"*). Der Wortlaut des § 15 I HGB enthalte ein Meistbegünstigungsrecht des Dritten. Dies folge auch daraus, dass § 15 I HGB eben niemals zu Gunsten des Eintragungs*pflichtigen* anwendbar sei.

(b) h.L: (-)

Die h.L. hingegen verneint eine solche Möglichkeit. Ein solches Vorgehen wäre widersprüchlich und könne daher nicht Gegenstand eines vertrauensschützenden Verkehrsschutzes sein.

Dies ist überzeugend. Denn nach einem allgemeinen Grundsatz der Vertrauenshaftung darf der Geschützte nicht besser gestellt werden als er stünde, wenn seine Vorstellung der Wirklichkeit entspräche (a.A. vertretbar).

Da C sein Wahlrecht hinsichtlich des Ausscheidens des A aus der KG nicht unterschiedlich ausüben darf, hat B daher entweder ohne Vertretungsmacht gehandelt oder aber A haftet nicht gem. §§ 161 II, 128 S. 1, 15 I HGB.

Ergebnis: C steht gegen A kein Anspruch auf Zahlung i.H.v. 15.000 € gem. §§ 433 II BGB, 161 II, 128 S. 1, 15 I HGB zu.

IV. Zusammenfassung

Sound: Der Dritte hat grundsätzlich ein Wahlrecht, ob er die wahre Rechtslage gelten lassen will oder sich auf den Rechtsschein des schweigenden Handelsregisters beruft. Allerdings ist dies streitig, wenn es darum geht, das Wahlrecht hinsichtlich einer einzigen Tatsache unterschiedlich auszuüben. Während der BGH auch dann das Wahlrecht bejaht, wird es von der h.L. auf Grund der Widersprüchlichkeit abgelehnt.

hemmer-Methode: Dieses Problem ist ein absoluter „Klassiker" und muss daher von Ihnen absolut sicher beherrscht werden. Versuchen Sie aber, die verschiedenen Meinungen *zu verstehen* und nicht nur auswendig zu lernen. Nur dann sind Sie in der Lage, gut zu argumentieren und sich so in der Klausur von der „Masse" abzuheben.

V. Zur Vertiefung

- Hemmer/Wüst, Basics Zivilrecht, Bd. 5, Rn. 488.
- Hemmer/Wüst, Handelsrecht, Rn. 140.
- Hemmer/Wüst, Handelsrecht, Karteikarten Nr. 27, 28.

Fall 19: Abschiedsschmerz

Sachverhalt:

Helmut (H) ist Inhaber einer großen Buchhandlung. Nachdem sein Prokurist Werner (W) aus altersbedingten Gründen in den Ruhestand geht, wird das Erlöschen der Prokura im Handelsregister eingetragen und bekannt gemacht. Anders als H ist W der Auffassung, ihm müsse eine Abfindung zustehen. Er nimmt daher im Namen des H bei der Bank B ein Darlehen i.H.v. 5.000 € auf, das er sich sogleich auszahlen lässt. Da er noch im Besitz einer Vollmachtsurkunde war, hat er diese bei Vertragsschluss vorgelegt. Als das Darlehen zur Rückzahlung fällig wird, nimmt B den H in Anspruch.

Frage: Zu Recht?

I. Einordnung

Es ist denkbar, dass trotz richtigen Inhalts des Handelsregisters und erfolgter Bekanntmachung ein Rechtsscheinstatbestand vorliegt, der stärker ist als § 15 II 1 HGB. In diesen Fällen kommt die allgemeine Rechtsscheinshaftung in Betracht.

II. Gliederung

Anspruch der B gegen H auf Rückzahlung des Darlehens gem. § 488 I 2 BGB

1. Wirksamer Darlehensvertrag, § 488 I BGB

(P): Wirksame Stellvertretung seitens des W?

a) Abgabe einer eigenen WE in fremdem Namen, § 164 I BGB (+)

b) Mit Vertretungsmacht?

(1) Prokura?

(a) Sachlicher Umfang, § 49 I HGB (+)

(b) Wirksame Erteilung, § 48 I HGB (+)

(c) ABER: Erlöschen der Prokura?
　Kein ausdrücklicher Widerruf
　ABER: § 168 S. 2 BGB: Erlöschen der Prokura mit Beendigung des zu Grunde liegenden Rechtsverhältnisses
　(§ 611 BGB)
　Daher: W ≠ Prokurist, Vertretungsbefugnis (-)

(d) § 15 I HGB?
　(-), Eintragung und Bekanntmachung, vgl. § 15 II 1 HGB

(2) § 172 I BGB?

Rechtsscheinsvollmacht

Vollmachtsurkunde (+)
Aushändigung (+)
Vorlage bei Vertragsschluss (+)
§ 173 BGB: keine Kenntnis oder fahrlässige Unkenntnis der B (+)

⇨ Damit: § 172 II BGB (+)
⇨ W gilt daher als vertretungsbefugt
⇨ Damit: Darlehensvertrag zwischen H und B (+)

(3) (P): Verhältnis zu § 15 II 1 HGB
　Kein Widerspruch
　§ 15 II 1 HGB schützt nur den *registerrechtlichen* Vertrauensschutz

2. Fälligkeit des Darlehens, § 488 I 2 BGB

Ergebnis:
Rückzahlungsanspruch der B gegen H (+)

III. Lösung

1. Anspruch der B gegen H auf Rückzahlung des Darlehens i.H.v. 5.000 € gem. § 488 I 2 BGB

B könnte einen Anspruch gegen H auf Rückzahlung des Darlehens gem. § 488 I 2 BGB haben. Dies setzt voraus, dass zwischen B und H ein wirksamer Darlehensvertrag besteht und das Darlehen zur Rückzahlung fällig ist, § 488 I 2 BGB.

2. Wirksamer Darlehensvertrag, § 488 I BGB

H hat nicht persönlich mit der B kontrahiert. Allerdings einigten sich W und die B über die Gewährung eines Darlehens i.h.v. 5.000 €. Damit liegt dann ein Darlehensvertrag zwischen H und B vor, wenn seitens des W eine wirksame Stellvertretung vorliegt, §§ 164 ff. BGB.

a) Abgabe einer eigenen Willenserklärung in fremdem Namen

W hat eine eigene Willenserklärung, gerichtet auf den Abschluss eines Darlehensvertrages gem. § 488 BGB, im Namen des H abgegeben.

b) Mit Vertretungsmacht

Dabei müsste W mit Vertretungsmacht gehandelt haben.

(1) Prokura

Möglicherweise ergibt sich die Vertretungsmacht aus der Stellung des W als Prokurist.

(a) Sachlicher Umfang

Zunächst müsste die Aufnahme eines Darlehens überhaupt vom sachlichen Umfang der Prokura gedeckt sein. Gem. § 49 I HGB ermächtigt die Prokura zu allen Arten von Geschäften, die der Betrieb *(irgend)*eines Handelsgewerbes mit sich bringt. Folglich ist auch die Aufnahme eines Darlehens vom sachlichen Umfang der Prokura erfasst.

(b) Wirksame Erteilung

Von einer wirksamen Erteilung der Prokura gem. § 48 I HGB kann vorliegend mangels anderer Anhaltspunkte ausgegangen werden.

(c) Erlöschen?

Die Prokura könnte allerdings erloschen sein.

Zwar liegt kein ausdrücklicher Widerruf seitens des H vor.

Allerdings ist das der Prokura zu Grunde liegende Rechtsverhältnis, der zwischen H und W bestehende Dienstvertrag, § 611 BGB, mit dem Eintritt des W in den Ruhestand beendet worden. Gem. § 168 S. 1 BGB ist damit auch die Prokura erloschen.

W hat danach beim Abschluss des Darlehensvertrages grundsätzlich ohne Vertretungsmacht gehandelt.

(d) § 15 I HGB?

Fraglich ist, ob H sich der B gegenüber auf das Erlöschen der Prokura berufen kann. Dies wäre dann nicht der Fall, wenn § 15 I HGB einschlägig wäre.

Auf Grund der Eintragung des Erlöschens der Prokura in das Handelsregister und die ebenfalls erfolgte Bekanntmachung muss B dies aber gegen sich gelten lassen, vgl. § 15 II 1 HGB. Folglich kann eine Vertretungsmacht des W auch nicht aus § 15 I HGB hergeleitet werden.

(2) § 172 BGB

W hat jedoch bei Abschluss des Vertrages eine Vollmachtsurkunde vorgelegt. Möglicherweise wirkt die Vollmacht des W daher auch nach dem Erlöschen als Rechtsscheinsvollmacht fort, vgl. § 172 I BGB.

Anmerkung: Die Tatsache, dass H dem W ursprünglich *Prokura* erteilt hat, ändert nichts an der möglichen Anwendbarkeit der §§ 170 ff. BGB! Denn auch die Prokura stellt eine rechtsgeschäftlich erteilte Vertretungsmacht und damit Vollmacht i.S.d. § 167 BGB dar. Lediglich ihr Umfang ist in § 49 I HGB gesetzlich festgelegt. Ein Rückgriff auf die §§ 170 – 173 BGB bleibt folglich möglich.

H hat dem W die Vollmachtsurkunde ursprünglich ausgehändigt und nicht für kraftlos erklärt. Ebensowenig hat W die Urkunde dem H zurückgegeben.

Anmerkung: Streitig ist, ob § 172 I BGB analog auf die *abhanden gekommene* Vollmachtsurkunde angewendet werden kann. Wiederholen Sie dieses Problemfeld aus dem BGB-AT (vgl. Hemmer, Die Fälle, BGB AT, Fall 70)!

Außerdem dürfte B weder positive Kenntnis noch grob fahrlässige Unkenntnis vom Widerruf der Prokura und damit dem Erlöschen der Vollmacht gehabt haben, vgl. § 173 BGB.

Anmerkung: Die §§ 170 – 173 BGB stellen einen gesetzlich geregelten Fall der Rechtsscheinshaftung dar. Da das Vertrauen des Dritten auf den gesetzten Rechtsschein aber immer nur dann schützenswert ist, wenn er gutgläubig ist, erfordert § 173 BGB, dass der Dritte bei der Vornahme des Rechtsgeschäfts das Erlöschen der Vertretungsmacht weder positiv gekannt hat noch fahrlässig nicht gekannt haben darf.

B wusste nicht, dass die Vertretungsmacht des W in Wirklichkeit erloschen war. Ein Fahrlässigkeitsvorwurf kann ihr nicht gemacht werden. Damit wird das Vertrauen der B in den Bestand der Vollmacht geschützt und W gilt ihr gegenüber als bevollmächtigt.

Fraglich ist nun aber, ob dem so gefundenen Ergebnis nicht § 15 II 1 HGB widerspricht. Denn obwohl der Geschäftsinhaber H seiner Pflicht zur Eintragung des Erlöschens der Prokura in das Handelsregister und der Bekanntmachung nachgekommen ist, könnte er sich der B gegenüber nicht darauf berufen. Allerdings ist allgemein anerkannt, dass § 15 II 1 HGB teleologisch zu reduzieren ist und folglich entgegen dem weit gefassten Wortlaut nur den *registerrechtlichen* Vertrauensschutz zerstört.

Wer daher einen Rechtsschein veranlasst oder duldet, der stärker ist als die Registerpublizität, unterliegt der Rechtsscheinshaftung. Dabei sind allerdings strenge Maßstäbe anzulegen, um § 15 II 1 HGB nicht auszuhöhlen.

Der in einer *Vollmachtsurkunde* liegende Vertrauenstatbestand kann durchaus als stärker angesehen werden als § 15 II 1 HGB. W handelte daher mit Vertretungsmacht und konnte den H dementsprechend wirksam verpflichten, §§ 164 ff. BGB. Demnach kam ein wirksamer Darlehensvertrag zwischen H und der B zu Stande.

2. Fälligkeit des Darlehens, § 488 I 2 BGB

Schließlich ist das Darlehen zur Rückzahlung fällig, vgl. § 488 I 2 BGB

Ergebnis: B kann von H Rückzahlung des Darlehens i.H.v. 5.000 € gem. § 488 I 2 BGB verlangen.

IV. Zusammenfassung

Sound: § 15 II 1 HGB beseitigt nur den *registerrechtlichen* Vertrauensschutz. Es ist daher möglich, dass trotz erfolgter Eintragung im Handelsregister und Bekanntmachung im Einzelfall ein „registerfremder" besonderer Vertrauenstatbestand vorliegt, der dazu führt, dass der Geschäftsinhaber sich im Endeffekt nicht auf die eingetragene und bekannt gemachte Tatsache berufen kann.

hemmer-Methode: Auf den ersten Blick mag das Ergebnis ungerecht erscheinen. Allerdings darf nicht außer Acht gelassen werden, dass der Fall ja noch nicht zu Ende ist. So kann H im Innenverhältnis gegen W vorgehen und Schadensersatz verlangen. Als Anspruchsgrundlagen kommen hier in Betracht: 1. §§ 280 I, 611 BGB („pVV" des Dienstvertrages); 2. § 826 BGB.

V. Zur Vertiefung

- Hemmer/Wüst, BGB AT I, Rn. 263.
- Hemmer/Wüst, Handelsrecht, Rn. 152 ff.
- Hemmer/Wüst, Handelsrecht, Karteikarte Nr. 31.

Fall 20: Teure Einlage

Sachverhalt:

Durch ein Versehen des Registergerichts wird Alfons (A), der als Kommanditist in die X-KG eingetreten ist, entgegen seiner Anmeldung als Komplementär in das Handelsregister eingetragen und bekannt gemacht. Wenig später kauft Josef (J), der Prokurist der X-KG, bei Hermes (H) unter Berufung auf seine Prokura im Namen der X-KG eine Luxus-Limousine zu einem äußerst günstigen Preis. Nachdem H das Fahrzeug der X-KG übergeben und übereignet hat, verlangt er von A Zahlung des Kaufpreises. Dieser weigert sich unter Berufung darauf, seine Einlage bereits vollständig erbracht zu haben.

Frage: Steht H gegenüber A ein Anspruch auf Zahlung des Kaufpreises zu?

I. Einordnung

Neben dem *Fehlen* einer Eintragung oder Bekanntmachung ist es auch denkbar, dass eine in das Handelsregister einzutragende Tatsache auf *unrichtige* Art und Weise bekannt gemacht worden ist. Auch in diesem Fall ist das Vertrauen des Rechtsverkehrs hinsichtlich der Richtigkeit dieser Tatsache schützenswert. Diesem Bedürfnis kommt § 15 III HGB nach.

II. Gliederung

1. Anspruch des H gegen A auf Zahlung des Kaufpreises gem. §§ 433 II i.V.m. 171 I 1. Hs. HGB

⇨ (-), da A seine Einlage bereits geleistet hat, vgl. § 171 I 2. Hs. HGB

2. Anspruch des H gegen A auf Zahlung des Kaufpreises gem. §§ 433 II BGB i.V.m. 161 II, 128 S. 1 HGB

a) Anspruch des H gegen die KG gem. § 433 II BGB

(1) KG als möglicher Anspruchsgegner?
(+), §§ 161 II, 124 I HGB

(2) Wirksamer Kaufvertrag zwischen H und der KG (+)

b) Haftung des A

(1) Gem. §§ 161 II, 128 S. 1 HGB
§§ 161 II, 128 S. 1 HGB
Grds. (-), da A nur Kommanditist

(2) Rechtsscheinshaftung nach § 15 III HGB

(a) Voraussetzungen

(aa) Eintragungspflichtige Tatsache
(+), Eintritt eines neuen Gesellschafters in die bestehende KG ist gem. §§ 161 II, 107 HGB eintragungspflichtig

(bb) Unrichtige Bekanntmachung?
Hier bereits Eintragung fehlerhaft = uneigentlicher Bekanntmachungsfehler
h.M.: (+)

(cc) Zurechenbare Veranlassung der Bekanntmachung?
Str., ob überhaupt dahingehendes Erfordernis

- **e.A.:** (-), da § 15 III HGB reine Rechtsscheinshaftung sei

- **h.M.:** (+), sonst uferlose Weite des durch die unrichtige Bekanntmachung erzeugten Rechtsscheins

Streit im Ergebnis unerheblich, da A die Bekanntmachung jedenfalls mitveranlasst hat

(dd) guter Glaube des H (+)

(b) Rechtsfolge
Grundsatz der *positiven Publizität*; H kann sich darauf berufen, dass A als Komplementär bekannt gemacht worden ist
Damit: Haftung des A gem. §§ 161 II, 128 S. 1, 15 III HGB (+)

Ergebnis:
Anspruch des H gegen A (+)

III. Lösung

1. Anspruch des H gegen A auf Zahlung des Kaufpreises gem. §§ 433 II BGB i.V.m. 171 I 1. Hs. HGB

Da A seine Einlage bereits vollständig geleistet hat, kommt ein Anspruch des H gegen A auf Zahlung des Kaufpreises gem. §§ 433 II BGB i.V.m. 171 I 1. Hs. HGB jedenfalls nicht in Betracht, vgl. § 171 I 2. Hs. HGB.

2. Anspruch des H gegen A auf Zahlung des Kaufpreises gem. §§ 433 II BGB i.V.m. 161 II, 128 S. 1, 15 III HGB

Möglicherweise kann H von A Zahlung des Kaufpreises gem. §§ 433 II BGB i.V.m. 161 II, 128 S. 1, 15 III HGB verlangen.

Dies setzt zum einen voraus, dass H einen derartigen Zahlungsanspruch gegen die X-KG hat. Zum anderen ist erforderlich, dass A für die Verbindlichkeit der X-KG haftet.

a) Anspruch des H gegen die X-KG auf Zahlung des Kaufpreises

H kann dann von der X-KG die Zahlung des Kaufpreises begehren, wenn die X-KG mögliche Anspruchsgegnerin ist und außerdem ein wirksamer Kaufvertrag, § 433 BGB, zwischen ihnen vorliegt.

(1) KG als möglicher Anspruchsgegner?

Gem. §§ 161 II, 124 I HGB kann die KG unter ihrer Firma Rechte erwerben und Verbindlichkeiten eingehen. Damit ist sie möglicher Anspruchsgegner.

(2) Wirksamer Kaufvertrag, § 433 BGB

J hat sich mit H über den Ankauf der Luxus-Limousine geeinigt. Dabei gab J eine eigene Willenserklärung im Namen der X-KG ab und handelte auf Grund seiner Stellung als Prokurist mit Vertretungsmacht, §§ 164 ff. BGB.

Damit kam ein wirksamer Kaufvertrag zwischen H und der X-KG zu Stande.

H steht damit gem. § 433 II BGB ein Anspruch auf Zahlung des Kaufpreises gegen die X-KG zu.

b) Haftung des A

Weiterhin müsste A für die Verbindlichkeit der X-KG gegenüber H einstehen müssen.

(1) Gem. §§ 161 II, 128 S. 1 HGB

Eine Haftung des A gem. §§ 161 II, 128 S. 1 HGB kommt nicht in Betracht. Denn A ist Kommanditist und nicht Komplementär der X-KG.

(2) Rechtsscheinshaftung gem. §§ 161 II, 128 S.1, 15 III HGB?

Eine Haftung des A könnte sich aber aus Rechtsscheinsgesichtspunkten nach §§ 161 II, 128 S. 1, 15 III HGB ergeben.

(a) Voraussetzungen

Zunächst müssten die Voraussetzungen des § 15 III HGB gegeben sein.

(aa) Eintragungspflichtige Tatsache

Der Eintritt eines neuen Gesellschafters in eine bestehende KG ist eine gem. §§ 161 II, 107 HGB eintragungspflichtige Tatsache.

(bb) Unrichtige Bekanntmachung

Weiterhin müsste diese Tatsache unrichtig bekannt gemacht worden sein.

A ist als Komplementär in das Handelsregister eingetragen und auch als solcher bekannt gemacht worden. Damit ist nicht nur die Bekanntmachung, sondern bereits die Eintragung in das Handelsregister unrichtig erfolgt. Ein eigentlicher Bekanntmachungsfehler liegt nicht vor.

Die h.M. bejaht gleichwohl die Anwendbarkeit des § 15 III HGB. Ihrer Auffassung zufolge meint Unrichtigkeit im Sinne dieser Vorschrift nicht nur ein Auseinanderfallen von Eintragung und Bekanntmachung, sondern auch ein solches von Bekanntmachung und wahrer Rechtslage.

Anmerkung: Völlig unstreitig ist die Anwendung des § 15 III HGB dann, wenn eine richtige Eintragung infolge eines Versehens unrichtig bekannt gemacht worden ist (sog. *reine* Bekanntmachungsfehler). Ist die Eintragung dagegen unrichtig, die Bekanntmachung allerdings ordnungsgemäß oder aber überhaupt nicht erfolgt, ist § 15 III HGB der h.M. zufolge nicht anwendbar.

(cc) Veranlassungsprinzip?

Um die uferlose Weite des durch die unrichtige Eintragung und Bekanntmachung erzeugten Rechtsscheins zu begrenzen, fordert die h.M., dass dieser dem Betroffenen zurechenbar sein muss. Dies sei nur bei demjenigen der Fall, der die Eintragung bzw. Bekanntmachung zumindest zurechenbar *mit*veranlasst hat. Damit wird die Rechtsscheinhaftung im Rahmen der § 15 III HGB – anders als bei § 15 I HGB – durch das sog. *Veranlassungsprinzip* eingeschränkt.

Anmerkung: Die Veranlassung der Fehlerhaftigkeit ist also nicht erforderlich. Auch die Anmeldung zum Handelsregister selbst muss nicht fehlerhaft sein.

Eine andere Auffassung hingegen geht vom Wortlaut des § 15 III HGB aus und verneint das Erfordernis einer zurechenbaren Veranlassung des Rechtsscheins. Sie betrachtet § 15 III HGB vielmehr ebenso wie § 15 I HGB als einen Fall der *reinen Rechtsscheinshaftung*.

Jedenfalls hat A hier die Anmeldung veranlasst und damit auch die fehlerhafte Eintragung bzw. Bekanntmachung zumindest *mit*verursacht.

Damit kommen beide Meinungen zum gleichen Ergebnis. Der Meinungsstreit braucht daher nicht entschieden zu werden.

Anmerkung: Der Gegenauffassung kann jedoch entgegen gehalten werden, dass es nicht einsichtig ist, warum der gutgläubige Rechtsverkehr schutzwürdiger sein soll als der völlig Unbeteiligte, der ja gar keinen Anlass dazu hat, die Bekanntmachungen der Registergerichte zu überprüfen. Die Ansicht der h.M. ist daher überzeugend. Beachten Sie, dass die Zurechnung eines Rechtsscheins nach dem Veranlassungsprinzip die Geschäftsfähigkeit des Veranlassers voraussetzt. Daher vermag § 15 III HGB keine Haftung von Geschäftsunfähigen oder beschränkt Geschäftsfähigen zu begründen.

(dd) Guter Glaube des H

Schließlich müsste H gutgläubig gewesen sein. Er wusste nicht, dass A in Wirklichkeit nicht Komplementär, sondern Kommanditist der X-KG war. Sein guter Glaube ist damit zu bejahen.

Die Voraussetzungen des § 15 III HGB liegen demnach vor.

Anmerkung: Genauso wie § 15 I HGB schützt auch § 15 III HGB das *abstrakte* Vertrauen des Dritten auf die Richtigkeit des gesetzten Rechtsscheins. Es ist daher *nicht* erforderlich, dass der Dritte die Eintragung bzw. Bekanntmachung gekannt und im Vertrauen auf dessen Richtigkeit gehandelt hat.

(b) Rechtsfolge

Nach dem in § 15 III HGB verankerten Grundsatz der *positiven Publizität* gilt die fehlerhaft bekanntgemachte Tatsache, dass A Komplementär der X-KG ist, dem H gegenüber als richtig. Folglich muss A gem. §§ 161 II, 128 S. 1, 15 III HGB für die Verbindlichkeiten der KG haften.

Ergebnis: H steht gegenüber A ein Anspruch auf Zahlung des Kaufpreises zu.

IV. Zusammenfassung

Sound: Ist eine in das Handelsregister einzutragende Tatsache unrichtig bekannt gemacht, so kann sich ein gutgläubiger Dritter demjenigen gegenüber, in dessen Angelegenheiten die Tatsache einzutragen war, auf die bekannt gemachte Tatsache berufen.

hemmer-Methode: Ist eine Tatsache unrichtig in das Handelsregister eingetragen, aber richtig oder überhaupt nicht bekannt gemacht, kommt eine Rechtsscheinshaftung nach § 15 III HGB nicht in Betracht (s.o.). Da allerdings auch unrichtige Eintragungen als solche einen Rechtsscheinstatbestand darstellen, sind in diesem Fall möglicherweise die *ungeschriebenen Ergänzungstatbestände* zu § 15 III HGB, die unter bestimmten Voraussetzungen eine positive Publizität der Eintragung als solcher begründen, einschlägig: Danach hat derjenige, der die unrichtige Eintragung im Handelsregister in zurechenbarer Weise veranlasst oder schuldhaft geduldet hat, einem gutgläubigen Dritten gegenüber hierfür einzustehen. Anders als bei § 15 I, III HGB handelt es sich hierbei aber um einen *konkreten* Vertrauensschutz. Es ist daher erforderlich, dass der Dritte die Eintragung im Handelsregister gekannt und im Vertrauen auf deren Richtigkeit gehandelt hat.

V. Zur Vertiefung

- Hemmer/Wüst, Basics Zivilrecht, Bd. 5, Rn. 494 f.
- Hemmer/Wüst, Handelsrecht, Rn. 142 ff.
- Hemmer/Wüst, Handelsrecht, Karteikarten Nr. 29, 30.

Kapitel IV: Wechsel des Unternehmensträgers

Fall 21: Doppelt hält besser...

Sachverhalt:

Rembrandt (R) verkauft dem Schott (S), der sein Unternehmen unter der Firma „Schott Sanitär- und Heizungsanlagen" führt, 15 Heizkessel im Wert von 70.000 €. Die Heizkessel werden übergeben, die Zahlung erfolgt allerdings noch nicht. Zwei Monate später veräußert S sein gesamtes Handelsgeschäft an Drossel (D), der das Geschäft des S unter der Bezeichnung „Schott Sanitär- und Heizungsanlagen, Inh. Drossel" weiter führt.

Frage: Von wem kann R Zahlung der 70.000 € verlangen?

I. Einordnung

Ein Unternehmen ist eine organisatorisch-ökonomische Einheit aus personellen und sachlichen Mitteln, einschließlich der immateriellen Werte, der Angestellten und der ausgeübten Tätigkeiten. Das kaufmännische Unternehmen ist als solches kein Rechtssubjekt. Rechtsträger ist vielmehr allein der Inhaber des Unternehmens, sei es der Einzelkaufmann, die Personenhandelsgesellschaft, die GmbH oder AG. Das Unternehmen kann als solches Gegenstand eines Verpflichtungsgeschäfts sein und so beispielsweise als ganzes verkauft oder verpachtet werden, wobei auch die Firma fortgeführt werden kann. Da sich der Geschäftsverkehr maßgeblich am kaufmännischen Unternehmen und dessen Firma und weniger am jeweiligen Inhaber orientiert, kann ein Wechsel des Unternehmensträgers in verschiedener Hinsicht problematisch sein. Aus diesem Grund enthalten die §§ 25-28 HGB Sonderregelungen, wodurch dem unrichtigen Eindruck teilweise Rechnung getragen werden soll.

Anmerkung: *§ 25 HGB* normiert den Grundfall, dass der ursprüngliche Unternehmensträger das Unternehmen rechtsgeschäftlich auf den neuen Träger überträgt. In *§ 27 HGB* wird der Sonderfall geregelt, dass der ursprüngliche Unternehmensträger verstirbt und das Unternehmen durch dessen Erben fortgeführt wird.

§ 28 HGB enthält schließlich eine Regelung für den Fall, dass das Unternehmen nun durch eine neu gegründete Personengesellschaft weitergeführt wird, in der der ursprüngliche Unternehmensträger Gesellschafter ist.

II. Gliederung

1. Anspruch des R gegen S gem. § 433 II BGB auf Zahlung von 70.000 €

Vor.:

a) Wirksamer Kaufvertrag, § 433 BGB (+)
Anspruch damit entstanden

b) Anderes Ergebnis wegen Übernahme durch D?
(-), da Übernehmer und früherer Inhaber als Gesamtschuldner haften, vgl. §§ 25, 26 HGB (Schuldbeitritt und keine befreiende Schuldübernahme)
Ausschlussfrist des § 26 I HGB (-)

Ergebnis: Anspruch (+)

2. Anspruch des R gegen D gem. § 433 II BGB i.V.m. § 25 I 1 HGB auf Zahlung von 70.000 €

a) Haftung des D

aa) Geschäftsverbindlichkeit des früheren Inhabers
Verbindlichkeit des S gem. § 433 II BGB (s.o.)

⇨   Begründung „im Betrieb des Geschäfts"
(+)
Geschäftsverbindlichkeit des S damit (+)

bb) Vor. des § 25 I 1 HGB

(1) Kaufmännisches Handelsgewerbe i.S.d. HGB
(+), Sanitärbetrieb = Handelsgewerbe gem. § 1 II HGB

(2) Erwerb unter Lebenden
(+), da jede Art des rechtsgeschäftlichen Übergangs

(3) Fortführung des Handelsgeschäfts (+)

(4) Fortführung der Firma
(+), insbesondere schadet Nachfolgezusatz nicht
Vor. des § 25 I 1 HGB damit (+)
Anspruch entstanden

b) Gegenrechte des H (-)

Ergebnis: Anspruch (+)

III. Lösung

1. Anspruch des R gegen S gem. § 433 II BGB auf Zahlung von 70.000 €

R könnte gegenüber S ein Anspruch gem. § 433 II BGB auf Zahlung von 70.000 € zustehen.

a)   Wirksamer Kaufvertrag, § 433 BGB

Voraussetzung hierfür ist zunächst, dass zwischen R und S ein wirksamer Kaufvertrag besteht, § 433 BGB. R und S haben sich über den Verkauf von 15 Heizkesseln zu einem Preis i.H.v. 70.000 € geeinigt. Ein wirksamer Kaufvertrag liegt damit vor. Ein Zahlungsanspruch des R ist folglich entstanden.

b)   Anderes Ergebnis wegen Übernahme durch D?

Es stellt sich die Frage, ob sich an der Zahlungsverpflichtung des S möglicherweise dadurch etwas ändert, dass in der Zwischenzeit ein Wechsel des Unternehmensträgers stattgefunden hat.

Nicht mehr S, sondern D ist jetzt Inhaber des Sanitärbetriebs. Dieser könnte nach § 25 I HGB haften.

Aus § 26 HGB geht jedoch hervor, dass § 25 I HGB zu einer Schuld*mit*übernahme des Erwerbers führt mit der Folge der Entstehung einer Gesamtschuld. § 25 I HGB konstatiert also keine befreiende Schuldübernahme, so dass es an dieser Stelle noch dahin stehen kann, ob auch D gegenüber R haftet.

Auch die fünfjährige Ausschlussfrist des § 26 I HGB, die zu einer Nachhaftungsbegrenzung des Unternehmensveräußerers führt, ist vorliegend noch nicht verstrichen.

Damit ändert die Veräußerung des Unternehmens nichts an der Zahlungsverpflichtung des S.

Anmerkung: Gem. § 26 I 1 HGB haftet der Veräußerer eines Unternehmens nur für solche Verbindlichkeiten, die vor dem Ablauf von fünf Jahren fällig und vom Gläubiger gerichtlich geltend gemacht werden. Wichtig: Es handelt sich hierbei um eine *Ausschlussfrist* (=Verfallfrist) und nicht etwa um eine Verjährungsfrist (Gleiches gilt etwa auch beim Anfechtungsrecht). Dies bedeutet, dass der Anspruch mit dem Ablauf der Frist verfällt. Dabei muss der Gläubiger beweisen, dass er rechtzeitig gehandelt hat. Kommt es zum Prozess, muss der Ablauf der Frist also nicht vom Schuldner als Einrede geltend gemacht werden, sondern ist vom Gericht von Amts wegen zu berücksichtigen. Die Frist beginnt dabei mit dem Ende des Tages, an dem der neue Inhaber der Firma in das Handelsregister eingetragen wurde.

Ergebnis: R kann von S Zahlung i.H.v. 70.000 € aus dem Kaufvertrag verlangen.

2. Anspruch des R gegen D gem. §§ 433 II BGB i.V.m. 25 I 1 HGB auf Zahlung von 70.000 €

Darüber hinaus könnte R auch ein Anspruch gegen D auf Zahlung von 70.000 € gem. §§ 433 II BGB i.V.m. 25 I 1 HGB zustehen.

a) Haftung des D

Mangels direkter vertraglicher Beziehungen zwischen R und D haftet D dem R gegenüber aber nur dann, wenn es sich bei dem Anspruch um eine Geschäftsverbindlichkeit des Veräußerers S handelt, für die D nach Maßgabe des § 25 I 1 HGB als Gesamtschuldner neben S haftet.

aa) Geschäftsverbindlichkeit des früheren Inhabers

Zunächst ist erforderlich, dass der von R geltend gemachte Anspruch eine Geschäftsverbindlichkeit des früheren Inhabers des Unternehmens darstellt. Dazu müsste die Verbindlichkeit im Betrieb des Geschäfts des S begründet worden sein.

Der Zahlungsanspruch ist auf Grund eines zwischen R und S geschlossenen Kaufvertrages über Heizkessel entstanden. Dieser steht in enger Beziehung zum Handelsgewerbe des S, der unter anderen auch mit Heizungsanlagen handelt. Der Zahlungsanspruch stellt somit eine Geschäftsverbindlichkeit dar.

Anmerkung: Bei rein deliktischen Ansprüchen, die in keinerlei rechtsgeschäftlichem Bezug zum Handelsgewerbe stehen, ist § 25 I HGB hingegen nicht anwendbar!

bb) Vor. des § 25 I 1 HGB

D haftet für diese Verbindlichkeit aber nur dann, wenn die Voraussetzungen der Haftungsausdehnungsnorm des § 25 I 1 HGB erfüllt sind.

Anmerkung: Die Voraussetzungen des § 25 HGB sind im Einzelnen äußerst umstritten. Dabei ist auch ein Rückgriff auf die ratio legis, den Zweck der Vorschrift, wenig hilfreich, da auch diesbezüglich verschiedene Theorien vertreten werden (siehe dazu die hemmer-Methode dieses Falls). Die Auslegung muss damit eng am Wortlaut erfolgen.

(1) Kaufmännisches Handelsgewerbe

Bei dem von D übernommenen Unternehmen müsste es sich um ein kaufmännisches Handelsgewerbe handeln. Dies ergibt sich daraus, dass § 25 HGB im Abschnitt über die Firma steht und die Fortführung der Firma verlangt. Gem. § 17 HGB findet das Firmenrecht aber nur auf Kaufleute Anwendung.

Der Sanitär- und Heizungsanlagenbetrieb ist ein Gewerbe. Mangels entgegenstehender Angaben ist davon auszugehen, dass der Betrieb nach Art und Umfang einen in kaufmännischer Weise eingerichteten Geschäftsbetrieb erfordert. Damit stellt er ein kaufmännisches Handelsgewerbe gem. § 1 II HGB dar.

(2) Erwerb unter Lebenden

Weiterhin müsste D diesen Betrieb unter Lebenden erworben haben.

Anmerkung: Beim Erwerb von Todes wegen gilt nicht § 25 HGB, sondern § 27 HGB!

Erwerbsgrund i.S.d. § 25 HGB kann jedes Rechtsgeschäft sein, das einen (vorübergehenden oder endgültigen) Wechsel des Unternehmensträgers bewirkt, sei es ein Kauf-, Schenkungs-, Pachtvertrag oder ein Nießbrauch.

Anmerkung: Es ist dabei nicht erforderlich, dass das Rechtsgeschäft wirksam ist. Denn für den Erwerb kommt es lediglich auf den *tatsächlichen Übergang* des Unternehmens an. So besteht die Haftung des Erwerbers auch dann, wenn der Übernahmevertrag nichtig, schwebend unwirksam ist oder gar nie ein Übernahmevertrag abgeschlossen wurde.

Hier hat D den Betrieb des S auf Grund eines Kaufvertrages erworben, wobei ein tatsächlicher Übergang stattgefunden hat. Damit liegt ein Erwerb unter Lebenden vor.

(3) Fortführung des Handelsgeschäfts

D müsste darüber hinaus das Handelsgeschäft fortgeführt haben. Dabei genügt es, wenn das Handelsgeschäft in seinem wesentlichen Kern weitergeführt wird. Kleinere Veränderungen sind damit ebenso wie eine nur vorübergehende Unterbrechung unschädlich.

Mangels anderer Anhaltspunkte ist vorliegend von einer Fortführung des Handelsgeschäfts des S durch D auszugehen.

(4) Fortführung der Firma

Auch die Firma müsste fortgeführt worden sein. Maßgeblich hierfür ist die Verkehrsanschauung. Es ist daher genügend, wenn der prägende Teil der alten Firma beibehalten wird, kleinere Änderungen sind irrelevant. Ebenso ist es unerheblich, wenn der Erwerber die Firma mit einem Nachfolgezusatz versieht oder aber die neu gebildete Firma nach firmenrechtlichen Grundsätzen unzulässig ist, vgl. § 25 I 1 HGB.

D hat die Firma des S beibehalten und lediglich eine Nachfolgeklausel beigefügt. Demnach führt er die Firma des S i.S.d. § 25 HGB fort.

Damit sind die Voraussetzungen des § 25 I 1 HGB erfüllt. Die Haftung für die Verbindlichkeit aus dem zwischen R und S geschlossenen Kaufvertrag über die Heizkessel erstreckt sich daher auch auf D.

b) Gegenrechte des D

Gegenrechte des D kommen vorliegend nicht in Betracht. D kann sich somit nicht gegen den Anspruch des R verteidigen.

Anmerkung: Als Gegenrechte kommen sowohl eigene Gegenrechte des Erwerbers (insbesondere gem. § 25 II HGB) als auch solche aus der Person des bisherigen Inhabers analog § 417 I 1 BGB in Betracht. Auch wird dem Erwerber die Einrede der Gestaltbarkeit analog §§ 770, 1137 I 1, 1211 I BGB, 129 II, III HGB zugestanden.

Ergebnis: R steht auch gegenüber D ein Anspruch auf Zahlung i.H.v. 70.000 € zu.

IV. Zusammenfassung

Sound: Der Erwerber eines kaufmännischen Handelsgewerbes haftet für die Geschäftsverbindlichkeiten des früheren Inhabers als Gesamtschuldner neben diesem, sofern er das Unternehmen und die Firma fortführt, vgl. § 25 I 1 HGB.

hemmer-Methode: Hinsichtlich des Zwecks des § 25 HGB werden verschiedene Theorien vertreten. So geht die *Rechtsscheinstheorie* davon aus, dass durch die Fortführung der Firma der Rechtsschein erweckt werde, dass der vormalige Inhaber das Unternehmen fortführe. Allerdings ändert auch die positive Kenntnis Dritter von der Übertragung des Unternehmens bzw. vom Fehlen einer rechtsgeschäftlichen Schuldübernahme nichts an der Haftung gem. § 25 HGB. Die *Erklärungstheorie* hingegen sieht in der Firmenfortführung eine Willenserklärung des Erwerbers, für die Altschulden kumulativ einzustehen. Damit geht sie jedoch von einer bloßen Fiktion aus und verwischt so die Unterschiede zwischen gesetzlicher und vertraglicher Haftung. Die *Haftungsfondstheorie* beruht auf dem Gedanken, dass mit den Aktiva eines Unternehmens notwendigerweise auch die Passiva übergehen. Dagegen spricht aber, dass gem. § 25 II HGB die Haftung abdingbar ist. Überzeugend ist damit (wie so oft) eine *vermittelnde Theorie*, die sowohl mit dem Wortlaut als auch mit der Entstehungsgeschichte des § 25 HGB am besten übereinstimmt: Diese besagt, dass die Fortführung des Handelsgeschäfts für eine Kontinuität der Haftung des Unternehmens spricht, was im Übrigen auch mit der Verkehrserwartung einhergeht.

Beachten Sie jedoch, dass diese Theorien niemals abstrakt darzustellen sind! Sie sind vielmehr entweder Ausgangspunkt oder Ergebnis einer Gesetzesauslegung und daher nur in diesem Zusammenhang zu diskutieren.

V. Zur Vertiefung

- Hemmer/Wüst, Basics Zivilrecht, Bd. 5, Rn. 497 ff.
- Hemmer/Wüst, Handelsrecht, Rn. 168 ff.
- Hemmer/Wüst, Handelsrecht, Karteikarten Nr. 34-38.

Fall 22: Dicke Luft

Sachverhalt:

Kemal (K) veräußert sein türkisches Feinkostgeschäft an Ümit (Ü). Er ist damit einverstanden, dass Ü die Firma fortführt. Zum Zeitpunkt der Veräußerung steht K noch eine Forderung gegen seinen Stammkunden Schmidt (S) i.H.v. 10.000 € zu. K und Ü vereinbaren, dass die Forderung weiterhin K zustehen soll. Wenig später begleicht S seine Schulden bei Ü. Als K von dem Sachverhalt erfährt, wendet er sich erbost an Ü und verlangt Herausgabe der 10.000 €.

Frage: Zu Recht?

I. Einordnung

§ 25 HGB regelt nicht nur die Haftung des Erwerbers, sondern gibt auch eine Antwort auf die Frage, an wen die Schuldner des früheren Inhabers mit befreiender Leistung zahlen können, wenn dieser sein Geschäft veräußert. Gem. § 25 I 2 HGB gelten die im Betrieb eines Handelsgeschäfts begründeten Forderungen als auf den Erwerber übergegangen.

II. Gliederung

Anspruch des K gegen Ü gem. § 816 II BGB auf Herausgabe der 10.000 €

1. Leistung an einen Nichtberechtigten
Leistung an Ü
Ü = Nichtberechtigter?
(+), wenn Ü weder Inhaber der Forderung ist noch eine Einziehungsermächtigung gem. § 185 I BGB vorliegt

a) Inhaberschaft bzgl. der Forderung?
Ursprünglich K

aa) Abtretung, § 398 BGB (-)

bb) Anderes Ergebnis wegen § 25 I 2 HGB?
- e.A.:
  § 25 I 2 HGB als cessio legis
  Damit stünde Forderung dem Ü zu, wenn Vor. des § 25 I 2 HGB (+)
- h.M.:
  § 25 I 2 HGB als reine Schuldnerschutzvorschrift
  Keine Auswirkung auf Inhaberschaft der Forderung

⇨ Auf Grund des Wortlauts des § 25 I 2 HGB überzeugend
K ist damit weiterhin Inhaber der Forderung

b) Einziehungsermächtigung (-)
Ü ist damit nichtberechtigt

2. Wirksamkeit gegenüber dem Berechtigten
Gem. § 25 I 2 HGB?

a) Vor.: (+)

b) Rechtsfolgen
Forderung gilt gegenüber S als auf Ü übergegangen
Leistung des S daher mit schuldbefreiender Wirkung

Ergebnis: Herausgabeanspruch des K (+)

III. Lösung

Anspruch des K gegen Ü gem. § 816 II BGB auf Herausgabe der 10.000 €

K könnte gegen Ü gem. § 816 II BGB ein Anspruch auf Herausgabe der 10.000 € zustehen.

1.   Leistung an einen Nichtberechtigten

Zunächst müsste eine Leistung an einen Nichtberechtigten vorliegen.

S leistete hier eine Zahlung an Ü i.H.v. 10.000 €, um damit eine ihm gegenüber bestehende Verbindlichkeit zu begleichen.

Fraglich ist damit, ob Ü hinsichtlich der Entgegennahme der 10.000 € Nichtberechtigter war.

Dies wäre dann der Fall, wenn er weder Inhaber der Forderung noch gem. § 185 I BGB zur Einziehung ermächtigt war.

a) Inhaberschaft bzgl. der Forderung

Die Forderung, auf die S leistete, resultierte aus einem zwischen S und K geschlossenen Vertrag und stand somit ursprünglich dem K zu.

aa) Abtretung, § 398 BGB

Sie könnte jedoch im Zuge der Übernahme des Unternehmens durch Ü auf diesen übergegangen sein.

K und Ü haben jedoch ausdrücklich vereinbart, dass die Forderung des K gegen den S auch weiterhin dem K zustehen sollte. Eine Abtretung der Forderung gem. § 398 BGB ist damit nicht erfolgt.

bb) Anderes Ergebnis wegen § 25 I 2 HGB?

Es stellt sich die Frage, ob sich aus der Vorschrift des § 25 I 2 BGB möglicherweise etwas anderes ergibt.

(1) e.A.

Eine Auffassung sieht diese Vorschrift als gesetzlichen Forderungsübergang (cessio legis) an. Damit wären sämtliche Forderungen des K auf Ü übergegangen, wenn die Voraussetzungen des § 25 I 2 BGB vorlägen.

(2) h.M.

Die h.M. versteht § 25 I 2 HGB hingegen als reine Schuldnerschutznorm, durch die lediglich der Schuldner besser gestellt werden soll. Dies sei die Folge der Kontinuität des Unternehmens nach außen.

Danach besteht die Bedeutung des § 25 I 2 HGB darin, dass der Schuldner sowohl an den Erwerber als auch weiterhin an den Veräußerer des Unternehmens mit schuldbefreiender Wirkung leisten kann. Der h.M. zufolge ist Inhaber der Forderung aber weiterhin der ursprüngliche Gläubiger und damit der Veräußerer des Unternehmens, sofern er die Forderung nicht an den Erwerber abgetreten hat.

Bereits aus dem Wortlaut des § 25 I 2 HGB geht hervor, dass dieser nur zu Gunsten des Schuldners gelten soll. Damit ist die h.M. überzeugend. Folglich kann eine Prüfung der Voraussetzungen des § 25 I 2 HGB an dieser Stellt noch dahinstehen.

Die Forderung gegen S steht jedenfalls weiterhin dem K zu.

b) Einziehungsermächtigung

Eine Einziehungsermächtigung i.S.d. § 185 I BGB ist vorliegend nicht ersichtlich.

Ü war damit Nichtberechtigter, so dass mit der Zahlung an Ü die Leistung an einen Nichtberechtigten erfolgt ist.

2. Wirksamkeit gegenüber dem Berechtigten

Weiterhin müsste die Leistung an Ü dem K gegenüber wirksam sein. Voraussetzung hierfür ist, dass S mit schuldbefreiender Wirkung geleistet hat.

Dies könnte auf Grund der Schuldnerschutznorm des § 25 I 2 HGB der Fall sein.

a) Voraussetzungen

Erforderlich ist, dass die Voraussetzungen des § 25 I 2 HGB vorliegen. Diese decken sich grundsätzlich mit denen des § 25 I 1 HGB. Zusätzlich muss der Veräußerer der Fortführung der Firma zugestimmt haben, vgl. auch § 22 HGB.

Anmerkung: Auch wenn der Wortlaut erfüllt ist, ist § 25 I 2 HGB in einigen Fällen nicht anwendbar. So z.B. dann, wenn zur Übertragung der Forderung die Einhaltung einer besonderen Form (§§ 1153, 1154 BGB bei der Hypothek) oder die Zustimmung eines Dritten erforderlich ist oder aber die Abtretbarkeit ganz ausgeschlossen ist.

Ü hat ein kaufmännisches Handelsgewerbe unter Lebenden erworben und mit dem Einverständnis des K sowohl das Handelsgeschäft als auch die Firma fortgeführt. Damit sind die Voraussetzungen des § 25 I 2 HGB gegeben.

b) Rechtsfolgen

Rechtsfolge ist, dass S mit schuldbefreiender Wirkung an den Erwerber Ü leisten konnte.

Dies bedeutet, dass die Leistung an den Nichtberechtigten Ü dem Berechtigten K gegenüber wirksam ist.

Ergebnis: K steht ein Anspruch gegenüber Ü auf Herausgabe der 10.000 € zu. Ist dem Ü eine Herausgabe in natura nicht mehr möglich, hat er gem. § 818 II BGB Wertersatz zu leisten.

IV. Zusammenfassung

Sound: § 25 I 2 HGB ist als Schuldnerschutznorm zu verstehen und führt dazu, dass der Schuldner nach dem Übergang des Unternehmens sowohl gegenüber dem Erwerber als auch gegenüber dem Veräußerer mit schuldbefreiender Wirkung leisten kann.

hemmer-Methode: Denkbar ist auch die Fallkonstellation, dass beim Übergang des Unternehmens sämtliche Forderungen des Veräußerers auf den Erwerber übertragen werden, die Abtretung aber unwirksam ist. Begleicht der Schuldner seine Verbindlichkeit durch Zahlung an den Erwerber, so tritt – wie hier im Fall – gem. § 25 I 2 HGB schuldbefreiende Wirkung ein. Der Veräußerer muss sich gem. § 816 II BGB an den Erwerber halten.

V. Zur Vertiefung:

- Hemmer/Wüst. Basics Zivilrecht, Bd. 5, Rn. 516
- Hemmer/Wüst, Handelsrecht, Rn. 187 ff.
- Hemmer/Wüst, Handelsrecht, Karteikarte Nr. 39.

Fall 23: Teures Fahrvergnügen

Sachverhalt:

Semmel (S) ist Inhaber einer Autovermietung, die er unter der Firma „Semmel Autovermietung e.K." betreibt. Aus einem mit Huber (H) geschlossenen Vertrag über den Ankauf von zehn neuen Kleinwagen hat dieser dem S gegenüber eine Forderung i.h.v. 100.000 €. Nun will S seinen Betrieb erweitern. Zusammen mit Dittrich (D) gründet er eine OHG mit der Firma „Semmel & Dittrich OHG". Dabei vereinbaren die beiden, dass die OHG nicht für die früheren Geschäftsverbindlichkeiten des S haften solle.

Frage: Kann H sich wegen seiner Forderung nun an die OHG wenden?

I. Einordnung

Möchte ein Einzelkaufmann seinen Betrieb erweitern, geschieht dies häufig dadurch, dass er einen Interessenten findet, der Kapital und Know-how einbringen möchte. Es liegt nahe, dass sich der Einzelkaufmann und die andere Person zu einer Personenhandelsgesellschaft zusammenschließen. Dabei stellt sich dann aber die Frage, welche Konsequenzen dies für die Altverbindlichkeiten des kaufmännischen Handelsgeschäfts hat.

II. Gliederung

> **Anspruch des H gegen die OHG auf Zahlung von 100.000 € gem. §§ 433 II BGB i.V.m. 28 I 1 HGB**
>
> **1. Haftung der OHG**
>
> **a) Altverbindlichkeit aus dem Geschäft des früheren Inhabers**
> Zahlungsanspruch des H gegen S gem. § 433 II BGB auf Grund wirksamen Kaufvertrages (+)
> Bezug zum Betrieb des S (+)
> Damit Altverbindlichkeit aus dem Geschäft des früheren Inhabers (+)
>
> **b) Geschäft eines Einzelkaufmanns**
> (+), S = Kaufmann i.S.d. § 1 II HGB (+)
>
> **c) Eintritt als persönlich haftender Gesellschafter oder Kommanditist in ein einzelkaufmännisches Unternehmen**
> ⇨ Vor.: dadurch Entstehung einer *neuen* Personenhandelsgesellschaft

⇨ (+), hier Entstehung einer OHG, § 105 ff. HGB
D ist persönlich haftender Gesellschafter Haftung der OHG gem. § 28 I 1 HGB

2. Gegenrechte
(-), Haftungsausschluss insbesondere unwirksam, vgl. § 28 II HGB

Ergebnis: Anspruch (+)

III. Lösung

1. Anspruch des H gegen die OHG auf Zahlung von 100.000 € gem. §§ 433 II BGB i.V.m. 28 HGB

H könnte gegen die OHG ein Anspruch auf Zahlung i.h.v. 100.000 € zustehen.

2. Haftung der OHG

Zwischen H und der OHG bestehen keine vertraglichen Beziehungen. Die OHG könnte gleichwohl für die Kaufpreisforderung des H gem. § 28 I 1 HGB einzustehen haben. Danach haftet die Gesellschaft, die durch den Eintritt einer Person als persönlich haftender Gesellschafter in das Geschäft eines Einzelkaufmanns entsteht, auch für die im Betrieb des Geschäfts des Einzelkaufmanns entstandenen Verbindlichkeiten.

a)　Altverbindlichkeit aus dem Geschäft des früheren Inhabers

Voraussetzung ist zunächst, dass es sich bei der Kaufpreisforderung des H um eine Verbindlichkeit aus dem Geschäft des früheren Inhabers handelt.

H und S haben einen wirksamen Kaufvertrag zu einem Preis i.H.v. 100.000 € geschlossen. Damit steht H gem. § 433 II BGB gegen S ein Anspruch auf Kaufpreiszahlung in dieser Höhe zu. Dabei weist der mit H geschlossene Kaufvertrag über zehn Kleinwagen den erforderlichen Bezug zum Geschäft des S, der Autovermietung, auf. Folglich stellt der Kaufpreisanspruch eine Geschäftsverbindlichkeit des früheren Inhabers dar.

b) Geschäft eines Einzelkaufmanns

Weiterhin müsste es sich bei dem früheren Geschäft des S um ein solches i.S.d. § 28 I 1 HGB handeln.

Als Inhaber einer Autovermietung betrieb S ein Handelsgewerbe i.S.d. § 1 II HGB. Das frühere Geschäft des S stellt damit unproblematisch das eines Einzelkaufmanns i.S.d. § 28 I 1 HGB dar.

Anmerkung: Fraglich ist, ob § 28 HGB auch dann Anwendung findet, wenn das Geschäft eines nicht eingetragenen Kleingewerbetreibenden in die neu gegründete, nun *eingetragene* und damit kaufmännische Gesellschaft eingebracht wird, vgl. § 105 II HGB. Anders als § 25 HGB stellt § 28 HGB nicht auf die Firmenfortführung ab. Der Begriff der Firma wird in § 28 HGB lediglich dazu verwendet, um den Gegensatz zu § 25 HGB darzustellen. Damit steht das nur auf Kaufleute anwendbare Firmenrecht der Anwendung des § 28 HGB bei Kleingewerbetreibenden nicht entgegen. Problematisch könnte indes das Merkmal des „Einzelkaufmanns" sein. Zieht man jedoch die Rechtslage und Rechtsprechung vor der Handelsrechtsreform heran, so erscheint es überzeugend, unter „Einzelkaufmann" nicht einen kaufmännischen Gewerbetreibenden (i.S.d. §§ 1 ff. HGB), sondern einen *Unternehmensträger* zu verstehen. Demnach ist § 28 HGB auch auf den Eintritt in das Unternehmen eines Kleingewerbetreibenden anwendbar.

c) Eintritt eines persönlich haftenden Gesellschafters oder Kommanditisten

Außerdem müsste der Eintritt eines persönlich haftenden Gesellschafters oder Kommanditisten in das Geschäft des S erfolgt sein. Dabei ist der Begriff „Eintritt" ungenau. Anders als der Eintritt in eine Gesellschaft ist ein solcher „Eintritt" in das Unternehmen eines Einzelkaufmanns nicht möglich. Das Gesetz meint vielmehr, dass der bisherige Unternehmensinhaber zusammen mit einem anderen eine OHG oder KG gründet und sein Geschäft als Einlage in diese neu entstandene Gesellschaft einbringt. Dabei darf das Handelsgeschäft nicht sofort eingestellt, sondern muss fortgeführt werden.

Anmerkung: § 28 HGB findet nach seinem eindeutigen Wortlaut dann keine Anwendung, wenn das Handelsgeschäft in eine neu gegründete GmbH eingebracht wird. Denn bei der GmbH haftet niemand als persönlicher Gesellschafter oder Kommanditist. Auch eine analoge Anwendung kommt nach überwiegender Meinung mangels *planwidriger* Regelungslücke nicht in Betracht. Der Gesetzgeber habe bewusst keine Haftungsanordnungen für juristische Personen getroffen und somit in diesem Fall eine Benachteiligung der Gläubiger bewusst in Kauf genommen.

Durch den Eintritt des D ist eine OHG entstanden, in der S und D persönlich haftende Gesellschafter sind (§ 105 I HGB). Das Geschäft des S wurde als Einlage eingebracht und fortgeführt. Damit ist das Erfordernis des „Eintritts" i.S.d. § 28 I 1 HGB erfüllt.

Anmerkung: Denkbar ist auch, dass das Handelsgeschäft auch nach dem Eintritt nichtkaufmännisch bleibt. Die dann entstehende Personengesellschaft ist eine Gesellschaft bürgerlichen Rechts, §§ 705 ff. BGB. Da das HGB keine Haftungsregeln für die GbR enthält, ist § 28 HGB in diesem Fall jedenfalls nicht direkt anwendbar. Streitig ist aber eine analoge Anwendung.

Dagegen wird vor allem vorgebracht, dass auf Grund der fehlenden Registerfähigkeit der GbR die Möglichkeit eines Haftungsausschlusses gem. § 28 II HGB gerade nicht besteht.

Anmerkung: Die sicherste Möglichkeit der Vermeidung der Haftung nach § 28 I 1HGB besteht damit darin, die Gründung der Personenhandelsgesellschaft unter die aufschiebende Bedingung (§ 158 I BGB) der Bekanntmachung der Haftungsbeschränkung im Handelsregister zu stellen.

Die Voraussetzungen des § 28 I 1 HGB liegen damit vor. Demnach haftet die OHG grundsätzlich für die Verbindlichkeit des S gegenüber H gem. § 433 II BGB.

Ergebnis: H steht gegenüber der OHG ein Anspruch auf Zahlung i.H.v. 100.000 € zu.

3. Gegenrechte

Anmerkung: H kann auch gegen D vorgehen: Zwar spricht § 28 I 1 HGB nur von der Haftung der neu entstandenen Gesellschaft. Allerdings haften auch die persönlich haftenden Gesellschafter. Dies ergibt sich aus §§ 128, 161 II, 171, 176 HGB.

Es stellt sich die Frage, ob die OHG der Inanspruchnahme durch H eigene Rechte entgegenhalten kann.

S und D haben hier vereinbart, dass die OHG nicht für die früheren Geschäftsverbindlichkeiten des S haften solle. Damit kann sich die OHG möglicherweise auf einen Haftungsausschluss gem. § 28 II HGB berufen.

Danach ist der Haftungsausschluss Dritten gegenüber aber nur dann wirksam, wenn er in das Handelsregister eingetragen *und* bekannt gemacht *oder* dem Dritten von einem Gesellschafter mitgeteilt worden ist.

IV. Zusammenfassung

Sound: Tritt jemand als persönlich haftender Gesellschafter in das Geschäft eines Einzelkaufmanns ein, so haftet die dadurch *neu* entstandene Personengesellschaft gem. § 28 I 1 HGB für die Geschäftsverbindlichkeiten des früheren Inhabers, sofern kein wirksamer Haftungsausschluss gem. § 28 II HGB vorliegt.

Vorliegend wurde der Haftungsausschluss weder in das Handelsregister eingetragen noch nach außen verlautbart. Die OHG kann sich H gegenüber daher nicht darauf berufen.

hemmer-Methode: Streitig ist auch, ob die durch den Eintritt von Gesellschaftern in den Betrieb eines Einzelkaufmanns neu entstandene Gesellschaft kraft Gesetzes Vertragspartei der von diesem abgeschlossenen Verträge wird. Relevant wird dies beispielsweise dann, wenn es um die Geltendmachung eines Anspruchs auf Mietzahlung (gem. § 535 I BGB) oder Nutzungsentschädigung (§ 546a BGB) geht. Voraussetzung für das Bestehen der vertraglichen Ansprüche gegen die Gesellschaft ist jeweils, dass die Gesellschaft Vertragspartei des Mietverhältnisses geworden ist. Dies hat der BGH jedenfalls für den Fall der Miete verneint. Sonst würde § 540 I BGB, wonach die Mitwirkung des Vermieters bei einer Gebrauchsüberlassung der Mietsache an einen Dritten erforderlich ist, unterlaufen. Eine andere Auffassung hingegen bejaht die Eigenschaft der neuen Gesellschaft als Mieterin und damit Vertragspartei. Denn andernfalls würde der Anspruch des Vermieters auf Zahlung der Miete oder Nutzungsentschädigung mit dem Argument seiner eigenen Schutzbedürftigkeit abgelehnt, was widersprüchlich sei.

V. Zur Vertiefung

- Hemmer/Wüst, Basics Zivilrecht, Bd. 5, Rn. 510 ff.
- Hemmer/Wüst, Handelsrecht, Rn. 197 ff.
- Hemmer/Wüst, Handelsrecht, Karteikarten Nr. 41, 42.

Fall 24: Hans im Glück...?

Sachverhalt:

Mona Müller (M), Inhaberin der Textilfabrik „Mona Moden", hat auf Grund des Entwurfs der diesjährigen Sommerkollektion Verbindlichkeiten i.H.v. 15.000 € gegenüber dem Designer Hans Haller (H). Kurze Zeit später bringt M ihr Unternehmen in die bereits bestehende A-GmbH ein. Auf Grund des Konzeptes eines jung-dynamischen Marketingexperten der GmbH wird die Textilfabrik in „Modern Fashion" umbenannt. Nun meldet sich D und macht die Begleichung seiner Forderung geltend.

Frage: Von wem kann H Zahlung verlangen?

Abwandlung:

M schließt sich mit der bereits bestehenden A-GmbH zusammen. Gemeinsam wird eine Personengesellschaft gegründet, die A-GmbH & Co KG. M ist als Kommanditistin beteiligt. H verlangt nun sowohl von der KG als auch von der GmbH Zahlung der ausstehenden Verbindlichkeiten.

Frage: Zu Recht?

I. Einordnung

Besonders dann, wenn eine juristische Person in irgendeiner Weise am Unternehmenswechsel beteiligt ist, stellt sich die Frage, nach welcher Vorschrift für die Geschäftsverbindlichkeiten des früheren Unternehmensinhabers gehaftet wird. In diesen Fällen kommt eine Haftung sowohl nach § 25 HGB als auch nach § 28 HGB sowie 128 HGB in Betracht. Hier ist daher genaues Subsumieren gefragt!

II. Gliederung

Ausgangsfall

1. Anspruch des H gegen M gem. § 631 I BGB auf Zahlung von 15.000 €

a) Wirksamer Werkvertrag, § 631 BGB
Geschuldeter Erfolg: Entwurf der Kollektion
Vereinbarung einer Vergütung i.H.v. 15.000 €
Damit: Abschluss eines wirksamen Werkvertrages (+)

b) Fälligkeit
(+), mit Abnahme, § 640 BGB
Ergebnis: Anspruch (+)

2. Anspruch des H gegen die A-GmbH auf Zahlung von 15.000 € gem. §§ 631 I BGB i.V.m. 28 I 1 HGB

a) Geschäftsverbindlichkeit des früheren Inhabers (+)

b) Vor. des § 28 I 1 HGB
Eintritt in ein einzelkaufmännisches Unternehmen
Vor.: Gründung einer Personenhandelsgesellschaft (-), da Geschäft der M in die bereits bestehende GmbH eingebracht wurde

Ergebnis: Anspruch (-)

3. Anspruch des H gegen die A-GmbH auf Zahlung von 15.000 € gem. §§ 631 I BGB i.V.m. 25 I 1 HGB

Geschäftsverbindlichkeit des früheren Inhabers (+)
Vor. des § 25 I 1 HGB

a) kaufmännisches Handelsgewerbe i.S.d. HGB (+)

b) Erwerb unter Lebenden (+)

c) Fortführung des Handelsgeschäfts (+)

d) Fortführung der Firma (-)

Ergebnis: Anspruch (-)

Abwandlung

1. Anspruch des H gegen die KG gem. §§ 631 I BGB i.V.m. 28 I 1 HGB auf Zahlung von 15.000 €

Geschäftsverbindlichkeit des früheren Inhabers (+)

Vor. des § 28 I 1 HGB

a) Geschäft eines Einzelkaufmanns (+)

b) Eintritt in ein einzelkaufmännisches Unternehmen

aa) Gründung einer Personenhandels- gesellschaft
(+), KG = Personenhandelsgesellschaft, §§ 161, 105 HGB

bb) Bisheriger Inhaber des Unternehmens bringt dieses in neue Gesellschaft ein (+)

cc) Gegenrechte (-)

Ergebnis: Anspruch (+)

2. Anspruch des H gegen die A-GmbH gem. §§ 631 I BGB i.V.m. 25 I 1 HGB auf Zahlung von 15.000 €

(-), da die GmbH das Handelsgeschäft der M nicht erworben hat, sondern sich ebenso wie M an der neu gegründeten KG beteiligt

3. Anspruch des H gegen die A-GmbH gem. §§ 631 I BGB i.V.m. 28 I 1 HGB auf Zahlung von 15.000 €

(-), § 28 I 1 HGB ordnet lediglich die Haftung der neu gegründeten Personenhandelsgesellschaft an, nicht hingegen die eines Gesellschafters der neuen KG

4. Anspruch des H gegen die A-GmbH gem. §§ 631 I BGB i.V.m. 28 I 1, 128 S. 1 HGB auf Zahlung von 15.000 €

Verbindlichkeit der KG (+)
Damit Haftung der GmbH als Komplementärin gem. § 128 HGB (+)

Ergebnis: Anspruch (+)

III. Lösung Ausgangsfall

1. Anspruch des H gegen M gem. § 631 I BGB auf Zahlung von 15.000 €

Zunächst kommt ein Anspruch des H gegen M auf Zahlung von 15.000 € in Betracht.

a) Wirksamer Werkvertrag

Voraussetzung hierfür ist das Vorliegen eines wirksamen Werkvertrages zwischen H und M, § 631 BGB.

H und M hatten vereinbart, dass H gegen die Zahlung einer Vergütung i.h.v. 15.000 € die Sommerkollektion entwerfen sollte. Damit schuldete H nicht nur eine Tätigkeit, sondern einen Erfolg. Folglich haben H und M einen Werkvertrag gem. § 631 BGB abgeschlossen. H steht demnach ein Anspruch auf Vergütung zu, § 631 I BGB.

b) Fälligkeit des Anspruchs

Der Vergütungsanspruch des H müsste weiterhin bereits fällig sein. Gem. § 641 I 1 BGB ist die Vergütung bei der Abnahme des Werkes, § 640 BGB, fällig. Mangels anderer Angaben ist davon auszugehen, dass M die Entwürfe des H zur Sommerkollektion billigend entgegengenommen hat. Damit ist eine Abnahme i.S.d. § 640 BGB erfolgt, der Anspruch des H auf Vergütung also fällig.

Ergebnis: H kann von M gem. § 631 I BGB Zahlung der Vergütung i.H.v. 15.000 € verlangen.

2. Anspruch des H gegen die A-GmbH auf Zahlung von 15.000 € gem. §§ 631 II BGB i.V.m. 28 I 1 HGB

Darüber hinaus könnte H auch ein Anspruch gegen die A-GmbH auf Zahlung von 15.000 € gem. §§ 631 I BGB i.V.m. 28 I 1 HGB zustehen. Mangels direkter vertraglicher Beziehungen zwischen der GmbH und H haftet die GmbH dem H gegenüber aber nur dann, wenn es sich bei dem Anspruch um eine Geschäftsverbindlichkeit der früheren Inhaberin M handelt, für die die GmbH nach Maßgabe des § 28 I 1 HGB haftet.

a) Geschäftsverbindlichkeit der M

Der Abschluss eines Werkvertrages über den Entwurf einer Sommerkollektion weist einen engen Bezug zu einer Textilfabrik auf. Somit handelt es sich bei dem Zahlungsanspruch des H um eine im Betrieb des Geschäfts der M begründete Verbindlichkeit.

b) Voraussetzungen des § 28 I 1 HGB

Weiterhin müssten die Voraussetzungen des § 28 I 1 HGB vorliegen.

Insbesondere müsste die bisherige Unternehmensinhaberin M zusammen mit einem anderen eine Personenhandelsgesellschaft gegründet und ihre Textilfabrik als Einlage eingebracht haben.

Dieses Erfordernis ist hier nicht erfüllt. M hat ihr Geschäft in die bereits bestehende A-GmbH eingebracht.

Die Voraussetzungen des § 28 I 1 HGB liegen damit nicht vor.

Ergebnis: H steht kein Anspruch gegen die A-GmbH. gem. §§ 631 I BGB i.V.m. 28 I 1 HGB zu.

3. Anspruch des H gegen die A-GmbH auf Zahlung von 15.000 € gem. §§ 631 I BGB i.V.m. 25 I 1 HGB

Möglicherweise steht H aber ein Anspruch auf Zahlung der 15.000 € gegen die A-GmbH gem. §§ 631 I BGB i.V.m. 25 I 1 HGB zu.

Der Zahlungsanspruch des H stellt eine Geschäftsverbindlichkeit der früheren Inhaberin M dar (s.o.). Damit haftet auch die A-GmbH, wenn die Voraussetzungen des § 25 I 1 HGB gegeben sind.

a) Kaufmännisches Handelsgewerbe

Die Textilfabrik stellt ein kaufmännisches Handelsgewerbe gem. § 1 II HGB und damit ein Handelsgeschäft i.S.d. § 25 I 1 HGB dar.

b) Erwerb unter Lebenden

Die A-GmbH müsste dieses Handelsgeschäft unter Lebenden erworben haben. Es wurde in die GmbH eingebracht, so dass diese neuer Unternehmensträger ist. Damit liegt in tatsächlicher Hinsicht ein Erwerb unter Lebenden vor.

c) Fortführung des Handelsgeschäfts

Von einer Fortführung des Handelsgeschäfts kann ausgegangen werden.

d) Fortführung der Firma

Allerdings müsste die A-GmbH auch die bisherige Firma fortgeführt haben. Die GmbH hat die ursprüngliche Firma „Mona Moden" jedoch sogleich in „Modern Fashion" umgewandelt. Dies stellt eine nicht nur unwesentliche Änderung des Firmennamens dar. Die Firma wurde folglich nicht fortgeführt.

Demnach liegen die Voraussetzungen des § 25 I 1 HGB nicht vor.

Ergebnis: H hat keinen Anspruch auf Zahlung i.H.v. 15.000 € gegen die A-GmbH.

IV. Lösung Abwandlung

1. Anspruch des H gegen die KG gem. §§ 631 I BGB i.V.m. 28 I 1 HGB auf Zahlung von 15.000 €

H könnte einen Anspruch auf Zahlung von 15.000 € gegen die KG gem. §§ 631 I BGB i.V.m. 28 I 1 HGB haben.

Bei dem Zahlungsanspruch handelt es sich um eine Geschäftsverbindlichkeit der früheren Unternehmensinhaberin M (s.o.). Damit haftet auch die KG, wenn die Voraussetzungen des § 28 I 1 HGB vorliegen.

a) Geschäft eines Einzelkaufmanns

Bei der Textilfabrik müsste es sich um das Geschäft eines Einzelkaufmanns i.S.d. § 28 HGB handeln. Die Textilfabrik ist ein Handelsgewerbe gem. § 1 II HGB, so dass dieses Erfordernis unproblematisch erfüllt ist.

b) Eintritt in ein einzelkaufmännisches Unternehmen

Weiterhin ist erforderlich, dass jemand als persönlich haftender Gesellschafter oder Kommanditist in die Textilfabrik eingetreten ist. Dies ist dann der Fall, wenn die bisherige Unternehmensinhaberin M zusammen mit einem anderen eine Personenhandelsgesellschaft gegründet und ihre Textilfabrik als Einlage eingebracht hat.

M tat sich hier mit der A-GmbH zusammen und gründete die A-GmbH & Co KG, eine Personenhandelsgesellschaft. Das Geschäft der M wurde als Einlage eingebracht. Folglich liegt ein Eintritt in ein einzelkaufmännisches Unternehmen i.S.d. § 28 HGB vor.

c) Gegenrechte der KG

Gegenrechte der Kg sind nicht ersichtlich, so dass die KG gem. § 28 I 1 HGB für die Verbindlichkeiten der M gegenüber H haftet.

Ergebnis: H kann von der KG Zahlung der 15.000 € verlangen.

2. Anspruch des H gegen die GmbH gem. §§ 631 I BGB i.V.m. 25 I 1 HGB auf Zahlung von 15.000 €

Fraglich ist, ob H von der GmbH Zahlung der 15.000 € gem. §§ 631 I BGB i.V.m. 25 I 1 HGB verlangen kann.

Anders als im Ausgangsfall hat die GmbH die Textilfabrik in der Abwandlung aber nicht unter Lebenden erworben, wie dies in § 25 I 1 HGB vorausgesetzt wird. Die GmbH hat sich lediglich ebenso wie M an der neu gegründeten KG als Gesellschafter beteiligt. Eine Haftung gem. § 25 I 1 HGB scheidet damit aus.

Ergebnis: H steht kein Anspruch gegen die GmbH gem. §§ 631 I BGB i.V.m. 25 I 1 HGB zu.

3. Anspruch des H gegen die GmbH gem. §§ 631 I BGB i.V.m. § 28 I 1 HGB auf Zahlung von 15.000 €

Ebensowenig kommt eine Haftung der GmbH gem. § 28 I 1 HGB in Betracht. Diese Vorschrift ordnet lediglich die Haftung der neu gegründeten Gesellschaft an, nicht hingegen diejenige eines Gesellschafters der neuen OHG oder KG.

Ergebnis: H hat auch keinen Anspruch gegen die GmbH gem. §§ 631 I BGB i.V.m. 28 I 1 HGB.

4. Anspruch des H gegen die GmbH gem. §§ 631 I BGB i.V.m. 28 I 1, 128 S.1, 161 II HGB auf Zahlung von 15.000 €

Schließlich könnte H einen Anspruch gegen die GmbH auf Zahlung der 15.000 € gem. §§ 631 I BGB i.V.m. 28 I 1, 128 S. 1, 161 II HGB haben.

Voraussetzung hierfür ist zunächst das Bestehen einer Verbindlichkeit der KG. Diese schuldet dem H gem. §§ 631 I BGB i.V.m. 28 I 1 HGB 15.000 €. Eine Verbindlichkeit der KG besteht daher.

Weiterhin müsste die GmbH als Gesellschafter für diese Verbindlichkeit einzustehen haben. Als Komplementär haftet sie gem. §§ 128 S. 1, 161 II HGB.

Ergebnis: H kann von der GmbH Zahlung der 15.000 € gem. §§ 631 I BGB i.V.m. 28 I 1, 128 S. 1, 161 II HGB verlangen

V. Zusammenfassung

Sound: Wird das Unternehmen eines Einzelkaufmanns in eine bereits bestehende GmbH eingebracht, so haftet diese gem. § 25 I 1 HGB für die Alt-Verbindlichkeiten des früheren Geschäftsinhabers. Gründen dagegen ein Einzelkaufmann und eine GmbH eine GmbH & Co KG (wobei regelmäßig die GmbH Komplementärin und der Einzelkaufmann Kommanditist werden), so haftet die KG gem. § 28 I 1 HGB für die früheren Geschäftsverbindlichkeiten des Einzelkaufmanns, eine Haftung der GmbH ergibt sich gem. §§ 28 I 1, 128 S. 1, 161 II HGB.

hemmer-Methode: Tritt eine GmbH in eine *bereits bestehende* OHG / KG ein, liegt mangels Gründung einer neuen Personenhandelsgesellschaft kein Fall des § 28 HGB vor, der eine Haftung der OHG / KG gegenüber den Alt-Gläubigern der GmbH begründen würde. Fraglich ist, ob die OHG / KG gem. § 130 HGB haftet. Dies ist jedoch nicht der Fall. Denn § 130 HGB führt lediglich zu einer *Haftung des eintretenden Gesellschafters* i.S.d. § 128 HGB für die bereits bestehenden *Verbindlichkeiten der Gesellschaft*. Hier liegt aber gerade die umgekehrte Fallkonstellation vor. Die Gläubiger der GmbH, die als Rechtssubjekt ja noch fortbesteht, müssen sich weiterhin an diese halten.

VI. Zur Vertiefung

- Hemmer/Wüst, Handelsrecht, Rn. 199 ff.
- Hemmer/Wüst, Handelsrecht, Karteikarten Nr. 43, 44.

Fall 25: Armer Erbe

Sachverhalt:

Weller (W) ist Inhaber eines großen Antiquitätenhandels. Als er stirbt, erbt Lotte (L) diesen als Alleinerbe. Da sie keine Kenntnisse über das Unternehmen hat, beauftragt sie ihren Freund Franz (F) mit der Führung der Geschäfte. Die Firma wird dabei fortgeführt. Nach zweieinhalb Monaten rät F der L, das Geschäft gewinnbringend inklusive Firma an Z zu veräußern. Nachdem dies geschehen ist, nimmt der Altgläubiger X die L gem. § 27 HGB auf Zahlung von 1.000 € in Anspruch.

Frage: Zu Recht?

I. Einordnung

Fragen nach der Haftungskontinuität stellen sich auch dann, wenn der Inhaber eines Handelsgeschäfts stirbt und der Erbe das Geschäft fortführt.

Zwar ist der Erbe bereits nach den allgemeinen Vorschriften des BGB verpflichtet, für die Verbindlichkeiten des Erblassers einzustehen, vgl. §§ 1922, 1967 BGB. Allerdings kann er diese Einstandspflicht gem. §§ 1975 ff., 1990 BGB auf den Nachlass beschränken und damit einer Haftung mit seinem Privatvermögen entgehen. Die Hauptbedeutung des § 27 HGB liegt nun also darin, neben den Vorschriften des BGB eine eigenständige persönliche Erbenhaftung zu begründen.

II. Gliederung

Anspruch des X gegen L gem. § 27 I HGB auf Zahlung von 1.000 €

1. **Handelsgeschäft**
   (+), Antiquitätenhandel = Handelsgewerbe i.S.d. § 1 II HGB

2. **Vererbung des Handelsgeschäfts**
   L = Erbin des W
   Gem. § 1922 I BGB Vererbung des Handelsgeschäfts

3. **Fortführung des Handelsgeschäfts**
   Keine sofortige Einstellung
   Zunächst also (+)
   ABER: Veräußerung nach zweieinhalb Monaten
   Dadurch Einstellung i.S.d. § 27 II 1 HGB?

---

h.M.: (-)
Denn: Einstellung setzt als rechtsscheinzerstörende Handlung einen deutlichen Akt nach außen voraus
(-) bei Veräußerung, da Geschäft und Firma regelmäßig fortbestehen (a.A. gut vertretbar)

4. **Fortführung der Firma (h.M.) (+)**
   Vor. des § 27 HGB damit (+)
   Haftung der L (+)

Ergebnis: Anspruch des X (+)

III. Lösung

1. Anspruch des X gegen L gem. § 27 I HGB auf Zahlung von 1.000 €

X könnte ein Anspruch gegen L auf Zahlung von 1.000 € gem. § 27 I HGB zustehen.

Voraussetzung für eine handelsrechtliche Haftung der L ist, dass die Voraussetzungen des § 27 I HGB vorliegen.

2. Handelsgeschäft

Zunächst ist erforderlich, dass es sich bei dem Antiquitätenhandel um ein Handelsgeschäft i.S.d. § 27 HGB handelt. Dabei ist der Begriff des Handelsgeschäfts wie im Rahmen des § 25 HGB zu verstehen.

Der Antiquitätenhandel stellt ein Handelsgewerbe gem. § 1 II HGB und folglich auch ein Handelsgeschäft i.S.d. §§ 27 I, 25 HGB dar.

3. Vererbung des Handelsgeschäfts

Weiterhin ist Voraussetzung, dass L das Handelsgeschäft geerbt hat.

Als Alleinerbin des W ist das Handelsgeschäft gem. § 1922 I BGB auf sie übergegangen. Für eine Ausschlagung der Erbschaft liegen keine Anhaltspunkte vor.

4. Fortführung des Handelsgeschäfts

L müsste das Handelsgeschäft fortgeführt haben.

Zunächst wurden die Geschäfte des Antiquitätenhandels weiter geführt. Dass L dabei nicht selbst handelte, sondern den F mit der Führung der Geschäfte beauftragt hatte, ist unerheblich.

Allerdings wurde der Antiquitätenhandel zweieinhalb Monate nach dem Erbfall veräußert. Darin könnte eine Einstellung des Geschäfts im Sinne von § 27 II HGB zu sehen sein mit der Folge, dass L nicht unbeschränkt für Alt-Verbindlichkeiten haften würde.

Nach überwiegender Meinung soll die Veräußerung des Unternehmens jedenfalls dann nicht für eine Einstellung i.S.d. § 27 II HGB ausreichen, wenn der Erbe das Unternehmen zunächst unter der alten Firma fortführt und später mit der Firma veräußert oder unter geänderter Firma fortsetzt. Argument hierfür ist, dass die Einstellung als rechtsscheinzerstörende Handlung einen deutlichen Akt nach außen voraussetze, der jedenfalls bei einer Veräußerung nicht erfolge. Denn dann bestehe das Geschäft unter Fortführung der Firma weiter.

Damit ist auch das Erfordernis der Fortführung des Handelsgeschäfts zu bejahen.

Anmerkung: Eine andere Auffassung geht hingegen davon aus, dass sich die Einstellung des Geschäfts i.S.d. § 27 II HGB nur auf die Fortführung *durch den Erben* bezieht. Auch dann, wenn das Unternehmen durch einen neuen Inhaber unter der alten Firma fortgeführt werde, läge eine Einstellung des Geschäfts durch die Erben vor. Überdies führte dies nicht zu einer unbilligen Belastung der Altgläubiger. Wenn ein neuer Unternehmensträger das Handelsgeschäft übernimmt, so hafte dieser gem. § 25 I HGB.

5. Fortführung der Firma

Schließlich ist nach h.M. erforderlich, dass L den Antiquitätenhandel unter der alten Firma fortgeführt hat. Eine Firmenfortführung liegt hier vor.

Die Voraussetzungen des § 27 HGB liegen vor. Eine Haftung der L ist damit gegeben.

Ergebnis: X kann von L gem. § 27 I HGB Zahlung von 1.000 € verlangen.

IV. Zusammenfassung

Sound: § 27 HGB regelt die Haftung des Erben im Falle der Geschäftsfortführung. Führt der Erbe das Handelsgeschäft zunächst fort, veräußert es aber innerhalb einer dreimonatigen Frist, so liegt nach h.M. keine Einstellung des Geschäfts i.S.d. § 27 II HGB vor. Der Erbe haftet daher auch in diesem Fall für die bisherigen Geschäftsverbindlichkeiten. Gleichzeitig haftet jedoch auch der Erwerber (als Gesamtschuldner) gem. § 25 I 1 HGB.

hemmer-Methode: Streitig ist, ob die handelsrechtliche Erbenhaftung gem. §§ 27 I i.V.m. 25 II HGB ausgeschlossen werden kann. *Dagegen* spricht, dass § 25 II HGB eine Vereinbarung zwischen den Parteien der Geschäftsübernahme voraussetzt und lediglich die Außenwirkung einer solchen Vereinbarung regelt. Eine derartige Vereinbarung gibt es aber regelmäßig nicht zwischen dem Erblasser und dem Erben. Dennoch *bejaht* die h.M. die Möglichkeit einer solchen Haftungsbeschränkung.

Zum einen führt sie den Wortlaut des § 27 I HGB an, der auf die Vorschriften des § 25 HGB verweise, wohingegen § 27 II HGB ausdrücklich nur auf § 25 I HGB Bezug nehme. Daraus wird der Schluss gezogen, dass sich die Verweisung in § 27 I HGB auf alle Absätze des § 25 HGB beziehe. Außerdem bestünde für den Erben ein schützenswertes Interesse an der Haftungsbeschränkung. Ansonsten würde er möglicherweise vor die Alternative gestellt, das Unternehmen entweder insgesamt zerschlagen zu müssen oder aber ein unwägbares Haftungsrisiko für Altverbindlichkeiten einzugehen (anders aber dann, wenn man entgegen der h.M. auch die Veräußerung als Einstellung i.S.d. § 27 II HGB ansieht).

V. Zur Vertiefung

- Hemmer/Wüst, Handelsrecht, Rn. 213 ff.
- Hemmer/Wüst, Handelsrecht, Karteikarten Nr. 45-48.

Kapitel V: Das Handelsgeschäft

Fall 26: Reden ist Gold, Schweigen ist Silber...

Sachverhalt:

Bertold (B) bestellt telefonisch bei Norbert (N) für sein Busunternehmen drei Reisebusse, Typ „Holiday", zum Preis von 250.000 € pro Stück. N sagt am Telefon die Lieferung zu. Um sich abzusichern, schickt N dem B noch am selben Tag folgenden Brief:

„Unter Bezugnahme auf unser heutiges Telefonat bestätige ich Ihnen hiermit die Lieferung von drei Reisebussen, Typ „Vacation", zum Preis von 260.000 € pro Stück. Die Auslieferung erfolgt innerhalb der nächsten Woche, gez. Norbert."

B, der mal wieder in Zeitnot ist, überfliegt das Schreiben nur und bemerkt daher den Irrtum des N nicht. Als die Busse samt Rechnung geliefert werden, weigert sich B, den überhöhten Betrag zu zahlen

Frage: Zu Recht?

Abwandlung:

In seinem Schreiben bestätigt N dem B außerdem noch die Lieferung von drei passenden Anhängern. Jedoch hatte B bei den Verhandlungen ausdrücklich ein derartiges Angebot des N abgelehnt.

Frage: Haben B und N auch einen Kaufvertrag über die Anhänger geschlossen?

I. Einordnung

Auf Grund der Besonderheiten des kaufmännischen Rechtsverkehrs (vgl. Fall 1) enthält das HGB Spezialnormen für den Fall, dass ein Kaufmann rechtsgeschäftlich tätig wird. Diese Vorschriften verdrängen, modifizieren oder ergänzen diejenigen des BGB, vgl. Art. 2 I EGHGB.

Anmerkung: Auf Grund dieser Systematik sind die Normen des HGB immer in den normalen Anspruchsaufbau des BGB zu integrieren! Sie sind also immer an der Stelle zu prüfen, an der sonst die Norm aus dem BGB zu prüfen wäre, die durch die handelsrechtliche Spezialvorschrift verdrängt oder ergänzt wird.

Dabei verfolgt der Gesetzgeber in den §§ 343 ff. HGB eine bereits aus dem BGB bekannt Regelungstechnik:

Der erste Abschnitt (§§ 343-372 HGB) enthält allgemeine, für alle Handelsgeschäfte geltende Regelungen, die gleichsam „vor die Klammer gezogen" werden. Die weiteren sechs Abschnitte regeln als besonderer Teil einzelne Handelsgeschäfte. Das praktisch wichtigste Handelsgeschäft ist der Handelskauf (vgl. die Fälle 29 ff.).

Gem. § 346 HGB sind Handelsbräuche diejenigen Gewohnheiten und Gebräuche im Handelsverkehr, die durch gleichmäßige, einheitliche und freiwillige Übung der beteiligten Kreise über einen längeren Zeitraum hinweg verpflichtenden Charakter erhalten haben.

Der bedeutendste und bekannteste Handelsbrauch ist das kaufmännische Bestätigungsschreiben (KBS). Darunter versteht man die unter Kaufleuten übliche kurze schriftliche Bestätigung von Vertragsschluss und -inhalt gegenüber der anderen Partei. Probleme ergeben sich insbesondere dann, wenn der Inhalt dieses Schreibens von dem bereits geschlossenen Kaufvertrag abweicht.

II. Gliederung

Ausgangsfall

Anspruch des N gegenüber B gem. § 433 II BGB auf Zahlung des Kaufpreises i.h.v. 780.000 €

Vor.: Wirksamer Kaufvertrag, § 433 BGB, über die Lieferung von drei Bussen zu einem Preis von 780.000 €

1. **Mündliche Einigung**
   (+), vereinbarter Preis = 750.000 €

2. Abweichung vom bisherigen Vertragsinhalt über die **Grundsätze des Schweigens auf ein kaufmännisches Bestätigungsschreiben (KBS)?**

a) **Persönliche Vor.:**
   (+), da beide Kaufleute gem. § 1 II HGB

b) **Sachliche Vor.:**

aa) **Vorausgegangene Vertragsverhandlungen (+)**

bb) **Unmittelbarer zeitlicher Zusammenhang (+)**

cc) **Redlichkeit des Absenders N (+)**

dd) **Kein unverzüglicher Widerspruch des Empfängers**

ee) **Rechtsfolge**
   KBS hat damit teilweise konstitutive Wirkung
   Vertragsänderung dahingehend, dass Gesamtpreis 780.000 € beträgt

Ergebnis:
Anspruch des N auf Zahlung von 780.000 €

Abwandlung

Kaufvertrag über die Anhänger?

Einigung zw. N und B gem. § 433 BGB

1. **Mündliche Einigung (-)**

2. **Vertragsschluss nach den Grundsätzen des Schweigens auf KBS?**
   Persönliche Vor. (+)
   Sachliche Vor.:
   (P): Genehmigungsfähigkeit des Inhalts?
   (-), da ausdrückliche Ablehnung des Kaufvertrags der Anhänger
   Schweigen auf das KBS daher ohne rechtliche Wirkung

Ergebnis: Kaufvertrag über die Anhänger (-)

III. Lösung Ausgangsfall

Anspruch des N gegenüber B gem. § 433 II BGB auf Zahlung des Kaufpreises i.H.v. 780.000 €

B weigert sich dann zu Recht, den Kaufpreis i.H.v. 780.000 € für die drei Reisebusse zu bezahlen, wenn N keinen Kaufpreisanspruch in dieser Höhe hat.

Ein derartiger Anspruch des N könnte sich jedoch aus einem mit B geschlossenen Kaufvertrag über die Reisebusse ergeben, § 433 II BGB

1.   Mündliche Einigung

N und B könnten bereits am Telefon einen Kaufvertrag geschlossen haben. Die beiden einigten sich mündlich über den Verkauf von drei Reisebussen zu einem Preis von insgesamt 750.000 €. Damit liegt ein Kaufvertrag gem. § 433 BGB vor.

2.   Abweichung vom bisherigen Vertragsinhalt über die Grundsätze des Schweigens auf ein kaufmännisches Bestätigungsschreiben (KBS)?

Es stellt sich jedoch die Frage, ob sich etwas anderes daraus ergibt, dass N dem B ein Bestätigungsschreiben zugeschickt hat, indem ein Gesamtpreis von 780.000 € angegeben war, und B diesem nicht widersprochen hat. Dadurch könnte der mündlich geschlossene Kaufvertrag abgeändert worden sein.

Voraussetzung hierfür ist jedoch das Vorliegen eines wirksamen KBS.

a)   Persönliche Voraussetzungen

Persönliche Voraussetzung ist zunächst, dass der Empfänger des KBS Kaufmann ist oder wie ein Kaufmann in größerem Umfang selbständig am Rechtsverkehr teilnimmt.

B hat ein Busunternehmen und ist daher Kaufmann gem. § 1 II HGB.

Nach dem BGH ist weiterhin Voraussetzung, dass auch der Absender zumindest wie ein Kaufmann am Geschäftsleben teilnimmt. Auch N ist gem. § 1 II HGB Kaufmann, so dass dieses Erfordernis zu bejahen ist.

Anmerkung: Einer anderen Auffassung zufolge kann *jeder Privatmann* Absender sein. Dies ist im Grunde überzeugend, da nicht einzusehen ist, weshalb ein Privatmann keinen Vertragsschluss im Wege eines KBS herbeiführen können und damit schlechter als ein Kaufmann stehen sollte. Dieser Streit muss aber nur dann entschieden werden, wenn der Absender kein Kaufmann ist. Vorliegend kommt es auf den Streit folglich gar nicht an.

b)　Sachliche Voraussetzungen

Darüber hinaus müssen bestimmte sachliche Voraussetzungen erfüllt sein.

aa)　Vorausgegangene Vertragsverhandlungen

Erforderlich ist zunächst, dass dem Schreiben eine hinreichend konkretisierte, ernsthafte, (fern)mündliche Verhandlung vorausgegangen ist, die zumindest aus der Sicht des Absenders bereits zu einem Vertragsschluss geführt hat.

N und B haben sich hier telefonisch über den Verkauf der drei Reisebusse zu einem bestimmten Preis geeinigt. N wollte mit seinem Schreiben Klarheit über die bereits getroffene Einigung erzielen und ging damit offensichtlich von einem bereits geschlossenen Vertrag aus.

Anmerkung: Es ist also nicht erforderlich, dass die Parteien bereits tatsächlich eine vertragliche Einigung erzielt haben. Ausreichend ist, dass jedenfalls der Absender davon ausgeht. Nur dann stellt sein Schreiben ein sog. *echtes* KBS dar. Andernfalls geht er davon aus, mit seiner „Bestätigung" einen Vertrag erst zu Stande zu bringen und erklärt damit dann die *Annahme*.

Die Abgrenzung zwischen dem Vorliegen eines echten KBS und einer Annahmeerklärung erfolgt damit durch Auslegung (§§ 133, 157 BGB)! Die Bezeichnung als „Auftragsbestätigung" ist hingegen nicht entscheidend.

bb)　Unmittelbarer zeitlicher Zusammenhang

Weiterhin muss das KBS in unmittelbarem zeitlichem Zusammenhang mit den Vertragsverhandlungen abgeschickt worden sein. Dies ist jedenfalls dann der Fall, wenn das KBS wie hier noch am selben der Tag abgeschickt wurde.

cc)　Kein unverzüglicher Widerspruch

Auch ist erforderlich, dass der Empfänger dem KBS nicht unverzüglich nach dessen Zugang widersprochen hat.

dd)　Redlichkeit des Absenders

Schließlich ist der Absender N auch redlich.

Anmerkung: An der Redlichkeit des Absenders fehlt es beispielsweise dann, wenn dieser das Verhandlungsergebnis bewusst unrichtig oder entstellt wiedergibt und damit arglistig handelt.

In diesem Zusammenhang ist fraglich, ob der nichtsahnende Absender des KBS auch dann als unredlich anzusehen ist, wenn nicht er, sondern ein arglistig handelnder Vertreter die Verhandlungen geführt hat. § 166 I BGB rechnet dem Vertretenen das Wissen des Vertreters jedenfalls dann zu, wenn dieser auch das KBS abgefasst hat. Hat er aber lediglich die Verhandlungen geführt, kommt nur eine *analoge* Anwendung des § 166 I BGB in Betracht. Voraussetzung hierfür ist zum einen, dass die vorhandene Regelungslücke planwidrig ist. § 166 I BGB zeigt, dass das Vertreterhandeln dem Gefahrenbereich des Vertretenen zugewiesen wird.

Es ist kein Grund ersichtlich, dass dies in dem hier fraglichen Fall gerade nicht gelten sollte und daher bewusst keine Regelung erfahren hat. Damit kann die Planwidrigkeit bejaht werden. Zum anderen ist eine vergleichbare Interessenlage gegeben, so dass es überzeugend ist, die analoge Anwendung mit der h.M. zu bejahen.

Auch die sachlichen Voraussetzungen liegen damit vor. Das KBS ist folglich wirksam.

b) Rechtsfolge

Rechtsfolge eines wirksamen KBS ist, dass der Vertrag mit dem Inhalt des Schreibens (erstmalig) zu Stande kommt bzw. dahingehend abgeändert wird.

Hier lag bereits ein mündlich geschlossener Kaufvertrag vor. Dieser wurde durch das KBS dahingehend modifiziert, dass an Stelle des ursprünglich vereinbarten Gesamtpreises i.H.v. 750.000 € nun ein Kaufpreis i.H.v. 780.000 € gilt.

Anmerkung: Das KBS war vorliegend hinsichtlich des Vertragsschlusses als solcher lediglich *deklaratorisch*. Was jedoch die Vertragsmodifizierungen angeht, kommt dem KBS *konstitutive* Bedeutung zu.

Ergebnis: N steht gegenüber B ein Kaufpreisanspruch i.H.v. 780.000 € zu. Damit ist die Weigerung des B, einen Betrag in dieser Höhe zu bezahlen, unberechtigt.

IV. Lösung Abwandlung

Kaufvertrag über die Anhänger?

Fraglich ist, ob ein Kaufvertrag über die Anhänger gem. § 433 BGB zu Stande kam.

1. Mündliche Einigung

N und B haben sich nicht telefonisch über den Verkauf der Anhänger geeinigt und damit keinen Kaufvertrag gem. § 433 BGB geschlossen.

2. Vertragsschluss nach den Grundsätzen des Schweigens auf ein KBS?

Möglicherweise kam ein Kaufvertrag jedoch nach den Grundsätzen des Schweigens auf ein KBS zu Stande.

Dazu ist zunächst erforderlich, dass es sich bei dem Schreiben, das N dem B geschickt hat, überhaupt um ein wirksames KBS handelt.

Die persönlichen Voraussetzungen sind gegeben (s. Ausgangsfall).

Im Hinblick auf die sachlichen Voraussetzungen ist lediglich problematisch, dass B im Rahmen der Verhandlungen den Kauf der Anhänger ausdrücklich abgelehnt hatte.

Das Schweigen auf ein KBS ist nämlich dann ohne rechtliche Konsequenzen, wenn es inhaltlich so weit vom Vorbesprochenen abweicht, dass der Absender verständlicherweise nicht mit dem Einverständnis des Empfängers rechnen konnte. Dies ist gerade dann der Fall, wenn der Empfänger des KBS im Vorfeld ausdrücklich zu verstehen gegeben hatte, einen Vertrag nicht schließen zu wollen, und das KBS den Abschluss eben dieses Vertrages bestätigt.

Folglich ist auch nach den Grundsätzen über das Schweigen auf ein KBS kein Vertrag über die Anhänger zu Stande gekommen.

Ergebnis: N und B haben keinen Vertrag über die Anhänger geschlossen.

IV. Zusammenfassung

Sound: Liegt ein wirksames KBS vor, so gilt das Schweigen auf ein solches Schreiben kraft Gewohnheitsrecht als Zustimmung. Diese hat lediglich deklaratorische Wirkung, wenn der Vertrag bereits zuvor zu Stande gekommen ist. Wird der Vertrag durch das KBS inhaltlich modifiziert, spricht man von einer teilweise konstitutiven Wirkung. Haben die Parteien im Rahmen der Verhandlungen hingegen noch (gar) keinen Vertrag geschlossen, ist die Zustimmung konstitutiver Natur.

hemmer-Methode: Problematisch ist auch die Anfechtbarkeit des mittels eines KBS zu Stande gekommenen Rechtsgeschäfts. So wird B im Ausgangsfall versuchen, den durch das KBS modifizierten Kaufvertrag anzufechten, um so nicht den höheren Kaufpreis zahlen zu müssen. Da es sich bei dem Schweigen des Empfängers auf ein KBS nicht um eine Willenserklärung, sondern um einen Zurechnungstatbestand handelt, ist die entsprechende Geltung der §§ 119 ff. BGB bei inhaltlichen Irrtümern umstritten. Einerseits soll der Empfänger nicht stärker gebunden werden als bei einer ausdrücklichen Zustimmung. Andererseits wird die Möglichkeit der Anfechtung als mit dem Zweck des KBS, dem Schutz des Vertrauens des Absenders, unvereinbar angesehen und somit insgesamt abgelehnt. Sollte dieses Problem in einer Klausur auftauchen, können Sie beide Meinungen vertreten, sofern Sie sie gut begründen!

Der Irrtum über die Bedeutung des Schweigens als solches ist nach dem Sinn und Zweck des Rechtsinstituts ausgeschlossen und stellt somit nach h.M. keinen Anfechtungsgrund dar. Es handelt sich vielmehr um einen grundsätzlich unbeachtlichen Motivirrtum.

V. Zur Vertiefung

- Hemmer/Wüst, BGB-AT I, Rn. 146 f.
- Hemmer/Wüst, Handelsrecht, Rn. 238 ff.
- Hemmer/Wüst, Handelsrecht, Karteikarten Nr. 51-56.

Fall 27: Künstlerpech

Sachverhalt:

Musikalienhändler Maier (M) hat sich neben dem Verkauf von neuen und gebrauchten Geigen auch auf deren Reparatur spezialisiert. So betritt eines Tages auch die berühmte Stargeigerin Sissy von Sternbäck (S) die Werkstätte des M, um ihre Stradivari generalüberholen zu lassen. Als kurz darauf der Geigenliebhaber Häußler (H) an M herantritt mit der Bitte, ihm dieses seltene Exemplar zu veräußern, koste es, was es wolle, wittert der von Geldsorgen geplagte M plötzlich seine einmalige Chance. Dem H vorspiegelnd, dass er von S zur Veräußerung ermächtigt sei, veräußert er die Stradivari an H. Als S von den Vorgängen erfährt, verlangt sie die Herausgabe der Geige von H.

Frage: Zu Recht?

I. Einordnung

§ 366 HGB dehnt den Gutglaubensschutz im Handelsrecht aus. Dies trägt den Besonderheiten des Handelsverkehrs Rechnung: So verfügt der Kaufmann häufig im eigenen Namen über fremde Sachen. Möglicherweise tritt er dabei aber nicht als Eigentümer, sondern vielmehr als Mittelsmann des wahren Eigentümers auf. Besonders deutlich wird dies im Fall des sog. *verlängerten Eigentumsvorbehalts (=EV)*: Der Großhändler veräußert dem Kaufmann Ware, wobei er sich das Eigentum bis zur vollständigen Kaufpreiszahlung vorbehält (sog. *einfacher EV*). Da es allerdings auch in seinem Interesse ist, dass der Kaufmann die Ware an den Endverbraucher veräußert – da der Kaufmann nur so in der Lage ist, seine Schulden dem Großhändler gegenüber zu begleichen – ermächtigt er den Kaufmann gem. § 185 I BGB zur Weiterveräußerung. Damit ist dieser berechtigt, im eigenen Namen über die Ware zu verfügen.

Anmerkung: Prüfen Sie daher in der Klausur im Rahmen des Prüfungspunktes *„Berechtigung und Verfügungsbefugnis"* nach der Feststellung, dass der Verfügende nicht Eigentümer der veräußerten Sache ist, **stets**, ob er nicht möglicherweise gem. § 185 I BGB vom wahren Eigentümer hierzu ermächtigt ist.
Erst wenn dies verneint ist, sind die Vorschriften über den gutgläubigen Erwerb gem. §§ 932 ff. BGB heranzuziehen!

Um jedoch nicht ohne Sicherheit dazustehen, findet eine Vorausabtretung der (künftigen) Forderung des Kaufmanns gegen den Endverbraucher (gem. § 433 II BGB) statt, § 398 BGB. Gleichzeitig ermächtigt der Großhändler den Kaufmann, diese Forderung im eigenen Namen einzuziehen, § 185 I BGB.

Der Erwerber muss also nicht gutgläubig hinsichtlich der Stellung des veräußernden Kaufmanns als Eigentümer sein. Ausreichend ist, dass er ihn für verfügungsbefugt hält.

II. Gliederung

1. Anspruch der S auf Herausgabe der Geige gem. § 985 BGB

Vor.: Bestehen einer Vindikationslage

a) H = Besitzer (+)

b) S = Eigentümer?
Ursprünglich (+)
Möglicherweise Verlust an H?
Vor.: wirksame Übereignung des Fahrrads seitens des M an H, §§ 929 ff. BGB

aa) Dingliche Einigung, § 929 S. 1 BGB (+)

bb) Übergabe, § 929 S. 1 BGB (+)

cc) Berechtigung / Verfügungsbefugnis
M ist weder Eigentümer noch liegt eine Ermächtigung i.S.d. § 185 I BGB vor
Berechtigung / Verfügungsbefugnis damit (-)

dd) Gutgläubiger Erwerb

(1) Gem. §§ 929 S. 1, 932 BGB

H weiß, dass M nicht Eigentümer ist

Guter Glaube § 932 II BGB daher (-)

(2)   Gem. § 366 I HGB

M = Kaufmann, § 1 II HGB (+)

Veräußerung einer beweglichen Sache im Rahmen des Handelsgewerbes (+)

Gutgläubigkeit des H bzgl. der Verfügungsbefugnis(+)

Übrige Voraussetzungen des gutgläubigen Erwerbs, §§ 932 ff. BGB (+)

⇨ H hat damit Eigentum erworben

⇨ S hat das Eigentum verloren

⇨ Vindikationslage (-)

Ergebnis:

S hat keinen Herausgabeanspruch

2.   Anspruch aus § 812 I 1, 2. Alt. BGB

(-) wegen Subsidiarität der Nichtleistungskondiktion

III. Lösung

1.   Anspruch der S auf Herausgabe der Geige gem. § 985 BGB

Ein Anspruch der S auf Herausgabe der Geige könnte sich zunächst aus § 985 BGB ergeben. Dazu müsste eine Vindikationslage bestehen, d.h. S müsste noch Eigentümerin der Geige sein und H Besitzer ohne Recht zum Besitz i.S.d. § 986 BGB.

a)   H = Besitzer

H ist Inhaber der tatsächlichen Sachherrschaft und damit gem. § 854 I BGB unmittelbarer Besitzer.

b)   S = Eigentümerin

Weiterhin ist erforderlich, dass S noch Eigentümerin der Geige ist.

Zweifellos war sie ursprünglich Eigentümerin der Geige.

Sie könnte ihr Eigentum allerdings an H verloren haben. Dies wäre dann der Fall, wenn

M wirksam über die Geige verfügt hat, §§ 929 ff. BGB.

aa)   dingliche Einigung

M und H müssten sich zunächst über den Eigentumsübergang der Geige geeinigt haben, § 929 S. 1 BGB. M wollte dem H das Eigentum verschaffen, womit H einverstanden war. Damit haben sich M und H dinglich geeinigt.

bb)   Übergabe

Außerdem müsste M dem H die Geige übergeben haben, § 929 S. 1 BGB. Mit der Verschaffung des unmittelbaren Besitzes an H und der vollständigen Besitzaufgabe seitens des M ist die Übergabe erfolgt.

cc)   Berechtigung / Verfügungsbefugnis

M müsste auch zur Verfügung über die Geige berechtigt und befugt gewesen sein. M ist jedoch nicht Eigentümer der Geige. Auch ist er von der wahren Eigentümerin S nicht gem. § 185 I BGB zur Veräußerung ermächtigt worden. Damit ist die Berechtigung und Verfügungsbefugnis des M zu verneinen.

dd)   Gutgläubiger Erwerb

H kann demnach das Eigentum an der Geige nur nach den Vorschriften über den gutgläubigen Erwerb erlangt haben.

(1)   Gem. §§ 932 ff. BGB

In Betracht kommt zunächst ein Erwerb nach den §§ 932 ff. BGB.

Voraussetzung hierfür ist zunächst, dass H hinsichtlich der Stellung des M als Eigentümer der Geige gutgläubig war, § 932 II BGB.

Indem M dem H mitteilte, dass nicht er, sondern S Eigentümerin der Geige sei, zerstörte er selbst einen sonst möglicherweise bestehenden guten Glauben des H an seine Stellung als Eigentümer. Ein gutgläubiger Erwerb nach den §§ 932 ff. BGB scheidet damit aus.

(2) Gem. § 366 I HGB

Allerdings könnte H das Eigentum an der Geige gutgläubig gem. § 366 I HGB erworben haben. Dazu müssen dessen Voraussetzungen vorliegen.

(a) Kaufmannseigenschaft des M

M müsste Kaufmann sein. Als Inhaber eines Musikalienhandels betreibt er ein Gewerbe, das mangels anderer Anhaltspunkte ein Handelsgewerbe i.S.d. § 1 II HGB darstellt. M ist folglich Kaufmann.

(b) Veräußerung einer beweglichen Sache im Rahmen des Handelsgewerbes des Kaufmanns

Weiterhin müsste M die Geige, bei der es sich um eine bewegliche Sache handelt, im Rahmen seines Handelsgewerbes veräußert haben. Die Veräußerung erfolgte in den Ladenräumen des M zu den üblichen Geschäftszeiten. Damit ist diesem Erfordernis Genüge geleistet.

(c) Gutgläubigkeit

H müsste in Bezug auf die Verfügungsbefugnis des M gutgläubig gewesen sein. Aus dem Verweis des § 366 I HGB auf die §§ 932 ff. BGB geht hervor, dass hinsichtlich des Maßstabs der Gutgläubigkeit § 932 II BGB entsprechend gilt. Damit schadet dem Erwerber nur Kenntnis und grob fahrlässige Unkenntnis.

H wusste nicht, dass M in Wirklichkeit nicht verfügungsbefugt i.S.d. § 185 I BGB war. Fraglich ist, ob ihm der Vorwurf einer grob fahrlässigen Unkenntnis zu machen ist. Dies wäre dann der Fall, wenn H die im Verkehr erforderliche Sorgfalt in ungewöhnlich hohem Maße verletzt hat. Allerdings darf man davon ausgehen, dass ein Musikalienhändler zur Verfügung über diejenigen Musikinstrumente ermächtigt ist, die sich in seinem Verkaufsraum befinden. Die Unkenntnis des H war damit nicht grob fahrlässig.

Folglich war H gutgläubig hinsichtlich der Verfügungsbefugnis des M.

Anmerkung: Anders ist dies aber dann, wenn der Kaufmann die Sache zu einem Preis veräußert, der weit unter dem marktüblichen Preis liegt. Denn weiß der Erwerber, dass der Veräußerer nicht Eigentümer der Sache ist und glaubt nur an dessen Verfügungsbefugnis, muss es sich ihm auf Grund der Bindung des veräußernden Kaufmanns an die Vorgaben und Interessen des Eigentümers geradezu aufdrängen, dass er jedenfalls so nicht verfügungsbefugt ist.

(d) Übrige Voraussetzungen

Schließlich müssten die sonstigen Voraussetzungen des gutgläubigen Erwerbs, §§ 932 ff. BGB erfüllt sein. Im vorliegenden Fall ergeben sich an diesem Erfordernis jedoch keine Zweifel.

Anmerkung: Denken Sie hierbei insbesondere an § 935 BGB! Kam die zu veräußernde Sache also dem wahren Eigentümer abhanden, kann sie auch nicht im Wege des § 366 HGB gutgläubig erworben werden. Der Schutz des Eigentümers geht der Sicherheit und Leichtigkeit des Handelsverkehrs vor.

Damit liegen die Voraussetzungen des § 366 I HGB vor. H hat gutgläubig das Eigentum an der Geige erworben mit der Folge, dass S nicht mehr Eigentümerin ist.

Eine Vindikationslage ist somit nicht gegeben. Die Voraussetzungen des § 985 BGB liegen demnach nicht vor.

Ergebnis: S hat keinen Herausgabeanspruch gegenüber H gem. § 985 BGB.

2. Anspruch der S auf Herausgabe der Geige gem. § 812 I 1, 2. Alt. BGB

Ein Anspruch der S auf Herausgabe der Geige gem. § 812 I 1, 2. Alt. BGB scheidet auf Grund der vorrangigen Leistungsbeziehung zwischen M und H und der daraus folgenden Subsidiarität der Nichtleistungskondiktion aus.

IV. Zusammenfassung

Sound: Bezieht sich der gute Glaube des Erwerbers nicht auf die Stellung des Veräußerers als Eigentümer, sondern lediglich auf dessen Verfügungsbefugnis i.S.d. § 185 I BGB, so kommt ein gutgläubiger Erwerb nach den Vorschriften der §§ 932 ff. BGB nicht in Betracht. Im Handelsrecht kann der Erwerber in diesem Fall jedoch möglicherweise gem. § 366 I HGB gutgläubig erwerben.

hemmer-Methode: Ist der Veräußerer Kleingewerbetreibender und als solcher nicht ins Handelsregister eingetragen, ist § 366 I HGB grundsätzlich nicht einschlägig. Denn diese Vorschrift setzt voraus, dass der Veräußerer Kaufmann i.S.d. HGB ist. Dennoch wird in der Literatur teilweise auf Grund der vergleichbaren Interessenlage § 366 HGB in diesem Fall analog angewendet. Ist der Kleingewerbetreibende Kommissionär, erklärt § 383 II 2 HGB die Vorschrift des § 366 HGB für anwendbar.

V. Zur Vertiefung

- Hemmer/Wüst, Handelsrecht, Rn. 288 ff.
- Hemmer/Wüst, Handelsrecht, Karteikarten Nr. 70, 71.

Fall 28: Der übereifrige Angestellte

Sachverhalt:

Olbrich (O) betreibt einen Reparaturbetrieb für Fahrräder und tätigt dabei auch An- und Verkäufe. Durch ein Versehen seines Angestellten Anton (A) gelangte das Fahrrad des Emil (E), das dieser zur Reparatur gegeben hatte, in den Verkaufsraum. O dachte irrtümlich, das Fahrrad sei von E zum Verkauf gegeben worden. Als Karl (K) sich für das Fahrrad interessierte, verkaufte und übereignete O es ihm daher. Er schloss den Kaufvertrag „im Namen des Emil" und erklärte, dass K auch den Kaufpreis an E bezahlen solle.

Frage: Kann E Herausgabe des Fahrrads von K verlangen?

I. Einordnung

Denkbar ist auch, dass der Kaufmann in fremdem Namen über eine Sache verfügt. Handelt er dabei ohne Vertretungsmacht, drängt sich die Frage auf, ob in diesen Fällen ein gutgläubiger Erwerb möglich ist. Dies gebietet möglicherweise die Sicherheit des Handelsverkehrs. Es stellt sich daher die Frage, ob § 366 I HGB, der gerade diesem Schutzzweck dient, auch den guten Glauben an die Vertretungsmacht erfasst.

Anmerkung: Trennen Sie auch bei der Übereignung nach den §§ 929 ff. BGB streng zwischen einem Handeln in *eigenem* Namen und einem Handeln in *fremdem* Namen! Im ersten Fall vollzieht sich die Übereignung zwischen dem handelnden Nicht-Eigentümer und dem Erwerber. Daher stellt sich nur in dieser Konstellation die Frage nach der Verfügungsbefugnis des Handelnden, die möglicherweise auf Grund einer Ermächtigung bzw. Genehmigung gem. § 185 BGB vorliegt. Liegt jedoch ein Handeln in fremdem Namen vor, prüfen Sie im Rahmen der dinglichen Einigung, ob eine wirksame Stellvertretung vorliegt. Möglicherweise handelt der Vertreter ohne Vertretungsmacht, so dass sich die Frage stellt, wie dies möglicherweise überwunden werden kann. Die Übereignung vollzieht sich in diesem Fall zwischen dem durch den handelnden Nicht-Eigentümer *Vertretenen* und dem Erwerber. Im Rahmen der Verfügungsbefugnis ist daher auch auf die Person des *Vertretenen* abzustellen.

Es ist danach zu fragen, ob *er* verfügungsbefugt ist. Nehmen Sie diesen Fall zum Anlass, die Übereignungstatbestände der §§ 929 ff. BGB zu wiederholen!

II. Gliederung

1. Anspruch des E auf Herausgabe des Fahrrads gem. § 985 BGB

Vor.: Bestehen einer Vindikationslage

a) K = Besitzer (+)

b) E = Eigentümer?

aa) Ursprünglich (+)

bb) Möglicherweise Verlust an K?

Vor.: Wirksame Übereignung des Fahrrads seitens des E an K, §§ 929 ff. BGB

▪ Dingliche Einigung, § 929 S. 1 BGB

▪ E selbst hat keine WE abgegeben

▪ Wirksame Stellvertretung seitens des A?

(1) Abgabe einer eigenen WE im Namen des E (+)

(2) Mit Vertretungsmacht?

(a) Vollmacht gem. § 167 BGB (-)

(b) Rechtsscheinvollmacht

Als Duldungsvollmacht (-)

Als **Anscheinsvollmacht?**

Vor.: Zurechenbarkeit im Verhältnis zu E

(-), allein Tatsache, dass Fahrrad in Reparatur gegeben, kann nicht ausreichen

Anscheinsvollmacht daher (-)

(c) §§ 932 ff. BGB?

ABER: nur Schutz des guten Glaubens an die Stellung des Veräußerers als Eigentümer

Guter Glaube an die Vertretungsbefugnis wird nicht geschützt

Außerdem setzt die Anwendung der §§ 932 ff. BGB voraus, dass eine dingliche Einigung vorliegt

§§ 932 ff. BGB daher (-)

(d) § 366 HGB?

= Kaufmann, § 1 II HGB (+)

Veräußerung einer beweglichen Sache im Betrieb eines Handelsgewerbes (+)

(P): § 366 HGB erfasst seinem Wortlaut nach nur den guten Glauben an die Verfügungsbefugnis (Handeln in *eigenem* Namen)
Hier geht es aber um die **fehlende Vertretungsmacht** (Handeln in *fremdem* Namen)

⇨ **Anwendbarkeit des § 366 HGB?**

e.A.: (+)
Arg.: Geschäftspraxis und Gesetzeswortlaut differenzieren nicht immer zwischen Verfügungs- und Verpflichtungsgeschäft

a.A.: (-)
Überzeugend, denn:
andere Situation als beim Handeln in fremdem Namen
Erwerber weniger schutzwürdig
Analoge Anwendung des § 366 HGB nutzlos, da Erwerb jedenfalls nicht kondiktionsfest

⇨ **Daher: § 366 HGB (analog) (-)**
kein gutgläubiger Erwerb des K
E ist weiterhin Eigentümer

c) K ist Besitzer ohne Recht zum Besitz i.S.d. § 986 BGB

Voraussetzungen des § 985 (+)

Ergebnis: Herausgabeanspruch des E gegen K besteht

2. Anspruch des E auf Herausgabe des Fahrrads gem. § 812 I 1 BGB

a) gem. § 812 I 1, 1. Alt. BGB

aa) Etwas erlangt
(+), unmittelbarer Besitz

bb) durch Leistung des E
(-), aus Sicht des K wurde der Besitz von O geleistet

b) gem. § 812 I 1, 2. Alt. BGB
(-), Subsidiarität der Nichtleistungskondiktion

Ergebnis: Herausgabeanspruch (-)

III. Lösung

1. Anspruch des E gegenüber K auf Herausgabe des Fahrrads gem. § 985 BGB

E steht möglicherweise ein Herausgabeanspruch gegen K gem. § 985 BGB zu. Voraussetzung hierfür ist das Bestehen einer Vindikationslage. E müsste also noch Eigentümer des Fahrrads sein und K Besitzer ohne Recht zum Besitz i.S.d. § 986 BGB.

a)   K = Besitzer

K müsste Besitzer sein. Als Inhaber der tatsächlichen Sachherrschaft ist K unmittelbarer Besitzer des Fahrrads, vgl. § 854 I BGB.

b)   E = Eigentümer

Weiterhin müsste E noch Eigentümer des Fahrrads sein.

Ursprünglich war er Eigentümer.

Er könnte das Eigentum jedoch dadurch verloren haben, dass K das Eigentum erwarb. Dann müsste eine wirksame Übereignung zwischen E und K vorliegen, §§ 929 ff. BGB.

Zunächst müssten sich E und K dinglich geeinigt haben, § 929 S. 1 BGB.

E selbst hat nicht mit K verhandelt. Vielmehr einigte K sich mit O über den Eigentumsübergang des Fahrrads. Damit liegt nur dann eine dingliche Einigung zwischen E und K vor, wenn E wirksam durch O vertreten wurde, §§ 164 ff. BGB.

aa)   Abgabe einer eigenen WE

O hat eine eigene Willenserklärung, gerichtet auf die Übertragung des Eigentums am Fahrrad, abgegeben. Dabei handelte er im Namen des E, vgl. § 164 I BGB.

bb) Mit Vertretungsmacht

Es stellt sich allerdings die Frage, ob O hierbei mit Vertretungsmacht handelte.

(1) Vollmacht

Dadurch, dass E dem O keine Vollmacht erteilt hatte, § 167 BGB, kann daraus auch keine Vertretungsmacht des O hergeleitet werden.

(2) Rechtsscheinvollmacht

Möglicherweise war O auf Grund einer Rechtsscheinvollmacht vertretungsbefugt.

Mangels wiederholten Auftretens des O für E muss eine Duldungsvollmacht ausscheiden.

Denkbar ist jedoch eine Anscheinsvollmacht. Voraussetzung hierfür ist zumindest das Vorliegen eines dem E zurechenbaren Rechtsscheins. Als solcher kommt nur die Tatsache in Betracht, dass E dem O sein Fahrrad zur Reparatur überlassen hatte. Dies allein vermag aber keinen ausreichenden Rechtsschein zu begründen. Denn andernfalls würden untragbare, über die Gefahren der §§ 932 ff. BGB hinausgehende Risiken für jeden entstehen, der sein Eigentum aus der Hand gibt.

(3) §§ 932 ff. BGB

K könnte das Fahrrad gutgläubig gem. §§ 932 ff. BGB erworben haben. Dann müssten die §§ 932 ff. BGB den guten Glauben an die Vertretungsbefugnis schützen. Dies ist allerdings nicht der Fall: Geschützt wird nur der gute Glaube an die Stellung des Veräußerers als Eigentümer der Sache. Indem O überhaupt nicht als Eigentümer des Fahrrads auftrat, kommt ein derartiger guter Glaube von vornherein nicht in Betracht.

Anmerkung: Ein gutgläubiger Erwerb nach den §§ 932 ff. BGB scheitert aber auch an einer anderen, viel grundlegenderen Voraussetzung: Eine Prüfung der Gutglaubenstatbestände kann nämlich im Grunde nur erfolgen, wenn die Grundvoraussetzungen der Übereignung nach den §§ 929 ff. BGB gegeben sind, d.h. dingliche Einigung und Übergabe. Im Wege des gutgläubigen Erwerbs nach den §§ 932 ff. BGB wird lediglich die fehlende Berechtigung / Verfügungsbefugnis überwunden. Fehlt es wie hier im Fall bereits an der dinglichen Einigung, ist ein gutgläubiger Erwerb gem. §§ 932 ff. BGB folglich nicht möglich.

(4) § 366 I HGB

Es stellt sich die Frage, ob K das Fahrrad nicht möglicherweise nach § 366 I HGB gutgläubig erworben hat.

Als Inhaber eines Reparaturbetriebes für Fahrräder betreibt O ein Handelsgewerbe und ist daher Kaufmann gem. § 1 II HGB. Indem er das Fahrrad des E veräußerte, veräußerte er eine bewegliche Sache im Betrieb seines Handelsgewerbes. Damit ist § 366 I HGB grundsätzlich anwendbar.

Anmerkung: Eine Veräußerung im Betrieb des Handelsgewerbes liegt dann nicht vor, wenn die Veräußerung außerhalb des normalen Geschäftsgangs erfolgt. So beispielsweise, wenn der Kaufmann die Sache bei einem abendlichen Schoppen Wein zu einem Freundschaftspreis veräußert.

Möglicherweise steht der Anwendung des § 366 I HGB aber entgegen, dass O hier nicht in *eigenem* Namen handelte, sondern ausdrücklich als Vertreter des E auftrat und damit in *fremdem* Namen handelte. Es geht vorliegend also nicht um einen Fall der fehlenden Verfügungsbefugnis. Vielmehr fehlte die Vertretungsmacht des O.

Nach dem Wortlaut erfasst § 366 I HGB nur den ersten Fall, also den des guten Glaubens an die Verfügungsbefugnis des Veräußerers.

Es stellt sich daher die Frage, ob § 366 I HGB darüber hinaus auch den guten Glauben des Erwerbers an die Vertretungsmacht des schützt.

(a) e.A.: § 366 I HGB (+)

Eine Ansicht möchte § 366 I HGB trotz des entgegenstehenden Wortlauts auch auf die Fälle der fehlenden Vertretungsmacht anwenden. Sie argumentiert insbesondere damit, dass sowohl in der Wirtschaftspraxis als auch im HGB selbst oftmals nicht scharf zwischen der Vertretungs- und Verfügungsbefugnis getrennt würde. So sprechen die §§ 49 I, 54 I, 56, 125 HGB von Ermächtigung, obwohl dogmatisch nur die Vertretungsmacht gemeint sein könne.

(b) a.A.: § 366 I HGB (-)

Eine andere Auffassung hingegen verneint in überzeugender Weise die Anwendbarkeit des § 366 I HGB auf Vertretergeschäfte. Dies wird zum einen damit begründet, dass der Erwerber beim Handeln in fremdem Namen in der Regel den Vollmachtgeber genannt bekomme und so die Möglichkeit habe, sich bei diesem zu erkundigen, ob dem Vertreter tatsächlich Vertretungsmacht erteilt worden ist. Daher sei der Erwerber in diesem Fall weniger schutzwürdig als beim Handeln in eigenem Namen.

Lehnt man mit der überwiegenden Auffassung die Anwendung des § 366 I HGB auf das zu Grunde liegende Kausalgeschäft ab (vgl. die folgende *Anmerkung*), wäre der bei einer Anwendung des § 366 I HGB stattfindende Eigentumswechsel im Übrigen nicht konditionsfest. Denn auch der schuldrechtliche Vertrag, bei dem der Vertreter ohne Vertretungsmacht im Namen des Vertretenen gehandelt hat, ist mangels Genehmigung nicht wirksam. Dann aber ist es nur konsequent, § 366 I HGB bereits im Rahmen des Verfügungsgeschäfts abzulehnen.

Anmerkung: Umstritten ist in den Fällen der fehlenden Vertretungsmacht ferner, ob § 366 HGB außerdem auf das der Verfügung zu Grunde liegende Kausalgeschäft anwendbar ist, ob das unwirksame Verpflichtungsgeschäft also gem. § 366 HGB (analog) geheilt werden kann. Die Folge wäre, dass dann ein rechtlicher Grund für die Verfügung vorläge und Kondiktionsansprüche somit ausscheiden würden. Einer Ansicht zufolge ist § 366 HGB auch in diesem Fall anwendbar. Denn andernfalls liefe der Schutz des § 366 HGB, der darauf abziele, einen dauerhaften Eigentumserwerb sicherzustellen, leer. Die wohl h.M. lehnt dies jedoch ab. Begründet wird dies damit, dass die ansonsten eintretende Verfestigung des Eigentumserwerbs das Abstraktionsprinzip durchbreche und damit mit der deutschen Rechtsordnung nicht vereinbar sei.

Damit scheidet die Anwendbarkeit des § 366 I HGB im vorliegenden Fall aus. K konnte das Fahrrad daher nicht gutgläubig erwerben.

Folglich ist E immer noch Eigentümer des Fahrrades.

c) Kein Recht zum Besitz

Schließlich dürfte K kein Recht zum Besitz i.S.d. § 986 BGB haben. Ein derartiges Recht ist vorliegend nicht ersichtlich.

Eine Vindikationslage liegt damit vor. Die Voraussetzungen des § 985 BGB sind erfüllt.

Ergebnis: E kann von K die Herausgabe des Fahrrads gem. § 985 BGB verlangen.

2. Anspruch des E gegenüber K auf Herausgabe des Fahrrads gem. § 812 I 1 BGB

Möglicherweise kann E darüber hinaus die Herausgabe des Fahrrads gem. § 812 I 1 BGB von K verlangen.

a) § 812 I 1, 1. Alt. BGB

In Betracht kommt zunächst ein Anspruch aus Leistungskondiktion gem. § 812 I 1, 1. Alt. BGB.

aa) erlangtes „Etwas"

K müsste „Etwas" erlangt haben. Mit dem unmittelbaren Besitz des Rades hat K einen vermögenswerten Vorteil und damit „Etwas" i.S.d. § 812 I 1 BGB erlangt.

bb) durch Leistung

Dies müsste durch Leistung geschehen sein. Aus Sicht des K hat aber nicht der vermeintlich vertretene E den Besitz geleistet. Vielmehr ging die Leistung des Besitzes vom scheinbaren Vertreter O aus. Damit scheidet ein Anspruch aus Leistungskondiktion im Verhältnis E zu K aus.

b) § 812 I 1, 2. Alt. BGB

Auch steht E kein Anspruch aus Nicht-leistungskondiktion zu. Diese ist auf Grund der zwischen O und K vorliegenden Leistungsbeziehung subsidiär.

Ergebnis: E hat keinen bereicherungsrechtlichen Herausgabeanspruch gegen K.

IV. Zusammenfassung

Sound: § 366 I HGB ist nach h.M. nur anwendbar, wenn es um ein Handeln in eigenem Namen und damit die Fälle der fehlenden Verfügungsbefugnis geht. Die Vorschrift schützt damit nicht den guten Glauben an das Vorliegen der Vertretungsmacht.

hemmer-Methode: Machen Sie sich auch die Bedeutung des § 366 II HGB klar: Das BGB kennt nicht nur den gutgläubigen Eigentumserwerb, sondern darüber hinaus auch den gutgläubigen lastenfreien Erwerb. Weiß der Erwerber einer beweglichen Sache allerdings von dem Recht des Dritten, so scheidet ein gutgläubiger lastenfreier Erwerb nach § 936 BGB aus. Geht der Erwerber aber gutgläubig davon aus, dass der Veräußerer von dem Inhaber des Drittrechts dazu ermächtigt war, ohne Vorbehalt über die Sache zu verfügen, hilft § 366 II HGB. Diese Vorschrift ermöglicht in diesem Fall einen lastenfreien Erwerb.

V. Zur Vertiefung

- Hemmer/Wüst, Handelsrecht, Rn. 288 ff.
- Hemmer/Wüst, Handelsrecht, Karteikarte Nr. 72.

Fall 29: Fischers Fritze

Sachverhalt:

Der Hamburger Fischhändler Fritz (F) verkauft dem Scholle (S), der ein Feinkostgeschäft in Würzburg betreibt, 20 kg frischen Fisch zum Preis von 180 €. F bietet dem S die Ware in Annahmeverzug begründender Weise an, ohne dass S sie annimmt. Daraufhin lässt F die Fische ohne Androhung öffentlich versteigern, wobei 150 € erzielt werden. Wenig später verlangt S die Lieferung der Fische. F hingegen erklärt die Aufrechnung und fordert darüber hinaus die Zahlung von 30 €.

Frage 1: Hat S einen Anspruch gegenüber F auf Lieferung der Fische?

Frage 2: Kann F von S Zahlung der restlichen 30 € verlangen?

I. Einordnung

Ein Kaufvertrag, der zugleich für mindestens eine der Vertragsparteien ein Handelsgeschäft darstellt, wird als *Handelskauf* bezeichnet. Das HGB enthält in den §§ 373 ff. besondere Vorschriften, die die allgemeinen Leistungsstörungs- und Gewährleistungsregelungen des BGB ergänzen, ändern oder verdrängen. Damit soll dem Interesse des Handelsverkehrs, das darauf abzielt, die Rechtsbeziehungen zwischen den Geschäftspartnern schnell zu klären und abzuwickeln, Rechnung getragen werden.

Grundsätzlich lassen es die §§ 373 ff. HGB ausreichen, dass der Kaufvertrag für nur einen Vertragspartner ein Handelsgeschäft ist. Denn die „vor die Klammer gezogene" Vorschrift des § 345 HGB gilt auch für den Handelskauf. Teilweise erfordern die §§ 373 ff. HGB aber auch, dass sich der Kaufvertrag für beide Parteien als Handelsgeschäft darstellt (so z.B. § 377 HGB).

Eine handelsrechtliche Besonderheit findet sich zunächst beim Annahmeverzug. Das Recht des Verkäufers zum Selbsthilfeverkauf, das in § 373 II HGB geregelt ist, ist wesentlich weitergehend als im BGB, das in § 383 BGB eine ähnliche Möglichkeit vorsieht. So ist der handelsrechtliche Selbsthilfeverkauf zum einen nicht auf hinterlegungsfähige Sachen beschränkt. Zum anderen eröffnet er auch die Möglichkeit des freihändigen Verkaufs durch einen dazu öffentlich ermächtigten Handelsmakler.

Anmerkung: Die Frage, ob sich der Käufer überhaupt im Annahmeverzug befindet, ist nach den Vorschriften des BGB, §§ 293 ff., zu bestimmen. Sie sehen also, dass es im Bereich des Handelskaufs darum geht, die für jeden Kaufvertrag geltenden Grundprinzipien des BGB mit den speziell für den Handelskauf geltenden besonderen Prinzipien des HGB in Einklang zu bringen.

II. Gliederung

1. Anspruch des S auf Lieferung der Fische gem. § 433 I BGB

a) Anspruch entstanden?

Vor.: Vorliegen eines wirksamen Kaufvertrages, § 433 BGB

Einigung zwischen S und F über den Kauf von 20 kg frischen Fisch zum Preis von 180 €

Kaufvertrag (+)

b) Anspruch erloschen?

aa) Durch Erfüllung?
gem. § 362 BGB?
(-), da keine Lieferung an S

bb) Gem. § 362 BGB i.V.m. § 373 II, III HGB?

Vor.:

(1) (Zumindest einseitiger) Handelskauf
(+), wenn Kaufvertrag ein Handelsgeschäft ist, § 343 I HGB

- **Kaufmannseigenschaft mindestens eines der Beteiligten gem. §§ 1 ff. HGB, vgl. § 345 HGB**
  (+), sowohl S als auch F sind Kaufleute gem. § 1 II HGB
- **Geschäft**
  (+), Abschluss eines Kaufvertrages
- **Bezug zum Handelsgewerbe (+)**
  Damit Vorliegen eines (sogar beidseitigen) Handelskaufs

(2) Annahmeverzug des S, §§ 293 ff. BGB
Vor. der §§ 293 ff. BGB (+)
Annahmeverzug noch nicht beendet (+)

(3) Androhung
(-), aber: Entbehrlich?
(+), wegen Verderblichkeit der Ware und dem damit drohenden Wertverlust
Selbsthilfeverkauf damit rechtmäßig
Gem. § 373 III HGB für Wirkung des Käufers S
Folglich Erfüllungswirkung gem. § 362 BGB i.V.m. § 373 II, III HGB

Ergebnis: Anspruch des S auf Lieferung (-)

2. Anspruch des F auf Zahlung der 30 € gem. § 433 II BGB

a) Anspruch entstanden?
(+), i.H.v. 180 €

b) Anspruch erloschen?

aa) Gem. § 362 BGB?
(-), da keine Erfüllung

bb) Gem. §§ 387, 389 BGB?
Vor.:

(1) Aufrechnungslage, § 387 BGB

- **Gültige, fällige und einredefreie Gegenforderung des S**
  Selbsthilfeverkauf ist auf Rechnung des S erfolgt, § 373 III HGB
  Damit hat S gegenüber F gem. § 667 BGB einen gültigen Anspruch auf Erstattung von 150 €
  Gegenforderung ist auch fällig und einredefrei
- **Gegenseitigkeit der Forderungen (+)**
- **Gleichartigkeit des Leistungsgegenstandes (+)**
- **Bestehen und Erfüllbarkeit der Hauptforderung (+)**
- **Nichteingreifen eines Aufrechnungsverbots (+)**

(2) Aufrechnungserklärung, § 388 BGB (+)

(3) Wirkung der Aufrechnung, § 389 BGB
Erlöschen der Forderung des F insoweit, als sie sich mit der Gegenforderung deckt
Damit hat F nur noch einen Zahlungsanspruch i.H.v. 30 €

Ergebnis: Anspruch des F auf Zahlung (+)

III. Lösung

1. Anspruch des S gegenüber F auf Lieferung von Fisch gem. § 433 I 1 BGB

S könnte einen Anspruch gegenüber F auf Lieferung von 20 kg frischen Fisch gem. § 433 I 1 BGB haben.

a) Anspruch entstanden

Dazu müsste der Anspruch zunächst entstanden sein.

S und F haben einen wirksamen Kaufvertrag über die Lieferung von 20 kg frischen Fisch geschlossen, § 433 BGB. Damit ist der Anspruch des S auf Lieferung des Fisches gem. § 433 I 1 BGB entstanden.

b) Anspruch erloschen

Der Anspruch könnte aber infolge der Erfüllungswirkung gem. § 362 BGB erloschen sein.

aa) Erfüllende Leistung

Mangels erfolgter Lieferung der 20 kg Fisch ist keine Erfüllung eingetreten. Der Anspruch des S ist damit nicht gem. § 362 BGB I erloschen.

bb) Erfüllungswirkung gem. § 362 I BGB i.V.m. § 373 II, III HGB

Möglicherweise ist aber eine Erfüllungswirkung gem. § 362 BGB i.V.m. § 373 II, III HGB eingetreten.

Dies setzt voraus, dass F den dem S geschuldeten Fisch im Wege eines rechtmäßigen Selbsthilfeverkaufs veräußert hat. In diesem Falle erfolgt der Selbsthilfeverkauf für Rechnung des säumigen Käufers und ist damit als Erfüllung durch den Verkäufer anzusehen.

Die Voraussetzungen des § 373 HGB müssten vorliegen.

(1) (zumindest einseitiger) Handelskauf

Bei dem zwischen S und F vorliegenden Kaufvertrag müsste es sich um einen zumindest einseitigen Handelskauf handeln. Das heißt, der Kaufvertrag müsste für zumindest eine der Vertragsparteien ein Handelsgeschäft sein, vgl. § 345 I HGB.

Gem. § 343 I HGB versteht man unter einem Handelsgeschäft alle Geschäfte eines Kaufmanns, die zum Betrieb seines Handelsgewerbes gehören.

(a) Kaufmannseigenschaft

Wenigstens eine der Vertragsparteien müsste Kaufmann i.S.d. HGB sein. F betreibt einen Fischhandel und ist damit Inhaber eines Handelsgewerbes, vgl. § 1 II HGB. Gleiches gilt für S, der Inhaber eines Feinkostgeschäfts ist. Damit sind sowohl F als auch S Kaufleute.

(b) Geschäft

Bei dem zwischen F und S vorliegenden Kaufvertrag handelt es sich um ein Geschäft i.S.d. § 343 I HGB.

Anmerkung: Unter einem Geschäft i.S.d. § 343 I HGB versteht man jede Tätigkeit, die in der Äußerung eines Willens zur Herbeiführung eines wirtschaftlichen Erfolges liegt. Damit fallen unter den Begriff des „Geschäfts" sowohl Rechtsgeschäfte als auch rechtsgeschäftsähnliche Handlungen bzw. Unterlassungen. Unerlaubte Handlungen und sonstige Realakte werden allerdings nicht erfasst. Denn hierfür gelten grundsätzlich keine handelsrechtlichen Sonderregeln!

(c) Bezug zum Handelsgewerbe

Schließlich müsste das Geschäft zum Betrieb des Handelsgewerbes gehören. Dies ist dann der Fall, wenn es dem Interesse des Handelsgewerbes, der Erhaltung seiner Substanz und Erzielung von Gewinn dienen soll. Sowohl der Betrieb des F als auch derjenige des S ist durch den Handel mit Fisch geprägt. Daher dient der von F und S geschlossene Kaufvertrag dem Interesse beider Handelsgewerbe.

Anmerkung: § 344 I HGB stellt die widerlegbare Vermutung (vgl. § 292 S. 1 ZPO) auf, dass die von einem Kaufmann vorgenommenen Geschäfte im Zweifel als zum Betriebe seines Handelsgewerbes gehörig gelten. Es handelt sich dabei um eine gesetzliche Auslegungsregel. Diese ist aber erst dann heranzuziehen, wenn sich der Bezug zum Handelsgewerbe anhand der oben aufgeführten Kriterien nicht eindeutig ergibt! Ist das Vorliegen des beidseitigen Handelskaufs derart unproblematisch, genügt es, wenn Sie dies in der Klausur mit wenigen Sätzen feststellen. Die hier erfolgte ausführlichere Erörterung sollte lediglich aufzeigen, wie Sie zumindest gedanklich vorgehen sollten.

Folglich liegt ein (sogar beidseitiges) Handelsgeschäft im Sinne eines Handelskaufs vor.

(2) Annahmeverzug des S, §§ 293 ff. BGB

S müsste sich darüber hinaus im Annahmeverzug befunden haben, als F den Selbsthilfeverkauf vornahm.

Laut Sachverhalt hatte F dem S den Fisch in Annahmeverzug begründender Weise angeboten. S befand sich folglich im Verzug der Annahme, und zwar auch noch in dem Zeitpunkt, als der Selbsthilfeverkauf des Fisches durchgeführt wurde.

(3) Androhung

Weiterhin müsste F den Selbsthilfeverkauf angedroht haben, § 373 II 1 HGB.

Eine Androhung ist hier nicht erfolgt. Allerdings lässt § 373 II 2, 1. Hs. HGB das Erfordernis der Androhung entfallen, wenn die Ware verderblich ist und Gefahr im Verzug ist. Bei dem frischen Fisch handelt es sich um leicht verderbliche Ware. Auf Grund des drohenden Wertverlusts ist außerdem Gefahr im Verzug, wenn nicht schnell gehandelt wird. Eine vorherige Androhung war daher entbehrlich.

Der Selbsthilfeverkauf war folglich rechtmäßig. Das bedeutet, dass er für Rechnung des säumigen Käufers S erfolgte und damit als Erfüllung durch den Verkäufer F anzusehen ist. Mithin ist der Anspruch des S auf Lieferung des Fisches gem. § 362 I BGB i.V.m. § 373 II, III HGB erloschen.

Ergebnis: S steht gegenüber F kein Anspruch auf Lieferung der Fische zu.

2. Anspruch des F gegenüber S auf Zahlung i.H.v. 30 € gem. § 433 II BGB

Möglicherweise kann F von S Zahlung von 30 € gem. § 433 II BGB verlangen.

a) Anspruch entstanden

Der Zahlungsanspruch des F müsste zunächst entstanden sein.

F und S schlossen einen Kaufvertrag über 20 kg frischen Fisch zu einem Preis von 180 €. Damit ist ein Anspruch des F gegenüber S auf Zahlung von 180 € entstanden, § 433 II BGB.

b) Anspruch erloschen

Dieser Anspruch könnte jedoch (zumindest teilweise) erloschen sein.

aa) Gem. § 362 I BGB

Mangels Zahlung des S kommt ein Erlöschen infolge der Erfüllungswirkung des § 362 I BGB nicht in Betracht.

bb) Gem. §§ 387, 389 BGB

Der Anspruch könnte allerdings gem. §§ 387, 389 BGB erloschen sein. Dann müsste F wirksam aufgerechnet haben.

(1) Aufrechnungslage, §§ 387, 390 ff. BGB

Voraussetzung hierfür ist zunächst das Bestehen einer Aufrechnungslage, §§ 387, 390 ff. BGB.

(a) Gültige, fällige und einredefreie Forderung des S

S müsste eine gültige, fällige und einredefreie Forderung zustehen.

In Betracht kommt hier ein Anspruch des S gegen F auf Herausgabe der im Wege des Selbsthilfeverkaufs erzielten 150 €.

Gem. § 373 III HGB erfolgt der Selbsthilfeverkauf für Rechnung des Käufers. Dies bedeutet, dass er praktisch im Auftrag des Käufers durchgeführt wird. Folglich kann S von F die Zahlung von 150 € gem. § 667 BGB verlangen. Die Forderung des S ist im Übrigen auch fällig und einredefrei.

Anmerkung: In der Regel fallen bei der Durchführung einer Versteigerung Versteigerungskosten an. Diese kann der Verkäufer selbstverständlich vom Käufer nach den bürgerlich-rechtlichen Vorschriften über das Auftragsrecht ersetzt verlangen. Die Aufrechnungslage gestaltet sich damit regelmäßig wie folgt: Dem Anspruch des Käufers auf Herausgabe des Erlöses (§ 667 BGB) stehen die Kaufpreisforderung des Verkäufers (§ 433 II BGB) und dessen Aufwendungsersatzanspruch (§ 670 BGB) gegenüber.
Erzielt der Verkäufer bei der Durchführung des Selbsthilfeverkaufs wider Erwarten einen so hohen Betrag, dass er die Kaufpreisforderung und die Versteigerungskosten übersteigt, so muss der Verkäufer dem Käufer den Mehrerlös herausgeben. Denn im umgekehrten Fall bleibt der Käufer ja auch auf dem Mindererlös „sitzen"!

(b) Gegenseitigkeit der Forderungen

Darüber hinaus müsste eine Gegenseitigkeit der Forderungen gegeben sein. F und S sind jeweils Gläubiger bzw. Schuldner der beiden Forderungen, so dass die Gegenseitigkeit zu bejahen ist.

(c) Gleichartigkeit des Leistungsgegenstandes

Sowohl die Forderung des F als auch diejenige des S sind auf die Zahlung eines Geldbetrages (in €) gerichtet. Die Leistungsgegenstände sind folglich gleichartig.

(d) Bestehen und Erfüllbarkeit der Hauptforderung

Am Bestehen der Hauptforderung und deren Erfüllbarkeit ergeben sich keine Zweifel.

(e) Nichteingreifen eines Aufrechnungsverbots

Schließlich ist kein Aufrechnungsverbot ersichtlich.
Eine Aufrechnungslage ist damit gegeben.

(2) Aufrechnungserklärung, § 388 BGB

Eine Aufrechnungserklärung des F liegt vor.

(3) Wirkung der Aufrechnung, § 389 BGB

Gem. § 389 BGB hat die wirksame Aufrechnung zur Folge, dass die beiden Forderungen erlöschen, soweit sie sich decken. Dies bedeutet, dass die Forderung des F bis auf eine Höhe von 30 € erlischt.

Damit steht F gegenüber S noch eine Forderung i.H.v. 30 € zu.

Anmerkung: Beachten Sie auch § 374 HGB: Danach werden die Rechte nach dem BGB durch die Vorschrift des § 373 HGB nicht berührt. Dem Verkäufer werden lediglich *zusätzliche Rechte* eingeräumt. Wird die geschuldete Sache beispielsweise zerstört, während sich der Käufer im Annahmeverzug befindet, so haftet der Verkäufer nicht, wenn er dabei nur leicht fahrlässig handelt, vgl. § 300 I BGB.

Ergebnis: F kann von S Zahlung i.H.v. 30 € verlangen.

IV. Zusammenfassung

Sound: Gem. § 373 III HGB erfolgt der Selbsthilfeverkauf für Rechnung des Käufers. Damit kann er gem. § 667 BGB den vom Verkäufer erzielten Erlös herausverlangen. Der Verkäufer wird allerdings gegen diese Forderung regelmäßig mit seiner Kaufpreisforderung aufrechnen, §§ 387 ff. BGB.

hemmer-Methode: § 373 I HGB regelt das Hinterlegungsrecht des Verkäufers. Zwar gewährt auch § 372 BGB dem Verkäufer ein Recht zur Hinterlegung der Sache, wenn sich der Käufer im Annahmeverzug befindet. Die Besonderheit der handelsrechtlichen Bestimmung besteht aber zum einen darin, dass beim Handelskauf jegliche Arten von Waren hinterlegt werden können (§ 372 BGB gestattet nur die Hinterlegung der dort ausdrücklich genannten Sachen wie Geld und Wertpapiere). Ein weiterer Unterschied ist, dass die handelsrechtliche Hinterlegung zu einem Übergang der Preisgefahr führt: Gem. § 373 I HGB erfolgt die Hinterlegung auf Gefahr und Kosten des Käufers. Geht die Sache also zufällig unter, bleibt der Kaufpreisanspruch des Verkäufers bestehen. Der Verkäufer haftet damit lediglich für die Auswahl der Hinterlegungsstelle. Wichtig ist noch, dass § 373 I HGB keine Erfüllungswirkung enthält. Diese richtet sich vielmehr nach den allgemeinen Vorschriften, § 378 BGB.

V. Zur Vertiefung

- Hemmer/Wüst, Handelsrecht, Rn. 310 ff.
- Hemmer/Wüst, Handelsrecht, Karteikarte Nr. 77.

Fall 30: Badischer Wein

Sachverhalt:

G ist Inhaber einer Großbäckerei. Als das Geschäft immer schlechter läuft, gibt G es am 1.6.2004 auf. Seine Firma bleibt allerdings noch im Handelsregister eingetragen. Am 12.6.2004 bestellt G für die Feier seines 60. Geburtstags 40 Flaschen badischen Wein beim Spirituosenhändler Karl Kirsch. Dieser weiß nichts von der Geschäftsaufgabe des G. Am 17.6.2004 werden vier Kisten Wein geliefert. Die beiliegende Rechnung weist einen Preis von 200 € für 40 Flaschen aus. G stellt die Kisten in seinen Keller. Er öffnet sie erst am Vorabend seiner Geburtstagsfeier, am 30.6.204, um den Wein zu kosten. Dabei stellt er fest, dass K zwei Flaschen zu wenig geliefert hat. G ruft sofort bei K an und verlangt von diesem die Nachlieferung der fehlenden zwei Flaschen. K allerdings lehnt dies ab und möchte seinerseits Zahlung der 200 €. G ist der Meinung, dass er, wenn K schon nicht gewillt sei, die zwei fehlenden Flaschen nachzuliefern, auch nur 190 € zahlen müsse.

Frage 1: Muss K dem G die zwei fehlenden Flaschen Wein liefern?

Frage 2: Welchen Betrag muss G dem K zahlen?

I. Einordnung

Eine weitere handelsrechtliche Besonderheit findet sich in § 377 HGB, der vor allem im Bereich des kaufvertraglichen Gewährleistungsrechts Bedeutung erlangt. Zur Förderung der Einfachheit, Schnelligkeit und Sicherheit des Handelsverkehrs belastet er den Käufer mit einer Rügeobliegenheit (nicht: -pflicht) bei der Lieferung mangelhafter Ware: Der Käufer sollte die Ware im eigenen Interesse unverzüglich nach der Ablieferung untersuchen. Stellt sich dabei heraus, dass die Sache mangelhaft ist, muss er den Mangel dem Verkäufer gegenüber unverzüglich anzeigen. Unterlässt er die Anzeige, gilt die Sache gem. § 377 II HGB grundsätzlich als genehmigt und wird so als mangelfrei fingiert. Gewährleistungsrechte sind dann ausgeschlossen.

Der Mangelbegriff des § 377 HGB baut dabei auf demjenigen des BGB (§ 434) auf. Auf *andere* Verletzungen der Lieferpflicht, wie etwa die Verspätung der Leistung oder die Lieferung an einen falschen Ort, sowie auf *reine* Nebenpflichtverpetzungen, ist § 377 HGB hingegen *nicht* anwendbar!

Anmerkung: § 377 HGB findet außer auf Kaufverträge auch noch Anwendung auf Tausch- (§ 480 BGB) und Werklieferungsverträge (§ 381 II HGB). Die Rechtsprechung bejaht darüber hinaus auch eine Anwendung auf Sachdarlehen, § 607 BGB.

II. Gliederung

1. Anspruch des G gegen K auf Lieferung der zwei Flaschen Wein gem. §§ 437 Nr. 1, 439 I, 2. Alt. BGB

Vor.:

a) wirksamer Kaufvertrag, § 433 BGB (+)

b) Sachmangel gem. § 434 BGB
Lieferung von nur 38 (anstatt der vereinbarten 40) Flaschen Wein
Zuweniglieferung
Sachmangel gem. § 434 III BGB
Nachlieferungsanspruch damit grds. (+)

c) Ausschluss gem. § 377 II HGB?

Vor.:

aa) Beidseitiger Handelskauf, § 343 I HGB

(+), wenn Kaufvertrag ein Handelsgeschäft ist, § 343 I HGB

(1) Kaufmannseigenschaft beider Beteiligten gem. §§ 1 ff. HGB, vgl. § 345 HGB

(a) K ist Kaufmann gem. § 1 II HGB

(b) (P): G

G war Kaufmann gem. § 1 II HGB

ABER: zur Zeit des Vertragsschlusses Verlust der Kaufmannseigenschaft infolge der Geschäftsaufgabe

§§ 2, 5 HGB ergeben nichts anderes

§ 15 I HGB?
Erlöschen des Unternehmens = Erlöschen der Firma gem. § 31 II 1 HGB eintragungspflichtige Tatsache

Nichteintragung bzw. Nichtbekanntmachung (+)

Guter Glaube (+)

Rechtsfolge: G muss sich gegenüber K als Kaufmann behandeln lassen

(2) Geschäft
(+), Abschluss eines Kaufvertrages

(3) Bezug zum Handelsgewerbe
(+) für K

(P): Privatgeschäft für G

ABER: (widerlegbare) Vermutung des § 344 I HGB
G wird Widerlegung wohl nicht gelingen

Damit Vorliegen eines beidseitigen Handelskaufs (+)

bb) Ablieferung der Ware (+)

cc) Erkennbarkeit des Mangels
(+), Mangel ist evident

dd) Kein arglistiges Verschweigen des Mangels (+)

ee) Kein wirksamer Ausschluss des § 377 HGB (+)

ff) Unterlassen der rechtzeitigen Rüge
(+), Rüge nicht unverzüglich = ohne schuldhaftes Zögern

Genehmigungsfiktion des § 377 II HGB (+)

Mängelrechte des § 437 BGB damit ausgeschlossen

Ergebnis: G kann keine Nachlieferung verlangen.

2. Höhe des Kaufpreises

a) Wirksamer Kaufvertrag über die Lieferung von 40 Flaschen Wein zu einem Preis i.H.v. 200 €

b) (P): Zuweniglieferung
Auswirkung auf den Kaufpreis?
Minderung, §§ 437 Nr. 2, 441 I BGB?

ABER: Zuweniglieferung gilt gem. § 377 II HGB als genehmigt

Daher Ausschluss sämtlicher Gewährleistungsrechte gem. § 377 II HGB

Ebenfalls Ausschluss der Einrede des nicht erfüllten Vertrages gem. § 320 BGB

Ergebnis: Höhe des Kaufpreises beträgt folglich 200 €

III. Lösung

1. Anspruch des G gegen K auf Lieferung der zwei fehlenden Flaschen Wein gem. §§ 437 Nr. 1, 439 I BGB

Möglicherweise kann G von K die Lieferung der zwei fehlenden Flaschen Wein verlangen, §§ 437 Nr. 1, 439 BGB.

a)   Wirksamer Kaufvertrag

G und K müssten zunächst einen wirksamen Kaufvertrag, § 433 BGB, geschlossen haben. Sie einigten sich hier über den Kauf von 40 Flaschen badischen Wein zu einem Preis von 200 €. Somit kam ein Kaufvertrag gem. § 433 BGB zu Stande.

b)   Sachmangel

Weiterhin ist erforderlich, dass ein Sachmangel i.S.d. § 434 BGB vorliegt.

Statt der vereinbarten 40 Flaschen Wein lieferte K nur 38 Flaschen. K ging dabei davon aus, seine Pflicht aus § 433 I 1 BGB vollständig zu erfüllen. Damit liegt eine Zuweniglieferung vor, die gem. § 434 III, 2. Alt. BGB einen Sachmangel darstellt.

Anmerkung: Vorsicht! § 434 III BGB vermag nur dann einen Mangel zu begründen, wenn der Verkäufer mit der Leistung seine Pflicht aus § 433 I 1 BGB *vollständig* erfüllen möchte. Erbringt der Verkäufer erkennbar lediglich eine Teilleistung (sog. *offene* Teilleistung), ist § 434 III BGB daher nicht anzuwenden! Ebensowenig ist § 434 III BGB einschlägig, wenn der Verkäufer auf eine *andere* (auch vermeintliche) Schuld leisten will und dies z.B. aus den Angaben des beigefügten Lieferscheins hervorgeht. In diesem Fall steht dem Käufer weiterhin der Erfüllungsanspruch aus § 433 I 1 BGB zu; der Verkäufer kann die gelieferte Ware gem. § 812 I 1, 1. Alt. BGB zurückverlangen. Wiederholen Sie in diesem Zusammenhang insbesondere auch die Problematik der Aliud-Lieferung, § 434 III, 1. Alt. BGB (Hemmer/Wüst, Schuldrecht II, Rn. 128 ff.)!

Folglich stehen G grundsätzlich die in § 437 BGB genannten Rechte und demnach auch ein Anspruch auf Nachlieferung der fehlenden zwei Flaschen (§§ 437 Nr. 1, 439 I, 2. Alt. BGB) zu.

c)   Ausschluss gem. § 377 II HGB?

Der Nachlieferungsanspruch könnte jedoch ausgeschlossen sein. Dies wäre dann der Fall, wenn die Zuweniglieferung gem. § 377 II HGB als genehmigt und damit mangelfrei gelten würde.

Es stellt sich daher die Frage, ob die Voraussetzungen des § 377 HGB vorliegen.

aa) Beidseitiger Handelskauf

Erforderlich ist zunächst das Vorliegen eines beidseitigen Handelskaufs. Der von G und K geschlossene Kaufvertrag müsste also ein beidseitiges Handelsgeschäft i.S.d. §§ 343, 344 HGB darstellen.

Dabei versteht man unter einem Handelsgeschäft alle Geschäfte eines Kaufmanns, die zum Betrieb seines Handelsgewerbes gehören, § 343 I HGB.

(1)   Kaufmannseigenschaft

Voraussetzung hierfür ist daher zunächst, dass G und K Kaufleute sind.

K betreibt einen Spirituosenhandel und damit ein Handelsgewerbe. Er ist folglich gem. § 1 II HGB Kaufmann.

Problematisch ist dies allerdings bei G. Zwar war er einst Inhaber einer Großbäckerei und demnach Kaufmann gem. § 1 II HGB. Zu dem Zeitpunkt des Vertragsschlusses mit K hatte er seinen Geschäftsbetrieb jedoch schon aufgegeben, so dass er von da an kein Kaufmann mehr war.

Etwas anderes ergibt sich auch nicht aus §§ 2, 5 HGB.

G war aber immer noch im Handelsregister eingetragen. Möglicherweise muss er sich daher gem. § 15 I HGB dem K gegenüber immer noch als Kaufmann behandeln lassen.

(a)   Eintragungspflichtige Tatsache

Die Geschäftsaufgabe müsste zunächst eine eintragungspflichtige Tatsache sein. Mit der Einstellung des Geschäftsbetriebs geht auch das Erlöschen der Firma einher, so dass sich die Eintragungsbedürftigkeit aus § 31 II 1 HGB ergibt.

(b)   Nichteintragung bzw. Nichtbekanntmachung

Die Geschäftsaufgabe war weder in das Handelsregister eingetragen noch bekannt gemacht worden.

(c)   Guter Glaube

Schließlich hatte K keine positive Kenntnis davon, dass G seinen Geschäftsbetrieb bereits eingestellt und das Unternehmen somit erloschen war. Er war also gutgläubig.

(d)   Rechtsfolge

Damit liegen die Voraussetzungen des § 15 I HGB vor und G muss sich gem. § 15 I HGB dem K gegenüber weiterhin als Kaufmann behandeln lassen.

(2) Geschäft

Der Abschluss eines Kaufvertrages stellt ein Geschäft i.S.d. § 343 I HGB dar.

(3) Bezug zum Handelsgewerbe

Außerdem müsste der Abschluss des Kaufvertrages zum Betrieb des Handelsgewerbes gehören.

Unproblematisch ist dies bei K. Als Spirituosenhändler erzielt er seinen Gewinn gerade mit dem Verkauf von Wein.

Für G stellt sich der Kauf des Weins jedoch als Privatgeschäft dar. § 344 I HGB enthält allerdings die Vermutung für das Vorliegen eines Handelsgeschäfts. Um diese Vermutung zu widerlegen, müsste also G beweisen, dass es sich um ein Privatgeschäft gehandelt hat und dass der Privatcharakter des Geschäfts dem K auch erkennbar gewesen ist. Dies wird G aber nicht gelingen. Somit ist der Bezug des Geschäfts zum Handelsgewerbe für beide Vertragspartner zu bejahen.

Bei dem zwischen G und K vorliegenden Kaufvertrag handelt es sich demnach um ein beidseitiges Handelsgeschäft im Sinne eines Handelskaufs.

bb) Ablieferung der Ware (+)

Weiterhin müsste der Wein bei G abgeliefert worden sein. Indem K dem G den Wein lieferte, hat er ihn ihm derart zugänglich gemacht, dass G den Wein auch wirklich auf seine Beschaffenheit hin überprüfen konnte. Damit liegt eine Ablieferung i.S.d. § 377 HGB vor.

Anmerkung: Den Begriff der Ablieferung können Sie sich leicht herleiten, wenn Sie sich deren Sinn und Zweck vor Augen führen: Die Rügeobliegenheit, die von § 377 HGB aufgestellt wird, setzt voraus, dass der Käufer zumindest die Möglichkeit der tatsächlichen und vollständigen Überprüfung hat. Ansonsten würde er unbillig benachteiligt.

Verwechseln Sie den Begriff der „Ablieferung" nicht mit dem des „Gefahrübergangs" (§§ 446, 447 BGB). Beide Begriffe sind nicht identisch, können aber gleichwohl zusammen fallen.

cc) Erkennbarkeit des Mangels

Der Mangel müsste erkennbar gewesen sein, vgl. § 377 II a.E. HGB. Hätte G die Kartons geöffnet, wäre ihm sogleich aufgefallen, dass zwei Flaschen fehlten. Damit war der Mangel erkennbar.

dd) Kein arglistiges Verschweigen des Mangels

Gem. § 377 V HGB tritt die Genehmigungsfiktion nicht ein, wenn der Verkäufer den Mangel arglistig verschwiegen hat. Ein derartiges arglistiges Verschweigen der Zuwenniglieferung seitens des K ist nicht ersichtlich.

ee) Kein wirksamer Ausschluss des § 377 HGB

Auch liegt kein vertraglicher Ausschluss der Geltung des § 377 HGB vor.

Anmerkung: § 377 HGB ist dispositiv und kann daher sowohl verschärft als auch abgemildert werden. Unter Kaufleuten wird dies in der Regel durch AGB geschehen. Maßstab für die Zulässigkeit einer derartigen Klausel ist allein § 307 BGB, wobei die Verbote der §§ 308, 309 BGB jedoch Indizwirkung entfalten (eine direkte Anwendung kommt auf Grund von § 310 I BGB nicht in Betracht). Vgl. hierzu die Übersicht in Baumbach / Hopt, § 377 Rn. 58 f.

ff) Unterlassen der rechtzeitigen Rüge

Schließlich dürfte G den Mangel nicht rechtzeitig gerügt haben.

Anmerkung: Machen Sie sich klar, dass es sich bei der Untersuchung und Rüge um keine Pflichten des Käufers handelt, sondern vielmehr um *Obliegenheiten*. Diese sind dadurch gekennzeichnet, dass sie im Falle einer Verletzung nicht zu einer eigenen Schadensersatzverpflichtung des Käufers führen, sondern nur einen Verlust von eigenen Rechten (wir hier beispielsweise der Mängelrechte aus § 437 BGB) zur Folge haben.

Gem. § 377 I HGB hätte G die Kartons unverzüglich untersuchen und den hier offensichtlichen Mangel sofort anzeigen müssen. Der Begriff „unverzüglich" ist dabei i.S.d. § 121 I 1 BGB zu verstehen und meint „ohne schuldhaftes Zögern". Auf Grund der im Handelsverkehr notwendigen Beschleunigung und Rechtsklarheit ist eine restriktive Auslegung dieses Begriffs geboten. Schon geringe, bei ordnungsgemäßem Geschäftsgang vermeidbare Lässigkeit macht die Rüge verspätet. Indem G den Inhalt der Kartons erst 13 Tage nach der Lieferung untersuchte und das Fehlen der zwei Flaschen Wein geltend machte, handelte er zu spät.

Anmerkung: Ist der Mangel also nur durch eine zumutbare und ordnungsgemäße (vgl. dazu hemmer-Methode am Ende des Falls) Untersuchung erkennbar, bestimmt sich die Rügefrist einerseits nach der Zeit, die eine solche Untersuchung, mit der unverzüglich nach der Ablieferung zu beginnen ist, regelmäßig in Anspruch nimmt. Anschließend muss unverzüglich gerügt werden.
Ist der Mangel hingegen *evident*, so beginnt nur *eine* Frist sofort mit der Ablieferung zu laufen. Die Einräumung einer besonderen Untersuchungsfrist ist entbehrlich, da der Mangel sofort mit der Ablieferung erkannt werden muss.

Damit gilt die Lieferung des Weins gem. § 377 II HGB als genehmigt. Dies bedeutet, dass G seine ihm grundsätzlich gem. § 437 BGB zustehenden Mängelrechte verliert. Folglich kann er von K auch nicht Nachlieferung der fehlenden zwei Flaschen Wein gem. §§ 437 Nr. 1, 439 I, 2. Alt. BGB verlangen.

Ergebnis: G steht kein Anspruch auf Nachlieferung der zwei Flaschen Wein zu.

2. Höhe des Kaufpreises

Weiterhin stellt sich die Frage nach der Höhe des dem K geschuldeten Kaufpreises.

a) Wirksamer Kaufvertrag

G und K haben einen wirksamen Kaufvertrag über die Lieferung von 40 Flaschen Wein zu einem Preis von 200 € geschlossen. Damit besteht grundsätzlich ein Kaufpreisanspruch des K i.H.v. 200 €.

b) (P): Zuweniglieferung

Fraglich ist, wie sich die Zuweniglieferung auf die Höhe des Kaufpreises auswirkt.
Grundsätzlich stehen G die in § 437 BGB genannten Rechte zu (vgl. o.). Damit kommt grundsätzlich auch das Recht der Minderung in Betracht, §§ 437 Nr. 2, 441 BGB. Allerdings gilt die Zuweniglieferung gem. § 377 II HGB als genehmigt und wird somit als mangelfrei fingiert. Dies führt daher auch zu einem Ausschluss des Sekundärrechts der Minderung. Aus demselben Grund kann G auch nicht die Einrede des nicht erfüllten Vertrages gem. § 320 BGB geltend machen, die ihn zu einer Verweigerung der Zahlung des vollen Kaufpreises berechtigen würde. Damit hat die Zuweniglieferung keine Auswirkungen auf die Höhe des Kaufpreises.
Ergebnis: Die Höhe des Kaufpreises beträgt folglich 200 €.

IV. Zusammenfassung

Sound: Nach § 377 II HGB gilt die gelieferte Ware als genehmigt und damit mangelfrei. Der Käufer verliert damit die ihm grundsätzlich nach § 437 BGB zustehenden Rechte.

hemmer-Methode: Fraglich ist, welche Anforderungen eine ordnungsgemäße Untersuchung an den Käufer stellt. Muss er bei der Lieferung von zehn Flaschen teuersten Weins sofort eine Flasche öffnen, um sich von der Mangelfreiheit des Inhalts zu überzeugen? Dies erscheint nicht richtig! Die Untersuchung muss dem Käufer jedenfalls noch zumutbar sein. Man geht dabei davon aus, dass der Käufer grundsätzlich ca. 5 % der Ware stichprobenartig untersuchen muss. Allerdings ist dies nur ein grober Anhaltspunkt. Dem Käufer des teuren Weins wäre es sicherlich nicht zuzumuten, eine der Flaschen zu öffnen.

V. Zur Vertiefung

- Hemmer/Wüst, Basics Zivilrecht, Bd. 5, Rn. 540 ff.
- Hemmer/Wüst, Handelsrecht, Rn. 335 ff.
- Hemmer/Wüst, Handelsrecht, Karteikarten Nr. 80-85.

Fall 31: „Freudige" Überraschung

Sachverhalt:

Dimitris (D) kauft für sein großes Feinkostgeschäft bei Händler Naxos (N) eine gebrauchte Tiefkühltruhe, die dieser kurz nach Vertragsschluss liefert. D denkt, alles sei in Ordnung und überprüft die Tiefkühltruhe nicht weiter. Er nimmt sie sofort in Gebrauch. Einige Monate später entdeckt er, dass die Tiefkühltruhe undicht ist und Flüssigkeit austritt. D bemerkt daraufhin, dass das Isoliermaterial der Truhe mit feinen Haarrissen durchzogen ist. Er erklärt daher sofort dem N gegenüber, dass er „an dem Vertrag nicht festhalten wolle".

Frage: Zu Recht?

I. Einordnung

§ 377 HGB hat vor allem die Interessen des Verkäufers im Auge: Es soll ihm möglich sein, den Mangel so schnell wie möglich zu beseitigen, möglicherweise drohende Schäden noch rechtzeitig abzuwenden und den Kaufvertrag damit endgültig abzuwickeln. Auch ist er so davor geschützt, dass der Käufer „nach Jahr und Tag" noch Mängelrechte geltend macht und eventuell andere Beanstandungen nachschiebt.

Für den Fall, dass der Mangel bei der Ablieferung nicht erkennbar ist, tritt die Genehmigungsfiktion des § 377 II HGB nicht ein (vgl. § 377 II a.E. HGB). Der Käufer würde sonst unbillig benachteiligt. § 377 III HGB enthält hierfür eine Sonderregelung.

II. Gliederung

Rücktrittsrecht des D gem. §§ 437 Nr. 2, 434 I 2 Nr. 2 BGB

Vor:

1. Wirksamer Kaufvertrag, § 433 BGB (+)

2. Sachmangel, § 434 BGB

Rissiges Isoliermaterial eignet sich weder für die gewöhnliche Verwendung noch entspricht es einer Beschaffenheit, die bei Sachen der gleichen Art üblich ist

Bei Übergabe = Gefahrübergang, § 446 S. 1 BGB (+)

Daher: Sachmangel i.S.d. § 434 I 2 Nr. 2 BGB

3. Ausschluss gem. § 377 II, III HGB?

Vor.:

a) Beidseitiger Handelskauf, § 343 I HGB
D und N sind beide Kaufleute gem. § 1 II HGB
Abschluss eines Kaufvertrages stellt ein Geschäft i.S.d. § 343 I HGB dar
Bezug zum Handelsgewerbe (+)
Damit: beidseitiger Handelskauf (+)

b) Ablieferung der Ware (+)

c) Kein arglistiges Verschweigen des Mangels (+)

d) Kein wirksamer Ausschluss des 377 HGB (+)

e) Unterlassen der rechtzeitigen Rüge

(P): Mangel war nicht erkennbar

Daher zunächst kein Fristlauf, da Untersuchung nicht erfolgversprechend
§ 377 II HGB also (-)

Wird Mangel später durch Zufall entdeckt, muss unverzüglich gerügt werden, § 377 III HGB
Hier (+)
Genehmigungsfiktion des § 377 III HGB folglich (-)
Kein Ausschluss der Mängelrechte des § 437 BGB

Ergebnis: Rücktrittsrecht (+)

III. Lösung

Rücktrittsrecht des D gem. §§ 437 Nr. 2, 434 I 2 Nr. 2 BGB

D hat dann zu Recht erklärt, nicht mehr an dem Vertrag festhalten zu wollen, wenn ihm ein Rücktrittsrecht zusteht.

1. Wirksamer Kaufvertrag

D und N müssten einen wirksamen Kaufvertrag geschlossen haben. Die beiden einigten sich hier über den Kauf der Tiefkühltruhe. Damit kam ein wirksamer Kaufvertrag gem. § 433 BGB zu Stande.

2. Sachmangel

Weiterhin müsste die Tiefkühltruhe mangelhaft i.S.d. § 434 BGB sein.

In Betracht kommt hier ein Mangel gem. § 434 I 2 Nr. 2 BGB.

Eine Tiefkühltruhe mit rissigem Isoliermaterial eignet sich nicht für die gewöhnliche Verwendung. Auch handelt es sich dabei nicht um eine Beschaffenheit, die bei Sachen der gleichen Art üblich ist. Damit ist die Truhe mangelhaft.

Dieser Mangel lag außerdem bereits bei Übergabe und damit Gefahrübergang vor, § 446 S. 1 BGB. Folglich liegt ein Sachmangel i.S.d. § 434 I 2 Nr. 2 BGB vor.

Damit stehen D grundsätzlich die in § 437 BGB genannten Rechte und folglich auch das Recht zum Rücktritt zu.

3. Kein Ausschluss gem. § 377 II, III HGB

Möglicherweise ist das Rücktrittsrecht des D aber gem. § 377 II, III HGB ausgeschlossen.

Dazu müssten die Voraussetzungen des § 377 HGB vorliegen.

a) Beidseitiger Handelskauf

Erforderlich ist zunächst das Vorliegen eines beidseitigen Handelskaufs. Das bedeutet, dass der von D und N geschlossene Kaufvertrag ein beidseitiges Handelsgeschäft i.S.d. §§ 343, 344 HGB darstellen müsste.

Dabei versteht man unter einem Handelsgeschäft alle Geschäfte eines Kaufmanns, die zum Betrieb seines Handelsgewerbes gehören, § 343 I HGB.

Sowohl D als auch N sind Inhaber eines Handelsgewerbes und daher Kaufleute, § 1 II HGB.

Außerdem handelt es sich bei dem Abschluss eines Kaufvertrages um ein Geschäft i.S.d. § 343 I HGB.

Schließlich weist der Kaufvertrag auch den erforderlichen Bezug sowohl zum Handelsgewerbe des N als auch des D auf. der beiden Vertragsparteien aufweisen.

Damit liegt ein beidseitiges Handelsgeschäft im Sinne eines Handelskaufs vor.

b) Ablieferung der Ware

Eine Ablieferung der Tiefkühltruhe bei D ist erfolgt.

c) Kein arglistiges Verschweigen des Mangels

Auch hat N den Mangel der Tiefkühltruhe nicht arglistig verschwiegen, vgl. § 377 V HGB.

d) Kein wirksamer Ausschluss des § 377 HGB

Außerdem haben D und N die Geltung des § 377 HGB nicht vertraglich ausgeschlossen.

e) Unterlassen der rechtzeitigen Rüge

D müsste verspätet gerügt haben. Möglicherweise ist dies auf Grund der Tatsache der Fall, dass er den Mangel erst mehrere Monate nach der Ablieferung entdeckte und anzeigte.

Aus § 377 II a.E. HGB geht hervor, dass die Genehmigungsfiktion dann nicht sogleich eintritt, wenn der Mangel bei der Untersuchung nicht erkennbar war.

D hat die Tiefkühltruhe allerdings nicht sofort nach der Ablieferung auf etwaige Mängel hin untersucht. Hätte er dies jedoch getan, so wären ihm die feinen Haarrisse im Isoliermaterial im Rahmen der ihm zumutbaren Anstrengungen mit großer Wahrscheinlichkeit nicht aufgefallen. Es handelt sich damit um einen sog. nicht erkennbaren Mangel.

Da der Rechtsverlust, der mit § 377 II HGB einhergeht, allein an die versäumte Rügeobliegenheit anknüpft – die Untersuchungsobliegenheit hat lediglich eine Hilfsfunktion für die Rechtzeitigkeit der Rüge – muss § 377 II HGB in der Weise ergänzt werden, dass die Genehmigungsfiktion auch dann nicht sogleich eintritt, wenn der Mangel „bei der Untersuchung nicht erkennbar war *oder gewesen wäre"*.

Wird der versteckte Mangel später jedoch zufällig entdeckt, muss der Käufer ihn gem. § 377 III HGB unverzüglich rügen. Dieser Obliegenheit ist D hier nachgekommen.

Anmerkung: Eine wirksame Mängelrüge muss so beschaffen sein, dass es dem Verkäufer möglich ist, den Mangel schnell zu beheben und davor geschützt ist, dass der Käufer später andere, nicht präzisierte Mängel nachschiebt. Dies setzt voraus, dass der Käufer dem Verkäufer mitteilt, warum und weshalb er mit der Ware nicht einverstanden ist, dass er also den bestimmten Mangel anzeigt. Dabei muss die Rüge freilich keine bis ins letzte Detail gehende Angaben enthalten. Eine Rüge, in der der Käufer lediglich zum Ausdruck bringt, mit der gelieferten Ware generell nicht einverstanden zu sein („Die Ware ist schund!"), ist unwirksam!

Folglich tritt keine Genehmigungsfiktion des § 377 HGB ein und D ist mit seinen Mängelrechten nicht präkludiert.

Anmerkung: Es stellt sich außerdem die Frage, was passiert, wenn die vom Käufer rechtzeitig abgeschickte Mängelanzeige unterwegs verloren geht. Gem. § 377 IV HGB genügt zur Erhaltung der Rechte des Käufers die rechtzeitige Absendung der Anzeige. Nach h.M. wird durch diese Vorschrift aber nur das Verspätungsrisiko auf den Verkäufer vorverlagert, nicht hingegen das Verlustrisiko. Wenn die Mängelanzeige auf Grund des Verlusts in der Post ganz verloren geht und dadurch nicht mehr rechtzeitig erfolgt, sind die Mängelrechte des Käufers also gem. § 377 HGB ausgeschlossen.

Ergebnis: D steht ein Rücktrittsrecht zu. Folglich verlangt er zu Recht die Aufhebung des Kaufvertrages.

IV. Zusammenfassung

Sound: Ist der Mangel nicht erkennbar, kommt eine Genehmigungsfiktion gem. § 377 II HGB nicht in Betracht. In diesem Fall können die Mängelrechte aber gem. § 377 III HGB ausgeschlossen sein. Danach muss der Käufer den später (zufällig) entdeckten Mangel unverzüglich anzeigen. Wie auch beim erkennbaren Mangel läuft also nur *eine* Frist, nämlich diejenige zur Absendung der Anzeige.

hemmer-Methode: Denkbar ist, dass die mangelhafte Sache andere Rechtsgüter des Käufers verletzt. So beispielsweise dann, wenn die vom Käufer gelieferte Maschine auf Grund des Sachmangels explodiert und dabei andere Geräte des Käufers beschädigt / zerstört. Hat der Käufer den Mangel nicht rechtzeitig gerügt, ist eine Geltendmachung der Mängelrechte des § 437 BGB gem. § 377 HGB ausgeschlossen (auch der Ersatz der Mangelfolgeschäden gem. §§ 437 Nr. 3, 280 I BGB!). Es stellt sich aber die Frage, ob dies auch für die deliktischen Ansprüche des Käufers gilt. Eine Auffassung bejaht dies mit dem Argument, Sinn und Zweck des § 377 HGB sei es ja gerade, *sämtliche* Streitigkeiten zwischen Käufer und Verkäufer möglichst schnell beizulegen.

Dem tritt die h.M. jedoch entschieden entgegen, indem sie darauf hinweist, dass die Entstehungsgeschichte des § 377 HGB keinen Hinweis darauf erkennen lässt, dass er andere als vertragliche Ansprüche erfasse. Außerdem stünde andernfalls derjenige, der die mangelhafte Sache direkt vom Hersteller erwirbt, schlechter als derjenige, der nur mit einem Zwischenhändler in vertraglichen Beziehungen steht und damit mit seinen deliktischen Ansprüchen gegen den Hersteller keinesfalls gem. § 377 HGB präkludiert ist. Die h.M. ist daher überzeugend. Das Unterlassen einer zumutbaren Untersuchung kann sich aber als Mitverschulden im Rahmen des § 254 BGB anspruchskürzend auswirken!

V. Zur Vertiefung

- Hemmer/Wüst, Handelsrecht, Rn. 297 ff.
- Hemmer/Wüst, Handelsrecht, Karteikarten Nr. 86, 88, 91, 92.

Fall 32: Streckengeschäft

Sachverhalt:

Kaufmann Klein (K) kauft bei Großhändler Groß (G) eine Polstergarnitur. Diese verkauft K seinerseits sofort weiter an den Verbraucher Valentin (V). K bittet G, die Polstergarnitur direkt an V zu liefern. Als dieser die Polstergarnitur in seinem Wohnzimmer aufstellt, bemerkt er einige große Flecken. Da er aber mitten in den Vorbereitungen für seinen anstehenden Sommerurlaub ist, legt er die Sache zunächst einmal „ad acta". Erst vier Monate später wendet er sich daher an K und mindert den Kaufpreis. K möchte sich daraufhin bei G schadlos halten.

Frage: Zu Recht?

I. Einordnung

In der Praxis kommt es vor, dass der Zwischenhändler eine gekaufte Sache bereits an seinen Kunden weiterverkauft, bevor sie ihm vom Großhändler übergeben worden ist. Dann ist es praktischer, dass der Zwischenhändler mit dem Großhändler vereinbart, dass dieser die Sache direkt an den Kunden liefern soll (im Sachenrecht wird dies unter dem Stichwort doppelter Geheißerwerb diskutiert, vgl. dazu Hemmer/Wüst, Sachenrecht, Rn.).

Ist der in dieser Lieferkette letzte Kunde Verbraucher, ergeben sich allerdings – gerade im Hinblick auf die Mängelrechte im Verhältnis zwischen Groß- und Zwischenhändler – einige Probleme.

II. Gliederung

Anspruch des K gegenüber G auf Schadensersatz gem. §§ 437 Nr. 3, 280 I BGB

Vor.:

1. Schuldverhältnis (+)
Wirksamer Kaufvertrag gem. § 433 BGB (+)

2. Pflichtverletzung

Verletzung der Pflicht aus § 433 I 2 BGB?
Vor.: Lieferung einer mangelhaften Sache

§ 434 I 2 Nr. 2 BGB?
Polstergarnitur eignet sich weder für gewöhnlichen Gebrauch noch weist sie eine Beschaffenheit auf, die bei Sachen der gleichen Art üblich ist
Damit § 434 I 2 Nr. 2 (+)

Bei Gefahrübergang?
(P): Kann nicht mehr geklärt werden
Beweislastumkehr gem. §§ 478 III, 476 BGB?
(+), wenn Privilegien des sog. unselbständigen Regresses eingreifen, § 478 I BGB
a) Vor.: Verbrauchsgüterkauf zwischen K und V (+)
b) Mangelhaftigkeit der Polstergarnitur (+)
c) Minderung des Kaufpreises infolge der Mangelhaftigkeit seitens des V (+)
Damit privilegierter unselbständiger Regress i.S.d. § 478 I BGB
Beweislastumkehr gem. §§ 478 III, 476 BGB (+)
Damit Vermutung dahingehend, dass Mangel bereits bei Gefahrübergang vorlag
Sachmangel i.S.d. § 434 I 2 Nr. 2 BGB (+)

3. Vertretenmüssen, § 280 I 2 BGB
(+), G wird Widerlegung der Vermutung nicht gelingen

4. Kausaler Schaden (+)

5. Ausschluss der Mängelrechte gem. §§ 478 VI BGB, 377 II HGB?
Vor.:
a) beidseitiger Handelskauf, §§ 1 II, 343 I HGB (+)
b) Ablieferung?
Zwar keine Lieferung direkt an K
Allerdings Vereinbarung zwischen G und K, dass direkt an V geliefert werden sollte
Damit Ablieferung i.S.d. § 377 I HGB (+)
c) Erkennbarkeit des Mangels (+)

d) Unterlassen der rechtzeitigen Rüge?

Sofortige Rüge nach Kenntniserlangung vom Mangel

ABER: § 377 II HGB erfordert unverzügliche Rüge nach Ablieferung

Ablieferung vier Monate vor Untersuchung und Rüge

Damit grundsätzlich verspätet

Abrede der Direktlieferung an V

Anderes Ergebnis auf Grund der Vereinbarung, dass direkt an V geliefert werden sollte?

h.M.: Abrede ist nur inhaltliche Modifizierung der Untersuchungs- und Rügeobliegenheit

⇨ **Fristverlängerung** um die Zeitspanne, die dem Kunden zur Untersuchung der Ware zugebilligt werden muss (a.A. aber gut vertretbar, siehe dazu ausführlich in der Lösung)

⇨ Zwei Monate jedenfalls nicht mehr von Fristverlängerung erfasst

Rüge folglich verspätet

Genehmigungsfiktion des § 377 II HGB (+)

Ergebnis: K kann keinen Schadensersatz von G verlangen.

III. Lösung

Anspruch des K gegenüber G auf Schadensersatz gem. §§ 437 Nr. 3, 280 I BGB

K könnte ein Schadensersatzanspruch gegen G gem. §§ 437 Nr. 3, 280 I BGB zustehen.

Anmerkung: Richtige Anspruchsgrundlage ist hier §§ 437 Nr. 3, 280 I BGB, da es sich bei dem von K geltend gemachten Schaden um einen sog. *Mangelfolgeschaden* handelt. Zur Wiederholung: Ein sog. *Mangelschaden* liegt dann vor, wenn dieser im Wege einer (hypothetischen) Nacherfüllung entfiele. Daher ist in diesen Fällen §§ 437 Nr. 3, 280 I, III, 281 BGB die einschlägige Anspruchsgrundlage für den Ersatzanspruch.

Dieser erfordert grundsätzlich eine vorherige erfolglose Nachfristsetzung, um das Recht des Verkäufers zur zweiten Andienung zu sichern. Ein Mangelfolgeschaden kann allerdings nicht im Wege der Nacherfüllung behoben werden, so dass die Nachfristsetzung hier entbehrlich ist.

1. Schuldverhältnis

Zunächst ist erforderlich, dass zwischen G und K ein Schuldverhältnis vorliegt. Die beiden haben einen Kaufvertrag, § 433 BGB, über die Polstergarnitur geschlossen. Das Vorliegen eines Schuldverhältnisses ist damit zu bejahen.

2. Pflichtverletzung

Weiterhin müsste G eine Pflicht aus dem Schuldverhältnis verletzt haben. Möglicherweise verletzte er die Pflicht der Lieferung einer mangelfreien Sache, § 433 I 2 BGB.

Dies wäre dann der Fall, wenn die Polstergarnitur mit einem Mangel behaftet gewesen wäre.

Für das Vorliegen eines Mangels gem. § 434 I 1, 2 Nr. 1 BGB ergeben sich vorliegend keine Anhaltspunkte.

Möglicherweise ist jedoch ein Sachmangel gem. § 434 I 2 Nr. 2 BGB gegeben.

Anmerkung: Beachten Sie die zwingende Prüfungsreihenfolge des § 434 I BGB bzgl. des Vorliegens eines Sachmangels:
1. Vorliegen einer Beschaffenheitsvereinbarung, § 434 I 1 BGB
2. **Wenn (-):** Abstellen auf die beiderseitig vorausgesetzte Verwendung, § 434 I 2 Nr. 1 BGB
3. **Wenn (-):** Abstellen auf die übliche bzw. vom Käufer zu erwartende Verwendung / Beschaffenheit, § 434 I 2 Nr. 2 BGB.
Wenn es allerdings wie hier so offensichtlich ist, dass die ersten beiden Stufen nicht einschlägig sind, stellen Sie dies in der Klausur bitte nur kurz fest! Ansonsten wird der Korrektor Ihnen fehlendes Problembewusstsein vorwerfen, was sich negativ auf die Bewertung auswirkt.

Wiederholen Sie das Problemfeld um den Sachmangel in Hemmer/Wüst, Schuldrecht II, Rn. 87 ff.

Die Polstergarnitur war befleckt. Damit eignete sie sich weder für die gewöhnliche Verwendung noch wies sie eine Beschaffenheit auf, die bei Sachen der gleichen Art üblich ist und die der Käufer erwarten kann.

Der Mangel müsste darüber hinaus jedoch bereits bei Gefahrübergang, d.h. bei Übergabe vorgelegen haben.

Nach den allgemeinen Regeln trägt K hierfür die Darlegungs- und Beweislast. Die Übergabe ist jedoch bereits vor vier Monaten erfolgt, so dass eine diesbezügliche Klärung wohl nicht mehr möglich ist.

Möglicherweise kann K hier aber gem. § 478 I BGB privilegiert Regress nehmen mit der Folge, dass die Beweislast gem. §§ 478 III, 476 BGB umgekehrt ist. Dann müsste G beweisen, dass die Polstergarnitur zur Zeit des Gefahrübergangs mangelfrei war, was ihm wohl kaum gelingen dürfte. Es stellt sich also die Frage, ob die Voraussetzungen des § 478 I BGB vorliegen.

a) Verbrauchsgüterkauf

Der zwischen K und V bestehende Kaufvertrag müsste ein Verbrauchsgüterkauf i.S.d. § 474 I BGB sein, wobei die verkaufte Sache neu gewesen sein müsste.

V ist Verbraucher i.S.d. § 13 BGB, der Kaufmann K ist Unternehmer gem. § 14 BGB. Außerdem handelt es sich bei der Polstergarnitur um eine neue bewegliche Sache. Folglich liegt ein Verbrauchsgüterkauf i.S.d. § 474 I BGB über eine neue Sache vor.

b) Mangelhaftigkeit der Polstergarnitur

Außerdem müsste die Polstergarnitur mangelhaft sein.

Eine befleckte Polstergarnitur eignet sich nicht für die gewöhnliche Verwendung. Außerdem weist sie keine Beschaffenheit auf, die bei Sachen der gleichen Art und Weise üblich ist und die der Käufer nach Art der Sache erwarten kann. Damit ist ein Mangel gegeben.

K wird es nicht gelingen, die Vermutung des § 476 BGB, dass der jetzt vorhandene Mangel bei dem vier Monate zuvor erfolgten Gefahrübergang bereits vorlag, zu widerlegen.

Damit ist die Polstergarnitur sachmangelhaft i.S.d. § 434 I 2 Nr. 2 BGB.

c) Minderung des Kaufpreises

Schließlich ist erforderlich, dass der Unternehmer die Sache infolge der Mangelhaftigkeit zurücknehmen musste oder aber der Verbraucher den Kaufpreis gemindert hat. V hat hier auf Grund der Mangelhaftigkeit der Polstergarnitur den Kaufpreis gemindert.

Damit liegen die Voraussetzungen des § 478 I BGB vor.

Gem. § 478 III BGB gilt die Beweislastumkehr des § 476 BGB folglich auch für das Verhältnis zwischen dem Lieferanten G und dem Unternehmer K. Da der Gefahrübergang auf den Verbraucher V erst vor vier Monaten stattfand, vgl. § 478 III a.E. BGB, muss G beweisen, dass die Polstergarnitur zur Zeit des Übergangs der Gefahr auf K mangelfrei war. Dies wird ihm nicht gelingen.

Folglich wird vermutet, dass die Polstergarnitur bereits bei Gefahrübergang mangelhaft war.

Es liegt somit ein Sachmangel gem. § 434 I 2 Nr. 2 BGB vor.

3. Vertretenmüssen

G müsste die Pflichtverletzung darüber hinaus auch zu vertreten haben. Das Vertretenmüssen wird allerdings gem. § 280 I 2 BGB vermutet. Es wird G nicht möglich sein, das Gegenteil zu beweisen. Damit ist ein Vertretenmüssen zu bejahen.

4. Kausaler Schaden

Dem K müsste ein kausaler Schaden entstanden sein. Infolge der Minderung musste er dem V einen Teil des von diesem gezahlten Kaufpreises zurückerstatten. Dabei handelt es sich um eine unfreiwillige Vermögenseinbuße und folglich um einen kausalen Schaden.

5. Ausschluss der Mängelrechte nach §§ 478 VI BGB, 377 II HGB?

Schließlich dürfte der Schadensersatzanspruch nicht gem. §§ 478 VI BGB, 377 II HGB ausgeschlossen sein.

Es stellt sich also die Frage, ob die Voraussetzungen des § 377 HGB vorliegen.

a) Beidseitiger Handelskauf

Zunächst ist erforderlich, dass der zwischen G und K bestehende Kaufvertrag einen beidseitigen Handelskauf darstellt. Dies wäre dann der Fall, wenn es sich dabei um ein beidseitiges Handelsgeschäft i.S.d § 343 I HGB handelte.

Sowohl G als auch K sind Kaufleute gem. § 1 II HGB. Auch ist der Abschluss eines Kaufvertrages über eine Polstergarnitur ein Geschäft i.S.d. § 343 I HGB, das einen Bezug zum Handelsgewerbe der beiden Vertragsparteien aufweist.

Folglich liegt ein beidseitiges Handelsgeschäft im Sinne eines Handelskaufs vor.

b) Ablieferung

Die Polstergarnitur müsste außerdem bei K abgeliefert worden sein.

Dies könnte aus dem Grund fraglich sein, da die Möbel nie zu K, sondern sofort zu V geliefert wurden. Allerdings ist dieses Durchhandeln nur auf die Bitte des K hin erfolgt. Folglich ist in der Lieferung an V eine Ablieferung i.S.d. § 377 I HGB zu sehen.

c) Erkennbarkeit des Mangels

Eine Erkennbarkeit des Mangels ist vorliegend gegeben, vgl. § 377 II a.E. HGB.

d) Unterlassen der rechtzeitigen Rüge

Schließlich stellt sich die Frage, ob K den Mangel rechtzeitig gerügt hat.

Zwar hat K dem G gegenüber den Mangel sofort angezeigt, nachdem er hiervon Kenntnis erlangt hatte.

§ 377 II HGB erfordert aber eine unverzügliche Anzeige nach der Ablieferung. Diese war bereits vier Monate zuvor erfolgt, so dass die Rüge des K grundsätzlich verspätet ist.

Möglicherweise ergibt sich aber daraus etwas anderes, dass G damit einverstanden war, die Polstergarnitur direkt an V zu liefern. So besteht nach § 377 I HGB die Obliegenheit zur unverzüglichen Untersuchung nur, „soweit dies nach ordnungsgemäßem Geschäftsgang tunlich ist".

Nach h.M. ändert eine derartige Abrede allerdings nichts an der grundsätzlich bestehenden Untersuchungs- und Rügeobliegenheit. Vielmehr werde diese durch die Abrede nur inhaltlich modifiziert.

Danach ist der Käufer also weiterhin dafür verantwortlich, dass mögliche Mängel so schnell wie möglich aufgedeckt werden. Lediglich die Frist, innerhalb derer dies zu erfolgen hat, wird um die Zeitspanne verlängert, die dem Kunden des Käufers zur Untersuchung der Ware zugebilligt werden muss.

Hier vergingen zwei Monate, ehe V dem K gegenüber den Mangel anzeige. Dies übersteigt jedenfalls die Frist, die dem V für die Untersuchung billigerweise zugestanden werden muss.

Damit ist die Rüge des K als verspätet anzusehen. Infolge der Genehmigungsfiktion des § 377 II HGB gilt die Polstergarnitur demnach als mangelfrei. K stehen die Mängelrechte des § 437 BGB und somit auch der Schadensersatzanspruch des § 437 Nr. 3, 280 I BGB nicht mehr zu.

Anmerkung: Möglicherweise empfinden Sie dieses Ergebnis als ungerecht. Bedenken Sie jedoch, dass der Verkäufer dem Käufer einen Gefallen tut, indem er die Polstergarnitur direkt an den Kunden des Käufers liefert. Dann wäre es doch unbillig, wenn dies auch noch zu seinen Lasten ginge! Eine andere Auffassung möchte allerdings den Käufer stärker schützen. Sie differenziert danach, ob der Kunde des Käufers selbst Kaufmann ist oder nicht.

Für den Fall, dass er Kaufmann ist (und damit auch in diesem Verhältnis ein beidseitiges Handelsgeschäft vorliegt), muss er selbst rechtzeitig rügen, um seine Mängelrechte nicht infolge des § 377 HGB zu verlieren. Dann aber ist es auch dem Käufer noch möglich, dem Verkäufer gegenüber den Mangel rechtzeitig anzuzeigen. Rügt der Kunde verspätet, muss der Käufer nicht für die Mangelhaftigkeit der Kaufsache einstehen. Es ist folglich unerheblich, dass er selbst auch gegenüber dem Verkäufer mit seinen Mängelrechten präkludiert wäre.

Anderes gilt dieser Auffassung zufolge aber dann, wenn der Kunde des Käufers kein Kaufmann ist. Diesen trifft nämlich nicht die Obliegenheit des § 377 HGB. Zeigt er dem Käufer gegenüber den Mangel nicht rechtzeitig an, behält er seine Mängelrechte gleichwohl, der Käufer hingegen verliert sie (so auch hier im Fall). Im Übrigen könnte der Käufer sich auch nicht dadurch absichern, dass er mit seinem Kunden von vornherein vereinbart, dass dieser die Ware unverzüglich untersuchen und eventuelle Mängel sofort rügen müsse. Denn dies würde eine Beschränkung der Rechte des Verbrauchers bedeuten und wäre so auf Grund der §§ 474 I, 475 I BGB nicht einmal im Wege einer Individualvereinbarung wirksam.

Ergebnis: K kann keinen Schadensersatz von G verlangen.

IV. Zusammenfassung

Sound: Auch im Falle eines sog. Streckengeschäfts trifft den Käufer eine Untersuchungs- und Rügeobliegenheit, deren Verletzung den Verlust der Mängelrechte gem. § 377 HGB zur Folge hat. Dabei verlängert sich die Rügefrist jedoch um die Zeitspanne, die man dem Kunden des Käufers zubilligen muss, die Ware zu untersuchen und dem Käufer etwaige Mängel anzuzeigen.

hemmer-Methode: Neben dem sog. *unselbständigen* Regress, der in § 478 I BGB geregelt ist, kennt das BGB auch den sog. *selbständigen* Regress: So gewährt § 478 II BGB dem Verkäufer einen selbständigen Anspruch auf Aufwendungsersatz gegen den Lieferanten, wenn der Käufer sein Recht auf Nachbesserung geltend macht. Auch mit diesem Anspruch kann der Käufer jedoch gem. §§ 478 VI BGB, 377 II HGB präkludiert sein, wenn er den Mangel der Kaufsache nicht rechtzeitig gerügt hat.

V. Zur Vertiefung

- Hemmer/Wüst, Handelsrecht, Rn. 353 f.
- Hemmer/Wüst, Handelsrecht, Karteikarte Nr.89.

Fall 33: Wer zu spät kommt, den bestraft das Leben...

Sachverhalt:

Händler Alfons (A) aus Stuttgart hat von Händler Balduin (B) aus Mannheim mangelhafte Ware zugesandt bekommen. A hat rechtzeitig gerügt und verlangt nun Nacherfüllung. Dies hat er B sofort mitgeteilt und ihm die Frist von einer Woche für den Rücktransport gesetzt. Als zwei Wochen nichts passiert war, beschädigt A die Ware leicht fahrlässig. B verlangt nun von A Schadensersatz.

Frage: Zu Recht?

I. Einordnung

Beanstandet der Käufer eine ihm vom Verkäufer übersandte Ware, wird dieser sie in der Regel nicht sofort abholen können. Aus diesem Grund begründet § 379 I HGB die Pflicht des Käufers, die Ware einstweilig für den Verkäufer aufzubewahren. Probleme ergeben sich dann, wenn die Ware in dieser Zeit beschädigt wird.

II. Gliederung

Anspruch des B auf Schadensersatz gem. §§ 280 I, 241 II BGB i.V.m. § 379 I HGB

Vor.:

1. Schuldverhältnis
Aufbewahrungspflicht gem. § 379 I HGB?

a) Beidseitiger Handelskauf, §§ 343, 344 HGB

b) Übersendung der Ware für den Käufer an einen anderen Ort (+)

c) Beanstandung und Rückgabeverlangen

2. Pflichtverletzung (+)

3. Vertretenmüssen, § 280 I 2 BGB

a) § 276 I 1 BGB
Grds. Vorsatz und Fahrlässigkeit
Leicht fahrlässiges Handeln des A, daher Vertretenmüssen grds. (+)

b) ABER: § 300 I BGB?

⇨ Reduktion des Verschuldensmaßstabs gem. § 300 I BGB?
Vor.: Annahmeverzug des B
(+), wenn B angebotene Leistung nicht angenommen hat, § 293 BGB

aa) Angebot
§ 295 S. 2 BGB: B ist zur Abholung verpflichtet
Aufforderung des A (+)
Damit: Angebot (+)

bb) Nichtannahme (+)
Damit: Annahmeverzug des B (+)
Vertretenmüssen des A (-)

Ergebnis: Schadensersatzanspruch (-)

III. Lösung

Anspruch des B auf Schadensersatz gem. §§ 280 I, 241 II BGB i.V.m. § 379 I HGB

Möglicherweise steht B gegenüber A ein Anspruch auf Schadensersatz gem. §§ 280 I, 241 II BGB i.V.m. § 379 I HGB zu.

1. Schuldverhältnis

Zunächst müsste zwischen A und B ein Schuldverhältnis vorliegen.

In Betracht kommt hier ein Schuldverhältnis i.S.d. § 379 I BGB, das eine Pflicht des A zur Aufbewahrung der Ware begründen würde. Dazu müssten aber die Voraussetzungen des § 379 I BGB erfüllt sein.

a) Beidseitiger Handelskauf

Der zwischen A und B vorliegende Kaufvertrag müsste einen beidseitigen Handelskauf darstellen. Dies ist dann der Fall, wenn es sich hierbei um ein beidseitiges Handelsgeschäft i.S.d. § 343 I HGB handelt.

Sowohl A als auch B sind Kaufleute gem. § 1 II HGB. Außerdem stellt der Abschluss eines Kaufvertrages ein Geschäft i.S.d. § 343 I HGB dar. Schließlich kann auch der erforderliche Bezug zum Handelsgewerbe bejaht werden.

Folglich liegt ein beidseitiges Handelsgeschäft im Sinne eines Handelskaufs vor.

b) Übersendung der Ware

Weiterhin müsste die Ware dem A übersandt worden sein. B hat dem A die gekaufte Ware von Mannheim nach Stuttgart geschickt, so dass das Erfordernis der Übersendung vorliegend erfüllt ist.

Anmerkung: Die Übersendung i.S.d. § 379 I HGB verlangt nicht, dass die Voraussetzungen des Versendungskaufs gem. § 447 BGB gegeben sind. Es genügt vielmehr auch, dass der Verkäufer dem Käufer die Ware durch die Einschaltung eigener Transportpersonen übersendet.

c) Beanstandung und Rückgabeverlangen

Schließlich müsste A die Ware beanstandet und ihre Rückgabe verlangt haben.

Die dem A gelieferte Ware war mangelhaft i.S.d. § 434 BGB. Da A überdies rechtzeitig gerügt hatte, war die Genehmigungsfiktion des § 377 II HGB nicht eingetreten und A standen die Mängelrechte des § 437 BGB zu. Die Beanstandung des A war demnach begründet. Indem er Nacherfüllung verlangte, wollte er die Ware jedenfalls in dem Zustand, wie er sie momentan hatte, nicht behalten und hatte damit auch den erforderlichen Rückgabewillen.

Anmerkung: Mangels Rückgabewillen kommt § 379 I HGB nicht in Betracht, wenn die Beanstandung des Käufers in einer Minderung liegt. Im Übrigen wäre es in diesem Fall auch völlig sinnlos, eine Aufbewahrungspflicht des Käufers für den Verkäufer zu begründen.

Damit liegen die Voraussetzungen des § 379 I BGB vor. A war zur Aufbewahrung der Ware verpflichtet. Folglich kann das Vorliegen eines Schuldverhältnisses bejaht werden.

2. Pflichtverletzung

A müsste darüber hinaus eine Pflicht aus dem Schuldverhältnis des § 379 I HGB verletzt haben. Danach war A zur Aufbewahrung der Ware verpflichtet. Gem. § 241 II BGB ist er dabei verpflichtet, auf die Rechte, Rechtsgüter und Interessen des B Rücksicht zu nehmen. Indem er die Ware beschädigte, verletzte er diese Pflicht. Demnach liegt eine Pflichtverletzung vor.

Anmerkung: Auch der Kaufvertrag stellt natürlich ein zwischen A und B bestehendes Schuldverhältnis dar. Die Pflicht, die Ware aufzubewahren, resultiert aber nicht aus dem Kaufvertrag, sondern aus § 379 I HGB. Im allgemeinen bürgerlichen Recht würde eine solche Pflicht aus Treu und Glauben (§ 242 BGB) hergeleitet. Es ist demnach nicht falsch, im Rahmen des Prüfungspunktes „Schuldverhältnis" *zusätzlich* den Kaufvertrag anzusprechen. Der hier verfolgte Lösungsweg ist allerdings eleganter.

3. Vertretenmüssen, § 280 I 2 BGB

Des Weiteren müsste A diese Pflichtverletzung zu vertreten haben, § 280 I 2 BGB.

a) § 276 I 1 BGB

Gem. § 276 I 1 BGB hat der Schuldner grundsätzlich Vorsatz und jede Form von Fahrlässigkeit zu vertreten.

Die Ware wurde durch eine leichte Fahrlässigkeit des A beschädigt, so dass demnach ein Vertretenmüssen zu bejahen wäre.

b) § 300 I BGB

Allerdings könnte der Verschuldensmaßstab vorliegend gem. § 300 I BGB auf Vorsatz und *grobe* Fahrlässigkeit reduziert sein. Ein Vertretenmüssen des A läge dann nicht vor.

Dies wäre dann der Fall, wenn B sich im Annahmeverzug befunden hätte, als die Ware beschädigt wurde. Gem. § 293 BGB kommt der Gläubiger dann in Annahmeverzug, wenn er die ihm angebotene Leistung nicht annimmt.

aa) Angebot

A müsste dem B die Leistung angeboten haben.

Möglicherweise hat A dem B hier die Leistung wörtlich i.S.d. § 295 BGB angeboten. Er hatte dem B eine Frist von einer Woche für den Rücktransport der Ware gesetzt. Damit läge dann eine einem wörtlichen Angebot gleichstehende Aufforderung vor, vgl. § 295 S. 2 BGB, wenn B zur Abholung der Ware verpflichtet ist. Aus den Umständen, insbesondere der Tatsache, dass die Rückgabe der Sache auf Grund deren Mangelhaftigkeit nötig ist und damit aus der Sphäre des B stammt, ergibt sich, dass es sich vorliegend um eine Holschuld handelt, vgl. § 269 I BGB. Folglich war B zur Abholung der Ware verpflichtet.

bb) Nichtannahme

Indem B die Ware innerhalb der gesetzten Frist nicht abholte und damit die erforderliche Handlung nicht vornahm, liegt eine Nichtannahme vor.

Folglich befand sich B im Annahmeverzug. Damit wird der Verschuldensmaßstab vorliegend gem. § 300 I BGB reduziert. Die leichte Fahrlässigkeit des A vermag demnach kein Vertretenmüssen i.S.d. § 280 I 2 BGB zu begründen.

Ergebnis: B steht kein Schadensersatzanspruch gegen A zu.

IV. Zusammenfassung

Sound: Liegen die Voraussetzungen des § 379 I HGB vor, so ist der Käufer zur Aufbewahrung der von ihm beanstandeten Ware verpflichtet. Verletzt er diese Pflicht in zu vertretender Weise, macht er sich schadensersatzpflichtig. Seine Mängelrechte wegen der Mangelhaftigkeit bleiben davon aber unberührt.

hemmer-Methode: § 379 II HGB räumt dem Käufer das Recht zum Notverkauf ein. Wie § 373 II HGB handelt sich dabei um eine Erweiterung des § 383 BGB, der einen Selbsthilfeverkauf der geschuldeten Sache nur dann ermöglicht, wenn sich der Gläubiger im Annahmeverzug befindet oder die Sache nicht zur Hinterlegung geeignet ist bzw. der Verderb zu befürchten ist. Von dem in § 373 II HGB normierten Selbsthilfeverkauf unterscheidet sich der Notverkauf i.S.d. § 379 II HGB dadurch, dass dieser nicht durch den Verkäufer, sondern durch den Käufer erfolgt. Gleichwohl richten sich die genauen Voraussetzungen des Notverkaufs nach § 373 HGB. Besteht daher beispielsweise die Gefahr, dass die Ware verdirbt, ist der Notverkauf auch ohne vorherige Androhung möglich, vgl. § 373 II 2 HGB.

V. Zur Vertiefung

- Hemmer/Wüst, Handelsrecht, Rn. 382 ff.

Fall 34: Den Tag nicht vor dem Abend loben...

Sachverhalt:

Emmert (E), Inhaber einer Kfz-Werkstatt, hat den LKW des Manz (M), der einen Versandhandel samt Fuhrpark betreibt, generalüberholt. In seinen vorformulierten Geschäftsbedingungen gesteht E dem Besteller im Falle einer mangelhaften Leistung lediglich das Recht auf Nachbesserung zu, weitergehende Rechte sind ausgeschlossen. Kurze Zeit später bemerkt M, dass die Bremsen des LKW immer noch nicht richtig funktionieren und fordert den E zur Nacherfüllung auf. E bleibt jedoch untätig, weshalb M nach Ablauf der Frist vom Vertrag zurücktreten möchte.

Frage: Zu Recht?

I. Einordnung

Auch im handelsrechtlichen Geschäftsverkehr spielt die Verwendung von Allgemeinen Geschäftsbedingungen (AGB) eine große Rolle. Auf Grund der oft nicht genügend differenzierten Gesetzessystematik kann der Vertrag so an die spezifischen Erfordernisse des jeweiligen Handelsgewerbes angepasst werden. Die AGB treten dann an die Stelle des dispositiven Gesetzesrechts.

Probleme ergeben sich aber auch im Rechtsverkehr unter Unternehmern oftmals daraus, dass die AGB einseitig vom Verwender gestellt werden und die andere Vertragspartei aus wirtschaftlichen Gründen häufig dazu gezwungen ist, diese (teilweise unbilligen) AGB zu akzeptieren.

Die §§ 305 ff. BGB verfolgen daher das Ziel, dieses strukturell bedingte Ungleichgewicht zu beseitigen und so das erforderliche Maß an Vertragsgerechtigkeit wieder herzustellen.

II. Gliederung

Rücktrittsrecht des M gem. §§ 634 Nr. 3, 636 i.V.m. 323 BGB

Vor.:

1. Wirksamer Werkvertrag, § 631 BGB (+)

2. Sachmangel, § 633 II BGB
(+), gem. § 633 II 2 Nr. 2 BGB

Damit stehen M grds. die Mängelrechte des § 634 BGB zu

3. Voraussetzungen des § 323 BGB
a) Erfolgloser Ablauf einer angemessenen Frist, § 323 I BGB (+)

b) Erheblichkeit des Mangels, § 323 V 2 BGB (+)

c) Kein Ausschluss des Rücktrittsrechts nach § 323 VI BGB (+)

4. Wirksamer Haftungsausschluss, § 639 BGB?
E gesteht in seinen Geschäftsbedingungen dem M nur Recht auf Nachbesserung zu
Wirksamkeit des Haftungsausschlusses?

Vor.:

a) Klausel = AGB?
(+) gem. § 305 I BGB, da für eine Vielzahl von Verträgen vorformulierte Vertragsbedingung, die einseitig vom Verwender E gestellt wurde

b) Wirksame Einbeziehung
§ 305 II BGB nicht anwendbar, vgl. § 310 I 1 BGB
Einbeziehung daher nach den allgemeinen Vorschriften der §§ 145 ff. BGB
Hier wirksame Einigung hinsichtlich der Einbeziehung (+)

c) Inhaltliche Wirksamkeit
Inhaltskontrolle gem. § 307 BGB ff.
Grds. § 309 Nr. 8 b) bb): Verbot der Beschränkung der Mängelrechte auf die Nacherfüllung
ABER: Klauselverbote der §§ 308, 309 BGB nicht direkt anwendbar, vgl. § 310 I 2 BGB

⇨ Maßstab daher nur die Generalklausel, § 307 I, II BGB

⇨ Dennoch Ausstrahlungswirkung des § 309 Nr. 8 b) bb) BGB auf die Generalklausel des § 307 I, II BGB Klausel damit inhaltlich unwirksam

d) Rechtsfolge?
Dispositives Gesetzesrecht zur Lückenfüllung, vgl. § 306 II BGB
Daher stehen M sämtliche Mängelrechte des § 634 BGB zu und folglich auch das Rücktrittsrecht

Ergebnis: M kann vom Vertrag zurücktreten.

III. Lösung

Rücktrittsrecht des M gem. §§ 634 Nr. 3, 636 i.V.m. 323 BGB

M kann dann vom Vertrag zurücktreten, wenn ihm ein Rücktrittsrecht zusteht. Dieses könnte sich vorliegend aus §§ 634 Nr. 3, 631 i.V.m. 323 BGB ergeben.

1. Wirksamer Werkvertrag, § 631 BGB

Zunächst ist das Vorliegen eines wirksamen Werkvertrages gem. § 631 BGB erforderlich.

E und M haben sich über die Generalüberholung des LKW des M gegen Zahlung einer Vergütung geeinigt. E sollte also verpflichtet werden, den LKW des M in einen wieder funktionsfähigen Zustand zu versetzen. Geschuldet war somit nicht nur eine Tätigkeit, sondern vielmehr die Herbeiführung eines Erfolges. M und E haben demnach einen Werkvertrag gem. § 631 BGB geschlossen.

2. Sachmangel, § 633 II BGB

Weiterhin ist Voraussetzung, dass das Werk im Zeitpunkt des Gefahrübergangs, d.h. der Abnahme (§ 640 BGB) mangelhaft ist, § 633 II BGB.

Als M den LKW nach der Inspektion abgeholt und damit i.S.d. § 640 I BGB abgenommen hat, funktionierten dessen Bremsen immer noch nicht.

E und M haben sich nicht explizit darüber geeinigt, dass E die Bremsen des LKW reparieren sollte. Ein Sachmangel ergibt sich daher nicht aus § 633 II 1 BGB.

Die Vereinbarung der Generalüberholung eines LKW setzt allerdings ihrem Zweck nach voraus, dass sich dieser danach wieder in voll funktionsfähigem und vor allem auch verkehrstüchtigem Zustand befindet. Dies ist gerade dann nicht der Fall, wenn die defekten Bremsen nicht repariert werden. Folglich liegt hier ein Sachmangel zur Zeit des Gefahrübergangs gem. § 633 II 2 Nr. 1 BGB vor.

Damit stehen M grundsätzlich die in § 634 BGB genannten Mängelrechte und damit auch ein Rücktrittsrecht zu.

3. Voraussetzungen des § 323 BGB

Das Recht zum Rücktritt setzt aber weiterhin voraus, dass auch die Voraussetzungen des § 323 BGB gegeben sind, vgl. § 634 Nr. 3 BGB.

a) Erfolgloser Ablauf einer angemessenen Frist

M müsste dem E eine angemessene Frist zur Nacherfüllung gesetzt haben, die erfolglos abgelaufen ist.

M forderte den E auf, die Bremsen innerhalb von zwei Wochen zu reparieren. Im Hinblick auf den Umfang der dazu wohl erforderlichen Arbeiten kann eine Frist von zwei Wochen durchaus als angemessen bezeichnet werden. E blieb untätig, so dass die Fristsetzung erfolglos war.

b) Erheblichkeit des Mangels

Der Mangel müsste außerdem erheblich sein, § 323 V 2 BGB.

Die Generalüberholung eines LKW erfolgt vor dem Hintergrund, dass dieser wieder voll verkehrsfähig ist. Dabei ist es gerade wichtig, dass die Bremsen funktionieren. Der Mangel ist damit erheblich.

c) Kein Ausschluss des Rücktrittsrechts nach § 323 VI BGB

Schließlich kommt kein Ausschluss des Rücktrittsrechts nach § 323 VI BGB in Betracht.

Damit liegen die Voraussetzungen des § 323 BGB vor.

4. Wirksamer Haftungsausschluss, § 639 BGB?

In seinen vorformulierten Vertragsbedingungen gesteht E dem M jedoch nur das Recht auf Nachbesserung zu. Damit könnte er das Rücktrittsrecht wirksam ausgeschlossen haben, vgl. § 639 BGB.

Dies setzt jedoch voraus, dass die Klausel überhaupt Bestandteil des Vertrages wurde und darüber hinaus inhaltlich wirksam ist.

a) Klausel = AGB?

Auf Grund der besonderen Vorschriften hinsichtlich Einbeziehung und inhaltlicher Wirksamkeit ist zunächst zu klären, ob es sich bei der Klausel um eine AGB i.S.d. § 305 I BGB handelt.

Die Klausel, durch die dem Besteller im Falle der Herstellung eines mangelhaften Werkes lediglich das Recht auf Nachbesserung zugestanden wird, ist für eine Vielzahl von Verträgen vorformuliert. E stellte diese Bedingung einseitig beim Abschluss des Werkvertrages mit M. Damit handelt es sich vorliegend um eine AGB-Klausel.

b) Wirksame Einbeziehung

Die Klausel müsste wirksam in den Vertrag einbezogen worden sein. Grundsätzlich enthält § 305 II, III BGB besondere Voraussetzungen hinsichtlich der Einbeziehung von AGB in den Vertrag.

Hier könnte jedoch § 310 I 1 BGB einschlägig sein, der § 305 II, III BGB für unanwendbar erklärt. Dann müsste M, demgegenüber die AGB-Klausel verwendet wurde, Unternehmer i.S.d. § 14 BGB sein.

Als Inhaber eines Versandhandels mit eigenem Fuhrpark handelte er beim Abschluss des Werkvertrages über die Generalüberholung seines LKW in Ausübung seiner gewerblichen Tätigkeit. M ist damit Unternehmer i.S.d. § 14 I BGB. Gem. § 310 I 1 BGB richtet sich die Einbeziehung der AGB-Klausel folglich nach den allgemeinen Vorschriften über das Zustandekommen von Verträgen, §§ 145 ff. BGB.

Indem E und M sich über die Einbeziehung der AGB-Klausel einigten, wurde diese somit wirksam in den Vertrag einbezogen.

Anmerkung: Der Begriff des Unternehmers, der in § 310 I BGB verwendet und in § 14 BGB definiert wird, ist nicht identisch mit dem des Kaufmanns i.S.d. HGB! So können auch Kleingewerbetreibende oder Freiberufler Unternehmer i.S.d. § 14 I BGB sein.

c) Inhaltliche Wirksamkeit

Außerdem müsste die AGB-Klausel inhaltlich wirksam sein.

Die vorliegende Klausel stellt eine Abweichung von der gesetzlichen Bestimmung des § 634 BGB dar. Damit richtet sich die Inhaltskontrolle nach den §§ 307 I, II, 308, 309 BGB, vgl. § 307 III 1 BGB

Gem. § 309 Nr. 8 b) bb) BGB ist eine Klausel, durch die bei Werkleistungen das Recht des Bestellers gegen den Verwender auf die Nachbesserung beschränkt ist, unwirksam.

Allerdings ist M Unternehmer, so dass die besonderen Klauselverbote der §§ 308, 309 BGB nicht anwendbar sind, vgl. § 310 I 2 BGB. Der Maßstab der Inhaltskontrolle richtet sich vielmehr nach der Generalklausel des § 307 I, II BGB.

Die besonderen Klauselverbote bleiben aber nicht gänzlich unberücksichtigt. So entfaltet insbesondere das Verbot des § 309 Nr. 8 b) bb) BGB eine Ausstrahlung auf die Generalklausel des § 307 I, II BGB (vgl. Palandt / Heinrichs, § 309 Rn. 64.): Ein anderes Ergebnis wäre nicht mit dem wesentlichen Grundgedanken der gesetzlichen Regelung des § 634 BGB, von der abgewichen wird, vereinbar. Damit ist die Klausel inhaltlich unwirksam.

d) Rechtsfolge

Gem. § 306 II BGB treten an die Stelle der unwirksamen AGB-Klausel die Vorschriften des BGB.

E wollte mit seiner Klausel die Vorschrift des § 634 BGB beschränken. Da ihm dies auf Grund der Unwirksamkeit der Klausel nicht gelungen ist, findet § 634 BGB uneingeschränkte Anwendung.

Anmerkung: Beachten Sie hier insbesondere auch das Verbot der sog. *geltungserhaltenden Reduktion*. Eine inhaltlich unwirksame Klausel darf also nicht wenigstens insoweit aufrechterhalten werden, als sie gerade noch für zulässig zu erachten ist. So darf eine AGB, durch die etwa die Haftung für *grobe* Fahrlässigkeit ausgeschlossen werden soll und die daher gem. § 309 Nr. 7 b) BGB unwirksam ist, nicht so ausgelegt werden, dass die Haftung für *leichte* Fahrlässigkeit ausgeschlossen ist. Ansonsten würde der Verwender überhaupt nicht mehr dazu angehalten werden, die AGB so zu formulieren, dass sie einen wirksamen Inhalt haben. Dies ist aber gerade im Hinblick auf den Schutz des Vertragspartners unerlässlich! Außerdem verdient der Verwender von unwirksamen Klauseln keinen Schutz.

Das Rücktrittsrecht des M ist folglich nicht durch die AGB-Klausel ausgeschlossen.

Ergebnis: M steht damit ein Rücktrittsrecht zu.

IV. Zusammenfassung

Sound: Werden AGB gegenüber einem Unternehmer verwendet, gelten Besonderheiten sowohl hinsichtlich der Einbeziehung als auch der Inhaltskontrolle: Gem. § 310 I 1 BGB richtet sich die *Einbeziehung* nicht nach § 305 II, III BGB, sondern nach den allgemeinen Vorschriften über das Zustandekommen von Verträgen, §§ 145 ff. BGB. Die *Inhaltskontrolle* von AGB richtet sich nach der Generalklausel des § 307 I, II BGB, wobei aber die gem. § 310 I 2 BGB grundsätzlich nicht anwendbaren besonderen Klauselverbote der §§ 308, 309 BGB unter Umständen eine Ausstrahlungswirkung entfalten.

hemmer-Methode: Gerade im handelsrechtlichen Geschäftsverkehr kann das Problem auftauchen, dass *beide* Vertragsparteien AGB verwenden: So bestellt der Käufer eine Ware „zu seinen Einkaufsbedingungen", der Verkäufer liefert diese daraufhin „zu seinen Verkaufsbedingungen". Es stellt sich die Frage, wie dieser Widerspruch aufzulösen ist. Hierzu kommen verschiedene Möglichkeiten in Betracht:
1. **Sog. Theorie des letzten Wortes (frühere Rechtsprechung):** Danach akzeptiert der Käufer, der die Ware widerspruchslos entgegennimmt, die AGB des Verkäufers, so dass ein Vertrag mit diesen Bedingungen zu Stande kommt. Dies ist aber aus dem Grund abzulehnen, da die Parteien so zu ständig neuen Protesten gegen die AGB der anderen Partei gezwungen wären, obwohl beide einen wirksamen Vertrag wollen. Außerdem würde sich schließlich die Partei durchsetzen, die am hartnäckigsten war und als letzte ihre Stellungnahme abgegeben hat (Theorie des letzten Wortes).
2. **Offener Dissens mit der Folge, dass kein Vertrag zu Stande kam, § 154 I 1 BGB:** Gegen diese Lösung spricht allerdings, dass die Parteien durch die einverständliche Durchführung des Vertrages die Vermutung des § 154 I 1 BGB widerlegen.
3. **Wirksamkeit des Vertrages** (hinsichtlich der „essentialia negotii") trotz partiellen Dissenses, Lückenschließung durch einen Rückgriff auf das dispositive Gesetzesrecht. Diese Lösung erscheint letztlich angemessen und lässt sich zudem über § 306 II BGB begründen.

V. Zur Vertiefung

- Hemmer/Wüst, BGB-AT I, Rn. 320 ff.
- Hemmer/Wüst, Handelsrecht, Rn. 410 ff.

Fall 35: Zu guter Letzt

Sachverhalt:

Trudi (T), die in Würzburg ein Feinkostgeschäft betreibt, schließt mit dem in St. Moritz ansässigen Schweizer Molkereiinhaber Chäsli (C) am 20.1.2005 einen Kaufvertrag über 20 Laib Emmentaler. Kurz nach der Lieferung bemerkt T jedoch, dass der Käse bereits verdorben ist. Sie greift sofort zum Telefonhörer und erklärt dem C gegenüber, dass sie den Vertrag unter keinen Umständen gelten lassen wolle. C hingegen besteht auf Zahlung des vereinbarten Kaufpreises.

Frage: Zu Recht?

I. Einordnung

Im heutigen Wirtschaftsverkehr sind internationale Geschäftsbeziehungen von enormer Bedeutung. Der Handel macht nicht an den nationalen Grenzen Halt! Daher spielt das UN-Übereinkommen vom 11.4.1980 über internationale Warenkaufverträge (*convention on contracts for the international sale of goods = CISG*) eine wichtige Rolle. Es handelt sich hierbei um einen völkerrechtlichen Vertrag zwischen über 50 Staaten.

Das CISG schafft ein Sonderrecht für alle Warenkauf- und Werklieferungsverträge zwischen Vertragsparteien, die ihre Niederlassungen in verschiedenen Vertragsstaaten haben. Es ist außerdem dann anwendbar, wenn die Regeln des internationalen Privatrechts zur Anwendung des Rechts eines Vertragsstaats führen. Damit wird deutlich, dass das CISG nicht das Kollisionsrecht vereinheitlicht, sondern vielmehr das materielle Recht und folglich in seiner Anwendung den Vorschriften aus dem BGB und dem HGB vorgeht.

Anmerkung: In den meisten Bundesländern gehören Kenntnisse zum CISG nicht zum Pflichtfachbereich des ersten Staatsexamens, sondern sind Bestandteil der Wahlfachgruppe „Internationales Privatrecht". Auf Grund der immensen praktischen Relevanz schadet es jedoch nicht, wenigstens von der Existenz des CISG zu wissen und sich einen groben Überblick zu verschaffen!

II. Gliederung

Anspruch des C auf Kaufpreiszahlung

1. Ermittlung des anwendbaren Rechts CISG?
Anwendbarkeit?

a) Sachlich (+)
Kaufvertrag über Waren, vgl. Art. 1 I CISG
Kein Ausschluss nach Art. 2 lit. a CISG

b) Räumlich-persönlich (+)
Sowohl T als auch C haben ihre Niederlassung in Vertragsstaaten, vgl. Art. 1 I lit. a CISG

c) Zeitlich (+)
CISG war sowohl in Deutschland als auch in der Schweiz zum Zeitpunkt des Vertragsschlusses in Kraft, vgl. Art. 100 CISG

d) Verpflichtung zur Zahlung ist Gegenstand des Regelungsbereichs des Abkommens
(+), vgl. Art. 4 CISG
CISG damit anwendbar

2. Anwendung des CISG
Anspruchsgrundlage = Art. 53 CISG

a) Anspruch entstanden
Vor: wirksamer Kaufvertrag, Artt. 14 ff. CISG (+)

b) Anspruch erloschen?
Infolge Vertragsaufhebung, Artt. 45 I lit. a, 49 I lit. a CISG i.V.m. 81 I 1 CISG?

(1) Wesentliche Vertragsverletzung, Artt. 25, 35 CISG (+)

(2) Untersuchungs- und Rügeobliegenheit, Artt. 38 I, 30 I CISG (+)

> **(3) Einhaltung der Frist nach Art. 49 II lit. b CISG (+)**
>
> **(4) Kein Ausschluss nach Art. 82 CISG (+)**
>
> Vertragsaufhebung wirksam
>
> Kaufpreiszahlungsanspruch damit erloschen, Art. 81 I 1 CISG
>
> **Ergebnis:** C steht kein Kaufpreisanspruch zu.

III. Lösung

Anspruch des C gegenüber T auf Zahlung des Kaufpreises

C könnte gegenüber T einen Anspruch auf Zahlung des Kaufpreises haben.

Da C seine Niederlassung in der Schweiz hat, T aber in Deutschland ansässig ist, handelt es sich hierbei um einen Sachverhalt mit einer Verbindung zum Recht eines ausländischen Staates (vgl. Art. 3 I 1 EGBGB). Es ist daher zunächst die Frage zu klären, welches Recht auf den vorliegenden Fall überhaupt Anwendung findet.

1. Ermittlung des anwendbaren Rechts

Bevor die Normen des autonomen Kollisionsrechts herangezogen werden, ist vorrangig zu überprüfen, ob nicht möglicherweise internationales Einheitsrecht Anwendung findet. Hier könnte das CISG anwendbar sein.

a) Sachliche Anwendbarkeit

Das CISG müsste zunächst sachlich anwendbar sein.

Gem. Art. 1 I CISG ist das CISG auf Kaufverträge über Waren anwendbar. T und C einigten sich über den Kauf von Käse und damit einer Ware.

Anmerkung: Der Warenbegriff des CISG ist weit zu verstehen. So versteht man unter Waren alle beweglichen Sachen, die üblicherweise gehandelt werden.

Außerdem dürfte der Ausschlusstatbestand des Art. 2 CISG nicht einschlägig sein. T wollte den Käse allerdings nicht für den persönlichen Gebrauch, sondern vielmehr für ihr Feinkostgeschäft kaufen. Damit ist Art. 2 lit. a CISG nicht erfüllt. Auch die anderen Ausschlussgründe des Art. 2 CISG kommen nicht in Betracht.

Die sachliche Anwendbarkeit des CISG ist damit zu bejahen.

Anmerkung: Gem. Art. 3 I CISG findet das CISG ferner Anwendung auf Werklieferungsverträge, es sei denn, dass der Besteller einen wesentlichen Teil der für die Herstellung oder Erzeugung notwendiger Stoffe selbst zur Verfügung zu stellen hat. Auf Werkverträge oder Dienstverträge ist das CISG dagegen nicht anwendbar, vgl. Art. 3 II CISG.

b) Räumlich-persönliche Anwendbarkeit

Weiterhin müsste das CISG räumlich-persönlich anwendbar sein.

Nach Art. 1 I lit. a CISG ist das CISG dann zur Anwendung berufen, wenn die Vertragspartner ihre Niederlassung in verschiedenen Vertragsstaaten haben. Sowohl Deutschland als auch die Schweiz sind Vertragsstaaten des CISG. Damit ist auch der räumlich-persönliche Anwendungsbereich eröffnet.

c) Zeitliche Anwendbarkeit

Darüber hinaus ist die zeitliche Anwendbarkeit des CISG erforderlich. Das ist dann der Fall, wenn T und C den Kaufvertrag zu einem Zeitpunkt geschlossen haben, in dem das CISG sowohl in Deutschland als auch in der Schweiz bereits in Kraft getreten war, vgl. Art. 100 CISG. In beiden Staaten ist das CISG am 1.1.1991 in Kraft getreten und war damit bereits in Kraft, als T und C den Kaufvertrag geschlossen haben. Das CISG ist folglich auch zeitlich anwendbar.

d) Verpflichtung zur Zahlung ist Gegenstand des Regelungsbereichs des Abkommens

Schließlich müsste die Verpflichtung zur Kaufpreiszahlung zu den im CISG geregelten Gegenständen gehören. Gem. Art. 4 CISG regelt das CISG den Abschluss des Kaufvertrages und die aus ihm erwachsenden Rechte und Pflichten. Folglich ist auch die Frage nach der Pflicht zur Kaufpreiszahlung Gegenstand des Regelungsbereichs des CISG.

Damit ist das CISG im vorliegenden Fall anwendbares Recht.

2. Anwendung des CISG

C könnte gegenüber T ein Anspruch auf Zahlung des Kaufpreises aus Art. 53 CISG zustehen.

a) Anspruch entstanden

Der Anspruch müsste zunächst entstanden sein. Gem. Art. 53 CISG ist hierfür Voraussetzung, dass T und C einen wirksamen Kaufvertrag geschlossen haben. Die beiden einigten sich über den Kauf von 20 Laib Emmentaler, so dass keine Zweifel am Vorliegen eines wirksamen Kaufvertrages bestehen.

Anmerkung: Ebenso wie im BGB kommt ein Vertrag nach den Vorschriften des CISG durch ein Angebot und eine diesem entsprechende Annahme zu Stande, Artt. 14 ff. CISG. Unterschiede bestehen jedoch, wenn die Annahme das Angebot abändert. Anders als § 150 II BGB, der eine derartige Annahme in jedem Fall als ein neues Angebot auffasst, lässt Art. 19 II CISG diese Annahme als solche gelten mit der Folge, dass der Vertrag mit den in der Annahme enthaltenen Änderungen zu Stande kommt. Freilich darf es sich hierbei nicht um wesentliche Änderungen handeln. Auch ist Voraussetzung, dass der Anbietende nicht unverzüglich widerspricht.

Der Anspruch des C auf Kaufpreiszahlung ist damit entstanden, vgl. Art. 53 CISG.

b) Anspruch erloschen

Möglicherweise ist der Anspruch aber erloschen. Da der Käse verdorben ist, hat T erklärt, sie wolle den Vertrag unter keinen Umständen gelten lassen. Sie könnte damit gem. Artt. 45 I lit. a, 49 I lit. a CISG die Aufhebung des Vertrages erklärt haben mit der Folge, dass sie von ihrer Pflicht zur Kaufpreiszahlung befreit ist, vgl. Art. 81 I 1 CISG.

(1) Wesentliche Vertragsverletzung

Zunächst ist erforderlich, dass es sich bei der Lieferung des verdorbenen Käses um eine wesentliche Vertragsverletzung i.S.d. Artt. 25, 35 I CISG handelt, vgl. Art. 49 I lit. a CISG. Der von C gelieferte Käse entspricht nicht der notwendigen Qualität. Auch kann T mit dem Käse nichts anfangen, so dass ihr genau das entgeht, was sie nach dem Vertrag hätte erwarten dürfen. Die Vertragsverletzung ist damit wesentlich.

(2) Untersuchungs- und Rügeobliegenheit

Weiterhin ist T ihrer Untersuchungs- und Rügeobliegenheit nachgekommen, Artt. 38 I, 39 I CISG.

(3) Einhaltung der Frist

T müsste dabei innerhalb der Frist der Artt. 38 I, 39 I CISG untersucht und gerügt haben. Sie hat den Käse bereits kurz nach der Lieferung untersucht und den Mangel sogleich gerügt. Die Frist ist damit gewahrt.

(4) Kein Ausschluss nach Art. 82 CISG

Schließlich dürfte das Recht der T, den Vertrag aufzuheben, nicht erloschen sein, Art. 82 I CISG. T kann den Käse im Wesentlichen so zurückgeben, wie sie ihn erhalten hat, so dass der Ausschlusstatbestand des Art. 81 I CISG nicht erfüllt ist.

T hat folglich wirksam die Aufhebung des Vertrages erklärt. Der Kaufpreiszahlungsanspruch des C ist damit gem. Art. 81 I CISG erloschen.

Ergebnis: C steht kein Anspruch auf Kaufpreiszahlung gegenüber T zu.

IV. Zusammenfassung

Sound: Dem CISG kommt insbesondere im internationalen Geschäftsverkehr eine besondere Bedeutung zu. Als materielles Einheitsrecht geht es den Regelungen des BGB und HGB vor und ist daher auch in der Klausur (zumindest gedanklich) vorrangig zu prüfen. *Dies gilt allerdings nur, wenn der Sachverhalt derartige Anhaltspunkte enthält!*

hemmer-Methode: Der auch im internationalen Schuldvertragsrecht geltende Grundsatz der Privatautonomie gebietet, dass die Parteien die Möglichkeit haben müssen, das in ihrem Vertragsverhältnis anwendbare Recht (innerhalb gewisser Grenzen) frei zu wählen, vgl. Art. 27 EGBGB. Daher ist es nur konsequent, dass die Kaufvertragsparteien auch die Anwendung des CISG vertraglich ausschließen können, vgl. Art. 6 CISG. Allerdings genügt hierbei nach h.M. nicht ein pauschaler Verweis auf die Geltung beispielsweise deutschen Rechts, da das CISG ja auch Bestandteil des deutschen Rechts ist. Die Parteien müssen daher entweder explizit die Geltung des CISG ausschließen oder aber – im Falle der Rechtswahl zu Gunsten deutschen Rechts – die Normen des BGB und HGB für anwendbar erklären.

V. Zur Vertiefung

- Hemmer/Wüst, Internationales Privatrecht, Rn. 157 ff.

Die Zahlen beziehen sich auf die Nummern der Fälle.

Notizen

hemmer/wüst
Verlagsgesellschaft mbH

Verlagsprogramm 2005

§ by hemmer

—— Jura mit den Profis ——

Liebe Juristinnen und Juristen,

Auch beim Lernmaterial gilt:
„Wer den Hafen nicht kennt, für den ist kein Wind günstig" (Seneca).
Häufig entbehren Bücher und Karteikarten der Prüfungsrealität. Bei manchen Produkten stehen ausschließlich kommerzielle Interessen im Vordergrund. Dies ist gefährlich: Leider kann der Student oft nicht erkennen wie gut ein Produkt ist, weil ihm das praktische Wissen für die Anforderungen der Prüfung fehlt.
Denken Sie deshalb daran, je erfahrener die Ersteller von Lernmaterial sind, um so mehr profitieren Sie. Unsere Autoren im Verlag sind alle Repetitoren. Sie wissen, wie der Lernstoff richtig vermittelt wird. Die Prüfungsanforderungen sind uns bekannt.
Unsere Zentrale arbeitet seit **1976** an examenstypischem Lernmaterial und wird dabei von **hochqualifizierten Mitarbeitern** unterstützt.
So arbeiteten z.B. ehemalige Kursteilnehmer mit den Examensnoten von 16,0; 15,54; 15,50; 15,25; 15,08; 14,79; 14,7; 14,7; 14,4; 14,25; 14,25; 14,08; 14,04 ... als Verantwortliche an unserem Programm mit. **Unser Team ist Garant, um oben genannte Fehler zu vermeiden.**
Lernmaterial bedarf ständiger Kontrolle auf Prüfungsrelevanz. Wer sonst als derjenige, der sich täglich mit Examensthemen beschäftigt, kann diesem Anforderungsprofil gerecht werden.

Gewinnen Sie, weil

- gutes Lernmaterial Verständnis schafft

- fundiertes Wissen erworben wird

- Sie intelligent lernen

- Sie sich optimal auf die Prüfungsanforderungen vorbereiten

- Jura Spaß macht

und Sie letztlich unerwartete Erfolge haben, die Sie beflügeln werden.

Damit Sie sich Ihre eigene Bibliothek als Nachschlagewerk nach und nach kostengünstig anschaffen können, schlagen wir Ihnen speziell für die jeweiligen Semester Skripten und Karteikarten vor. Bildung soll für jeden bezahlbar bleiben, deshalb der studentenfreundliche Preis.

Viel Spaß und Erfolg beim intelligenten Lernen.

HEMMER Produkte - im Überblick

Grundskripten (ab 1. Semester)

- Skripten für Anfangssemester
- Die wichtigsten Fälle
- Die Basics
- Musterklausuren für die Zwischenprüfung
- Lexikon, die examenstypischen Begriffe

Skripten für Fortgeschrittene

- Skripten Zivilrecht
- Skripten Strafrecht
- Skripten Öffentliches Recht
- Die Classics

Skripten für Examenssemester

- Skripten Wahlfach
- Die Musterklausuren für´s Examen

Karteikarten (ab 1. Semester)

- Die Shorties
- Die Karteikarten
- Übersichtskarteikarten

Assessor-Skripten/-karteikarten/BWL-Skripten

- Assessor-Skripten
- Assessor-Karteikarten   - neu! -
- BWL-Skripten
- Life&LAW - die hemmer-Zeitschrift

Intelligentes Lernen/Spiel/Sonstiges

- Wiederholungsmappe   - neu! -
- Jurapolis - das hemmer-Spiel
- Lernkarteikartenbox
- Der Referendar
- Klausurenblock
- Coach dich - Psychologischer Ratgeber   - neu! -
- Lebendiges Reden   - neu! -

HEMMER Skripten - Logisch aufgebaut!

Intelligentes Lernen schnell & effektiv

Randbemerkung
Zur schnellen Rekapitulation des Skripts

hemmer-Methode
Zur richtigen Einordnung des Gelernten in der Klausurlösung

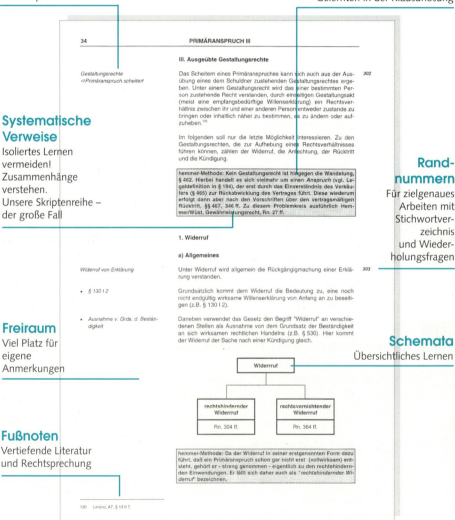

Systematische Verweise
Isoliertes Lernen vermeiden! Zusammenhänge verstehen. Unsere Skriptenreihe – der große Fall

Rand-nummern
Für zielgenaues Arbeiten mit Stichwortverzeichnis und Wiederholungsfragen

Freiraum
Viel Platz für eigene Anmerkungen

Schemata
Übersichtliches Lernen

Fußnoten
Vertiefende Literatur und Rechtsprechung

---

examenstypisch - anspruchsvoll - umfassend

Grundskripten (ab 1. Semester)

Für Ihr Jurastudium ist es nötig, sich schnell mit dem notwendigen Basiswissen einen Überblick zu verschaffen. Was aber ist wichtig und richtig? Bei der Fülle der Ausbildungsliteratur kann einem die Lust auf Jura vergehen. Wir beschränken uns in dieser Ausbildungsphase auf das Wesentliche. Weniger ist mehr.

Skripten für die Anfangssemester

Mit den Skripten für die Zwischenprüfung und Anfangssemester wird Jura zu einem kreativen Prozess. Sie lernen frühzeitig das richtige Herangehen an eine Klausur. Dies gilt sowohl für die formale Seite wie Gutachtenstil, Aufbau und Prüfungsreihenfolge als auch für die inhaltliche Seite. Hier geht es insbesondere darum, Wichtiges von Unwichtigem zu unterscheiden, die Schwerpunkte in der Klausur richtig zu setzen und um das richtige Problemverständnis: Problem erkannt, Gefahr gebannt.

Für Sie gilt: Was müssen Sie für die Zwischenprüfung und die kleinen Scheine wissen, und wie erarbeiten Sie sich den notwendigen Stoff. Unsere Erfahrung als Repetitoren in 39 Universitätsstädten kommt Ihnen zugute.

Zivilrecht für Anfangssemester

Dieses Skript vermittelt Ihnen das klausurrelevante Wissen. Wie entsteht die vertragliche Haftung (Primäranspruch)? Welche rechtshindernden oder rechtsvernichtenden Einwendungen bestehen? Machen Sie sich mit dem Bereich des Leistungsstörungsrechts und des Gewährleistungsrechts und den gesetzlichen Schuldverhältnissen vertraut.

115.11   *11,80 €*

Strafrecht für Anfangssemester

Der Aufbau für die Strafrechtsklausur muss sitzen. Strafrecht hat im Verhältnis zum Öffentlichen Recht weniger Paragraphen aber mehr Dogmatik. Mit einer guten Technik schreibt man die gute Klausur. Im Vordergrund steht die Vermittlung des notwendigen Grundwissens des StGB. Zahlreiche Beispielsfälle sollen dem Leser zusätzlich deutlich machen, an welcher Stelle in der Klausur das besprochene Problem zu bearbeiten ist. Der Klausuraufbau wird auf diese Weise automatisch mittrainiert.

115.12   *11,80 €*

Öffentliches Recht für Anfangssemester

Machen Sie Sich frühzeitig mit den Grundzügen des Öffentlichen Rechts vertraut. Das erste Kapitel führt Sie in die Grundrechtslehren und wichtigsten Grundrechte ein. Klausurrelevant ist deren Prüfung im Rahmen der Verfassungsbeschwerde. Zum Staatsorganisationsrecht werden Ihnen Staatsziele, Staatsgewalten und die obersten Staatsorgane vorgestellt. Als Einstieg ins Verwaltungsrecht beschäftigen Sie sich mit der Eröffnung des Verwaltungsrechtswegs und mit der wichtigsten Klageart, der Anfechtungsklage. Daneben werden auch die Verpflichtungsklage, die allgemeine Leistungsklage und die Feststellungsklage, aber auch die Normenkontrolle dargestellt.

115.13   *11,80 €*

Grundskripten (ab 1. Semester)

Die wichtigsten Fälle nicht nur für Anfangssemester

Die vorliegende Fallsammlung ist für Studenten in den ersten Semestern gedacht. **Gerade in dieser Phase ist es wichtig, bei der Auswahl der Lernmaterialien den richtigen Weg einzuschlagen.** Die Gefahr zu Beginn des Studiums liegt darin, **den Stoff zu abstrakt zu erarbeiten.** Ein problemorientiertes Lernen, d.h. ein Lernen am konkreten Fall, führt zum Erfolg. Das gilt für die kleinen Scheine/die Zwischenprüfung genauso wie für das Examen. Wer gelernt hat, sich die Probleme des Falles aus dem Sachverhalt schnell zu erschließen, schreibt die gute Klausur. Bei der Anwendung dieser Lernmethode sind wir Marktführer. Profitieren Sie von der fast 30-jährigen Erfahrung des Juristischen Repetitoriums hemmer im Umgang mit Examensklausuren. Diese Erfahrung fließt in sämtliche Skripten des Verlages ein. **Das Repetitorium beschäftigt ausschließlich Spitzenjuristen, teilweise Landesbeste ihres Examenstermins.** Die so erreichte Qualität in Unterricht und Skripten werden Sie woanders vergeblich suchen. **Lernen Sie mit den Profis!** Ihre Aufgabe als Jurist wird es einmal sein, konkrete Fälle zu lösen. **Diese Fähigkeit zu erwerben ist das Ziel einer guten juristischen Ausbildung. Nutzen Sie die Chance, diese Fähigkeit bereits zu Beginn Ihres Studiums zu trainieren.** Erarbeiten Sie sich das notwendige Handwerkszeug anhand unserer Fälle. Sie werden feststellen: Wer Jura richtig lernt, dem macht es auch Spaß. **Je mehr Sie verstehen, desto mehr Freude werden Sie haben, sich neue Probleme durch eigenständiges Denken zu erarbeiten.** Wir bieten Ihnen mit unserer juristischen Kompetenz die notwendige Hilfestellung. Fallsammlungen gibt es viele. Die Auswahl des richtigen Lernmaterials ist jedoch der entscheidende Aspekt. Vertrauen Sie auf unsere Erfahrungen im Umgang mit Prüfungsklausuren. Unser Beruf ist es, alle klausurrelevanten Inhalte zusammenzutragen und verständlich aufzubereiten. Prüfungsinhalte wiederholen sich. Wir vermitteln Ihnen das, worauf es in der Prüfung ankommt – **verständlich – knapp – präzise.**

BGB AT (115.21)	*11,80 €*
Schuldrecht AT (115.22)	*11,80 €*
Schuldrecht BT (115.23)	*11,80 €*
GOA-BereicherungsR (115.24)	*11,80 €*
Deliktsrecht (115.25)	*11,80 €*
Verwaltungsrecht (115.26)	*11,80 €*
Staatsrecht (115.27)	*11,80 €*
Strafrecht AT (115.28)	*11,80 €*
Strafrecht BT I (115.29)	*11,80 €*
Strafrecht BT II (115.30)	*11,80 €*
Sachenrecht I (115.31)	*11,80 €*
Sachenrecht II (115.32)	*11,80 €*
erhältlich ab 03/2005	
ZPO I (115.33)	*11,80 €*
ZPO II (115.34)	*11,80 €*
Handels- und GesellR (115.35)	*11,80 €*
Erb- und FamilienR (115.36)	*11,80 €*

Die „Basics" - Reihe

Die **Klassiker** der hemmer-Reihe. So schaffen Sie die **Universitätsklausuren** viel **leichter.** Die Basics vermitteln Ihnen Grundverständnis auf anspruchsvollem Niveau, sie sind auch für die Examensvorbereitung ideal. Denn: Wissen wird konsequent unter Anwendungsgesichtspunkten erworben. Die Basics dienen auch der schnellen Wiederholung vor dem Examen oder der mündlichen Prüfung, wenn Zeit zur Mangelware wird.

Basics-Zivilrecht I
BGB-AT/ Vertragliche Schuldverhältnisse mit dem neuen Schuldrecht
Im Vordergrund steht die Vermittlung der Probleme des Vertragsschlusses, u.a. das Minderjährigenrecht und die Stellvertretung. Neben rechtshindernden (z.B. §§ 134, 138 BGB) und rechtsvernichtenden Einwendungen (z.B. Anfechtung) werden auch die Klassiker der Pflichtverletzung nach § 280 BGB wie Unmöglichkeit (§§ 280 I, III, 283), Verzug (§§ 280 I, II, 286) und Haftung bei Verletzung nicht leistungsbezogener Nebenpflichten i.S.d. § 241 II BGB (früher: pVV bzw. c.i.c. jetzt: § 280 I bzw. § 280 I i.V.m. § 311 II BGB) behandelt. Ausführlich wird auf die wichtige Unterscheidung von Schadensersatz nach § 280 I BGB und Schadensersatz statt der Leistung nach §§ 280 I, III, 281-283 bzw. § 311a II BGB eingegangen. Nach Mängelrecht, Störung der GG und Schadensrecht schließt das Skript mit dem nicht zu unterschätzenden Gebiet des Dritten (z.B. Abgrenzung § 278 / § 831 / § 31; § 166; Vertrag mit Schutzwirkung zugunsten Dritter; DriSchaLi) im Schuldverhältnis ab.

110.0011   **13,80 €**

Basics-Zivilrecht II
Gesetzliche Schuldverhältnisse, Sachenrecht
Das Skript befasst sich mit dem Recht der GoA, dem Bereicherungsrecht und dem Recht der unerlaubten Handlungen als immer wieder klausurrelevante gesetzliche Schuldverhältnisse. Der Einstieg in das Sachenrecht wird mit der Abhandlung des Besitzrechts und dem Erwerb dinglicher Rechte an beweglichen Sachen erleichtert, wobei der Schwerpunkt auf dem rechtsgeschäftlichen Erwerb des Eigentums liegt. Über das für jede Prüfung unerlässliche Gebiet des EBV gibt das Skript einen ausführlichen Überblick.
Eine systematische Aufbereitung des Pfandrechts und des Grundstücksrechts führen zum richtigen Verständnis dieser prüfungsrelevanten Gesetzesmaterie.

110.0012   **13,80 €**

Basics-Zivilrecht III
Familienrecht/ Erbrecht
Die typischen Probleme des Familienrechts: Von der Ehe als Klassiker für die Klausur (z.B. § 1357; GbR; Gesamtschuldner; Gesamtgläubiger; §§ 1365; 1369 BGB) zum ehelichen Güterrecht bis hin zur Scheidung.
Gegenstand des Erbrechts sind die gesetzliche und gewillkürte Erbfolge, die möglichen Verfügungen (Testament bzw. Erbvertrag) des Erblassers und was sie zum Inhalt haben (z.B. Erbeinsetzung, Vermächtnis, Auflage), Annahme und Ausschlagung der Erbschaft sowie neben Fragen der Rechtsstellung des Erben (z.B. im Verhältnis zum Erbschaftsbesitzer) auch das Pflichtteilsrecht und der Erbschein.
Fazit: Das Wichtigste in Kürze für den schnellen Überblick.

110.0013   **13,80 €**

Basics-Zivilrecht IV
Zivilprozessrecht (Erkenntnisverfahren und Zwangsvollstreckungsverfahren)
Wegen fehlender Praxis ist in der Regel die ZPO dem Studenten fremd. Von daher wurde hier besonders auf leichte Verständlichkeit Wert gelegt. Der Schwerpunkt im Erkenntnisverfahren liegt neben den immer wiederkehrenden Problemen der Zulässigkeitsvoraussetzungen (z.B. Zuständigkeit, Streitgegenstand) auf den typischen Problemen des Prozesses, wie z.B. Versäumnisurteil, Widerklage und Klagenhäufung. Die Beteiligung Dritter am Rechtsstreit wird im Hinblick auf die Klausur und die examensrelevante Verortung erklärt.
Das Kapitel der Zwangsvollstreckung befasst sich vor allem mit dem Ablauf der Zwangsvollstreckung und den möglichen Rechtsbehelfen von Schuldner, Gläubiger und Dritten.
Dieses Skript gehört daher zur „Pflichtlektüre", um sich einen vernünftigen Überblick zu verschaffen!

110.0014   **13,80 €**

Basics-Zivilrecht V

Handels- und Gesellschaftsrecht

Im Vordergrund steht: Wie baue ich eine gesellschaftsrechtliche Klausur richtig auf. Häufig geht es um die Haftung der Gesellschaft und der Gesellschafter. Eine systematische Aufbereitung führt durch das Recht der Personengesellschaften, also der GbR und OHG, sowie der KG. Das Recht der Körperschaften, wozu der rechts- und nichtrechtsfähige Verein, die GmbH sowie die AG zählen, wird ebenso im Überblick dargestellt. Auf dem Gebiet des Handelsrechts als Sonderrecht des Kaufmanns dürfen typische Problemkreise wie Kaufmannseigenschaft, Handelsregister, Wechsel des Unternehmensträgers und das kaufmännische Bestätigungsschreiben nicht fehlen. Abschließend befasst sich das Skript mit den Mängelrechten beim Handelskauf, der auch häufig die Schnittstelle zu BGB-Problemen darstellt.

110.0015 **13,80 €**

Basics-Zivilrecht VI

Arbeitsrecht

Das Arbeitsrecht gehört in den meisten Bundesländern zum Pflichtprogramm in der Examensvorbereitung. Hier tauchen immer wieder die gleichen Fragestellungen auf, die in diesem Skript knapp, präzise und klausurtypisch aufbereitet werden, wie die Zulässigkeit der Kündigungsschutzklage, Kündigungsschutz nach dem KSchG, innerbetrieblicher Schadensausgleich, fehlerhafter Arbeitsvertrag und die Reaktionsmöglichkeiten des Arbeitnehmers auf Änderungskündigungen. Ferner bildet auch das Recht der befristeten Arbeitsverhältnisse nach dem TzBfG einen Schwerpunkt.

110.0016 **13,80 €**

Basics-Strafrecht

Je besser der Einstieg, umso besser später die Klausuren. Weniger ist häufig mehr. Alle klausurwichtigen Probleme und Fragestellungen des materiellen Strafrechts auf einen Blick: Vom StGB-AT bis hin zum StGB-BT finden Sie all das dargestellt, was als Grundlagenwissen im Strafrecht angesehen wird. Außerdem werden die wichtigsten Aufbaufragen zur strafrechtlichen Klausurtechnik - an denen gerade Anfänger häufig scheitern - in einem eigenen Kapitel einfach und leicht nachvollziehbar erläutert.

110.0032 **13,80 €**

Basics-Öffentliches Recht I

Verfassungsrecht/ Staatshaftungsrecht

Materielles und prozessuales Verfassungsrecht bilden zusammen mit wichtigen Problemstellungen des Staatshaftungsrechts die Grundlage für dieses Skript. Öffentlich-rechtliches Wissen wird konsequent unter Anwendungsgesichtspunkten erworben.

110.0035 **13,80 €**

Basics-Öffentliches Recht II

Verwaltungsrecht

Grundfragen des allgemeinen und besonderen Verwaltungsrechts werden im Rahmen der wichtigsten Klagearten der VwGO verständlich und einprägsam dargestellt. Zusammen mit dem Skript Ö-Recht I werden Sie sich in der öffentlich rechtlichen Klausur sicher fühlen.

110.0036 **13,80 €**

Basics-Steuerrecht

Die Basics im Steuerrecht für einen einfachen, aber instruktiven Einstieg in das materielle Einkommensteuer- und Steuerverfahrensrecht. Die notwendigen Bezüge des Einkommensteuerrechts zum Umsatz- und Körperschaftssteuerrecht werden dargestellt sowie auf examens- und klausurtypische Konstellationen hingewiesen. Ein ideales Skript für alle, die sich erstmals mit der Materie befassen und die Grundstrukturen verstehen wollen. Es wird der Versuch unternommen, den Einstieg so verständlich wie möglich zu gestalten. Dazu werden immer wieder kleine Beispiele gebildet, die das Erlernen des abstrakten Stoffs vereinfachen sollen.

110.0004 **13,80 €**

Basics-Europarecht

Neben unserem Hauptskript nun die Basics zum Europarecht. Verständlicher Einstieg oder schnelle Wiederholung der wesentlichen Probleme? Für beides sind die Basics ideal. Wer in die Tiefe gehen möchte, kann dies mit unserem Klassiker, dem Hauptskript Europarecht. In Verbindung mit den Classics Europarecht und der Fallsammlung auf Examensniveau sind Sie somit gerüstet für die Prüfung in Ausbildung und Examen. Vernachlässigen Sie dieses immer wichtiger werdende Prüfungsgebiet nicht!

110.0005 **13,80 €**

Grundskripten (ab 1. Semester)

Musterklausuren für die Zwischenprüfung

Exempla docent - an Beispielen lernen. Die Fälle zu den Basics! Nur wer so lernt, weiß was in der Klausur verlangt wird. Die Fallsammlungen erweitern unsere Basics und stellen die notwendige Fortsetzung für das Schreiben der Klausur dar. **Genau das, was Sie für die Scheine brauchen** - nämlich exemplarisch dargestellte Falllösungen. Wichtige, immer wiederkehrende Konstellationen werden berücksichtigt. Profitieren Sie von der seit 1976 bestehenden Klausurerfahrung des Juristischen Repetitoriums hemmer. Über 1000 Klausuren wurden für die Auswahl der Musterklausuren auf ihre „essentials" analysiert

Musterklausur für die Zwischenprüfung Zivilrecht

Ein Muss: Klassiker wie die vorvertragliche Haftung (c.i.c.), die Haftung bei Pflichtverletzungen im Schuldverhältnis (§ 280), Vertrag mit Schutzwirkung, Drittschadensliquidation, Mängelrecht, EBV, Bereicherungs- und Deliktsrecht werden klausurtypisch aufbereitet. Auf „specials" wie Saldotheorie, Verarbeitung, Geldwertvindikation, Vorteilsanrechnung und Nebenbesitz wird eingegangen. So entsteht wichtiges Grundverständnis.

16.31   *13,80 €*

Musterklausur für die Scheine Strafrecht

Auch hier wieder prüfungstypische Fälle mit genauen Aufbauhilfen. Die immer wiederkehrenden „essentials" der Strafrechtsrechtsklausur werden in diesem Skript abgedeckt: Von der Abgrenzung von dolus eventualis und bewusster Fahrlässigkeit über die Irrtumslehre bis hin zu Problemen der Täterschaft und Teilnahme, u.v.m. Wer sich die Zeit nimmt, diese Musterfälle sorgfältig durchzuarbeiten, besteht jede Grundlagenklausur.

16.32   *13,80 €*

Musterklausur für die Zwischenprüfung Öffentliches Recht

Dieses Skript enthält die wichtigsten, in der Klausur immer wiederkehrenden Problemkonstellationen für die Bereiche Verfassungs- und Verwaltungsrecht. Im Verfassungsrecht werden die Zulässigkeitsvoraussetzungen von Verfassungsbeschwerden, Organstreitverfahren sowie abstrakter und konkreter Normenkontrolle erörtert. Im Rahmen der Begründetheitsprüfung werden die klausurrelevanten Grundrechte ausführlich erläutert. Gleichzeitig werden auch staatsorganisationsrechtliche Problemfelder aufbereitet. Die Klausuren zum Verwaltungsrecht zeigen die optimale Prüfung von Anfechtungs-, Verpflichtungs- und Fortsetzungsfeststellungsklagen sowie von Widerspruchsverfahren. Standardprobleme wie die Rücknahme oder der Widerruf eines Verwaltungsaktes und die Behandlung von Nebenbestimmungen eines VA sind u.a. Gegenstand der Begründetheitsprüfung.

16.33   *13,80 €*

Die examenstypischen Begriffe/ ZivilR.

Das Grundwerk für die eigene Bibliothek. Alle examenstypischen Begriffe in diesem Nachschlagewerk werden anwendungsspezifisch für Klausur und Hausarbeit erklärt. Das gesammelte Examenswissen ist eine optimale schnelle Checkliste. Zusätzlicher Nutzen: Das große Stichwortverzeichnis. Neben der Einbettung des gesuchten Begriffs in den juristischen Kontext finden Sie Verweisungen auf entsprechende Stellen in unserer Skriptenreihe. Begriffe werden transparenter. Sie vertiefen Ihr Wissen. So können Sie sich schnell und auf anspruchsvollem Niveau einen Überblick über die elementaren Rechtsbegriffe verschaffen.

14.01   *13,80 €*

Sie sind Jurastudent in den mittleren Semestern und wollen die großen Scheine unter Dach und Fach bringen. Wenn Sie sich in dieser Phase mit tausend Meinungen beschäftigen, besteht die Gefahr, sich im Detail zu verlieren. Wir empfehlen Ihnen, schon jetzt das Material zu wählen, welches Sie nicht nur durch die Scheine, sondern auch durch das Examen begleitet.

Zivilrecht BGB-AT I-III

Die Aufteilung der Unwirksamkeitsgründe nach den verschiedenen Büchern des BGB (z.B. BGB-AT, Schuldrecht AT usw.) entspricht nicht der Struktur des Examensfalls. Wegen der klassischen Einteilung wird der Begriff BGB-AT/ Schuldrecht AT beibehalten. Unsere Skripten BGB-AT I - III unterscheiden entsprechend der Fallfrage in Klausur und Hausarbeit (Anspruch entstanden? Anspruch untergegangen? Anspruch durchsetzbar?) zwischen wirksamen und unwirksamen Verträgen, zwischen rechtshindernden, rechtsvernichtenden und rechtshemmenden Einwendungen. Damit stellen sich diese Skripten als großer Fall dar und dienen auch als Checkliste für Ihre Prüfung. Schon das Durchlesen der Gliederung schafft Verständnis für den Prüfungsaufbau.

BGB-AT I

Entstehen des Primäranspruchs
Besteht der Vertrag, so kann der Anspruchsteller Erfüllung, z.B. Übereignung, Überlassung der Mietsache etc. verlangen. Dies setzt unter anderem Rechtsfähigkeit der Vertragspartner, eine wirksame Willenserklärung, Zugang und ggf. Bevollmächtigung voraus. Nur wenn ein wirksamer Vertrag vorliegt, entsteht die Leistungspflicht des Schuldners und deren Folgeproblematik wie Rücktritt und Schadensersatz. Konsequent befasst sich das Skript daher auch mit den Problemkreisen der Stellvertretung sowie der Einbeziehung von AGB'en.

0001   13,80 €

BGB-AT II

Scheitern des Primäranspruchs
Scheitert der Vertrag von vornherein, so entfallen Erfüllungsansprüche. Die Unwirksamkeitsgründe sind im Gesetz verstreut, wie z.B. § 125, § 134, § 2301. Als konsequentes Rechtsfolgenskriptum sind alle klausurtypischen rechtshindernden Einwendungen zusammengefasst. Lernen Sie frühzeitig, die im BGB verstreuten Unwirksamkeitsgründe richtig einzuordnen.

0002   13,80 €

BGB-AT III

Erlöschen des Primäranspruchs
Der Primäranspruch (bzw. Leistungs- oder Erfüllungsanspruch) kann nachträglich wegfallen, z.B. durch Erfüllung, Aufrechnung, Anfechtung, Unmöglichkeit. Nur wer Unwirksamkeitsgründe im Kontext des gescheiterten Vertrags einordnet, lernt richtig. Die rechtshemmenden Einreden (z.B. Verjährung, § 214 BGB) bewirken, dass der Berechtigte sein Recht nicht (mehr) geltend machen kann.

0003   13,80 €

Die klassischen Rechtsfolgeskripten zum Schadensersatz - „klausurtypisch!"

Schadensersatzrecht I
Das Skript Schadensersatzrecht I erfasst neben Allgemeinem zum Schadensersatzrecht zunächst den selbstständigen Garantievertrag als Primäranspruch auf Schadensersatz. Daneben wird die gesetzliche Garantiehaftung behandelt. Ebenfalls enthalten sind die Sachmängelhaftung im Kauf- und Werk-, Miet- und Reisevertragsrecht sowie die Rechtsmängelhaftung.

0004   13,80 €

Schadensersatzrecht II
Umfassende Darstellung des Leistungsstörungsrechts, rechtsfolgenorientierte Darstellung der Sekundäransprüche-Schadensersatzansprüche.

0005   13,80 €

Schadensersatzrecht III
Befasst sich schwerpunktmäßig mit dem Anspruchsinhalt, d.h. mit der Frage des Umfangs der Ersatzpflicht, also dem „wie viel" eines dem Grunde nach bereits bestehenden Anspruchs. Drittschadensliquidation, Vorteilsausgleichung und hypothetische Schadensursachen dürfen nicht fehlen.

0006   13,80 €

Schuldrecht

Die Reihe Schuldrecht orientiert sich an der Klausurrelevanz des Schuldrechts. In nahezu jeder Klausur ist nach Schadensersatzansprüchen des Gläubigers bei Leistungsstörungen des Schuldners, nach bereicherungsrechtlichen Ansprüchen oder nach der deliktischen Haftung gefragt. Die Schuldrechtsskripten eignen sich hervorragend sowohl zur erstmaligen Aneignung der Materie als auch zur aufgrund der Schuldrechtsreform notwendigen Neustrukturierung bereits vorhandenen Wissens.

Die Schuldrechtsreform

Das Grundlagenskript zur Schuldrechtsreform. Knapp und präzise wird altes und neues Schuldrecht gegenübergestellt: Ein zeitraubendes Neulernen lässt sich vermeiden, wenn man die systematisch richtige Verortung alt bekannter Probleme im neuen Gesetz verstanden hat.

0050   *14,80 €*

Schuldrecht I

Das allgemeine Leistungsstörungsrecht war schon immer äußerst klausurrelevant. Dies hat sich durch die Schuldrechtsreform in erheblichem Maße verstärkt, zumal das Besondere Schuldrecht nun häufig Rückverweisungen auf die §§ 280 ff. BGB vornimmt (z.B. § 437 BGB). Entsprechend der Gesetzessystematik ist das Skript von der Rechtsfolge her aufgebaut: Welche Art des Schadensersatzes verlangt der Gläubiger? Schwerpunkte bilden das Unmöglichkeitsrecht, der allgemeine Anspruch aus § 280 I BGB (auch vorvertragliche Haftung und Schuldnerverzug), die Ansprüche auf Schadensersatz statt der Leistung, Rücktritt und Störung der Geschäftsgrundlage.

0051   *13,80 €*

Schuldrecht II

Die Klassiker im Examen! Kauf- und Werkvertrag in allen prüfungsrelevanten Varianten. Dies gilt insbesondere beim Kauf, dessen spezielles Gewährleistungsrecht abgeschafft und stattdessen auf die §§ 280 ff. BGB Bezug genommen wurde. Das Skript setzt sich mit den kaufspezifischen Fragestellungen wie Sachmangelbegriff, Nacherfüllung, Rücktritt, Minderung und Schadensersatz, Versendungs- und Verbrauchsgüterkauf auseinander. Ferner wird das - dem Kauf nun weitgehend gleichgeschaltete - Werkvertragsrecht behandelt.

0052   *13,80 €*

Schuldrecht III

Umfassend werden die klausurrelevanten Probleme der Miete, Pacht, Leihe, des neuen Darlehensrechts (samt Verbraucherwiderruf nach §§ 491 ff. BGB), des Leasing- und Factoringrechts abgehandelt. Die äußerst wichtigen Fragestellungen aus dem Bereich Bürgschaft („Wer bürgt, wird erwürgt"), Reise- und Maklervertrag kommen ebenfalls nicht zu kurz.

0053   *13,80 €*

Bereicherungsrecht

Die §§ 812 ff. sind regelmäßig die Folge unwirksamer Verträge. Abgrenzungsprobleme gibt es dabei u.a. zum Wegfall der Geschäftsgrundlage (z.B. Rückabwicklung bei der nichtehelichen Lebensgemeinschaft) und §§ 987 ff. Die hemmer-Methode versteht sich als Gebrauchsanweisung für die erfolgreiche Bewältigung des anspruchsvollen Rechtsgebiets Bereicherungsrecht. Ohne Verständnis für dieses Rechtsgebiet bleibt der Zusammenhang im Zivilrecht im Dunkeln.

0008   *13,80 €*

Verbraucherschutzrecht

Das Verbraucherschutzrecht erlangt im Gesamtgefüge des BGB eine immer stärkere Bedeutung. Kaum ein Bereich, in dem die Besonderheiten des Verbraucherschutzrechtes nicht zu abweichenden Ergebnissen führen, so z.B. bei den §§ 474 ff. BGB, oder bei der Widerrufsproblematik der §§ 355 ff. BGB. Insbesondere die umständliche Verweisungstechnik der §§ 499 ff. BGB stellt den Bearbeiter von Klausuren vor immer neue Herausforderungen. Das Skript liefert eine systematische Einordnung in den Gesamtzusammenhang. Wer den Verbraucher richtig einordnet, schreibt die gute Klausur.

0007   *13,80 €*

Deliktsrecht I

Eine umfassende Einführung in das deliktische Haftungssystem. Da die deliktische Haftung gegenüber jedermann besteht, können die §§ 823 ff BGB. in jede Klausur problemlos eingebaut werden. Neben einer umfassenden Übersicht über die Haftungstatbestände werden sämtliche klausurrelevanten Problemfelder der §§ 823 ff BGB. umfassend behandelt (z.B. Probleme der haftungsbegründenden und -ausfüllenden Kausalität). § 823 I BGB ist als elementarer, strafrechtsähnlicher Grundtatbestand leicht erlernbar. Auch § 823 II und §§ 824 - 826 BGB sollten nicht vernachlässigt werden. Neben § 831 BGB (Vorsicht beim Entlastungsbeweis!), der Haftung für Verrichtungsgehilfen, befasst sich der erste Band auch mit der Mittäterschaft, Teilnahme und Beteiligung gem. § 830 BGB.

0009   **13,80 €**

Deliktsrecht II

Deliktsrecht II vervollständigt das deliktische Haftungssystem mit besonderem Schwerpunkt auf der Gefährdungshaftung und der Haftung für vermutetes Verschulden. Zum einen erfolgt eine ausführliche Erörterung der im BGB integrierten Haftungsnormen. Zum anderen vermittelt das Skript ein umfassendes Wissen in den klausurrelevanten Spezialgesetzen wie dem StVG, dem ProdHaftG und dem UmweltHaftG. Abgerundet werden die Darstellungen durch den wichtigen Beseitigungs- und Unterlassungsanspruch des § 1004 BGB.

0010   **13,80 €**

Sachenrecht I-III:

Sachenrecht ist durch immer wiederkehrende examenstypische Problemfelder gut ausrechenbar. Anders als das Schuldrecht ist es ein klar strukturiertes Rechtsgebiet. In der Regel besteht deswegen eine feste Vorstellung, wie der Fall zu lösen ist. Deshalb gilt es gerade hier, mit der hemmer-Methode den Ersteller der Klausur als imaginären Gegner zu erfassen. Es gilt, Begriffe wie z.B. Widerspruch und Vormerkung in ihrer rechtlichen Wirkung zu begreifen und in den Kontext der Klausur einzuordnen.

Sachenrecht I

Zu Beginn werden die allgemeinen Lehren des Sachenrechts (Abstraktionsprinzip, Publizität, numerus clausus etc.) behandelt, die für den Einstieg und ein grundlegendes Verständnis der Materie unabdingbar sind. Im Vordergrund stehen dann das Besitzrecht und das Eigentümer-Besitzer-Verhältnis. Gerade das EBV ist klausurrelevant. Hier dürfen Sie keinesfalls auf Lücke lernen. Schließlich geht es auch um den immer wichtiger werdenden (verschuldensunabhängigen) Beseitigungs- bzw. Unterlassungsanspruch aus § 1004 BGB.

0011   **13,80 €**

Sachenrecht II

Sachenrecht II behandelt den Erwerb dinglicher Rechte an beweglichen Sachen. Neben dem Erwerb kraft Gesetzes ist Schwerpunkt hier natürlich der rechtsgeschäftliche Erwerb des Eigentums. Bei dem Erwerb vom Berechtigten und den §§ 932 ff. BGB müssen Sie sicher sein, insbesondere, wenn wie im Examensfall regelmäßig Dritte (Besitzdiener, Besitzmittler, Geheißpersonen) in den Übereignungstatbestand eingeschaltet werden. Daneben geht es um die klausurrelevanten Probleme beim Pfandrecht, bei der Sicherungsübereignung und beim Anwartschaftsrecht des Vorbehaltsverkäufers.

0012   **13,80 €**

Sachenrecht III

Gegenstand des Skripts Sachenrecht III ist das Immobiliarsachenrecht, wobei die Übertragung des Eigentums an Grundstücken im Vordergrund steht. Weitere Schwerpunkte bilden u.a. Erst- und Zweiterwerb der Vormerkung, die Hypothek und Grundschuld -Gemeinsamkeiten und Unterschiede-, Übertragung sowie der Wegerwerb von Einwendungen und Einreden bei diesen.

0012A   **13,80 €**

Kreditsicherungsrecht

Der Clou! Wettlauf der Sicherungsgeber, Verhältnis Hypothek zur Grundschuld, Verlängerter Eigentumsvorbehalt und Globalzession/Factoring sind häufig Prüfungsgegenstand. Lernen Sie das, was zusammen gehört, als zusammengehörend zu betrachten. Alle examenstypischen Sicherungsmittel im Überblick: Wie sichere ich neben dem bestehenden Rückzahlungsanspruch einen Kredit? Unterschieden werden Personalsicherheiten (z.B. Bürgschaft, Schuldbeitritt), Mobiliarsicherheiten (z.B. Sicherungsübereignung, Sicherungsabtretung, Eigentumsvorbehalt und Pfandrecht) sowie Immobiliarsicherheiten (Grundschuld und Hypothek). Wer die Unterscheidung zwischen akzessorischen und nichtakzessorischen Sicherungsmitteln wirklich verstanden hat, geht unbesorgt in die Prüfung.

0013   **13,80 €**

Nebengebiete

Familienrecht

Das Familienrecht wird häufig in Verbindung mit anderen Rechtsgebieten geprüft. So sind z.B. §§ 1357, 1365, 1369 BGB Schnittstelle zum BGB-AT und nur in diesem Kontext verständlich. Die sog. Ehestörungsklage hat ihre Bedeutung bei §§ 823 und 1004 BGB. Da nur der geschädigte Ehegatte einen eigenen Schadensersatzanspruch gegen den Schädiger hat, stellen sich Probleme der Vorteilsanrechnung (vgl. § 843 IV BGB) und Fragen beim Regress. Von Bedeutung sind bei der Nichtehelichen Lebensgemeinschaft Bereicherungsrecht und, wie bei Eheleuten auch, familienrechtliche Bestimmungen sowie das Recht der BGB-Gesellschaft. Die typischen Problemkreise des Familienrechts sind berechenbar und leicht erlernbar.

0014   **13,80 €**

Erbrecht

„Erben werden geboren, nicht gekoren." oder „Erben werden gezeugt, nicht geschrieben." deuten auf germanischen Einfluß mit seinem Sippengedanken. Das Prinzip der Universalsukzession und die Testamentidee sind römisch-rechtliche Tradition. Die Spannung zwischen individualistischem (der Erbe steht im Vordergrund) und kollektivistischem Ansatz (die Sippe ist privilegiert) ist auch für die Klausur von großer praktischer Relevanz, z.B. gewillkürte oder gesetzliche Erbfolge, Formwirksamkeit des Testaments (auch gemeinschaftliches Testament und Erbvertrag), Widerruf und Anfechtung, Bestimmung durch Dritte, Vor- und Nach- sowie Ersatzerbschaft, Vermächtnis, Pflichtteilsrecht, Erbschaftsbesitz, Miterben, Erbschein. Auch die dingliche Surrogation, z.B. bei § 2019 BGB, und das Verhältnis des Erbrechts zum Gesellschaftsrecht sollte als prüfungsrelevant bekannt sein.

0015   **13,80 €**

Zivilprozessrecht I

Versäumnisurteil, Erledigung, Streitverkündung, Berufung (ZPO I, sog. Erkenntnisverfahren) sind mit der hemmer-Methode leicht verständlich für die Klausuranwendung aufbereitet. Von den vielen Bestimmungen der ZPO sind insbesondere diejenigen, die mit materiellrechtlichen Problemen verknüpft werden können, klausurrelevant. ZPO-Probleme werden nur dann richtig erfasst und damit auch für die Klausur handhabbar, wenn man den praktischen Hintergrund verstanden hat. Dies erleichtert Ihnen die hemmer-Methode. Die klausurrelevanten Neuerungen der ZPO-Reform sind selbstverständlich eingearbeitet.

0016   **13,80 €**

Zivilprozessrecht II

Zwangsvollstreckungsrecht - mit diesem Skript halb so wild: Grundzüge, allgemeine und besondere Vollstreckungsvoraussetzungen, sowie die klausurrelevanten Rechtsbehelfe wie §§ 771 BGB (und die Abgrenzung zu § 805), 766 und 767 BGB werden wie gewohnt übersichtlich und gut verständlich für die Anwendung in der Klausur aufbereitet. Dann werden auch gefürchtete Zwangsvollstreckungsklausuren leicht.

0017   **13,80 €**

Arbeitsrecht

Arbeitsrecht ist stark von Richterrecht geprägt und hat sich auch, wie z.B. im Streikrecht, praeter legem entwickelt. Entsprechend häufig sind die Neuerungen. Gleichwohl ist die Arbeitsrechtsklausur im Regelfall standardisiert: Kündigungsschutz (Feststellungsklage) und Lohnzahlung (Leistungsklage) bilden häufig das Grundgerüst. Eingestreut sind regelmäßig Probleme wie z.B. Gratifikationen, Urlaubsabgeltungsanspruch, faktische Bindung und Anwendbarkeit der Grundrechte. Verständnis entsteht. So macht Arbeitsrecht Spaß. Das Standardwerk! Ausgehend von einem großen Fall wird das gesamte Arbeitsrecht knapp und prägnant erklärt.

0018   **13,80 €**

Handelsrecht

Handelsrecht verschärft wegen der Sonderstellung der Kaufleute viele Bestimmungen des BGB (z.B. §§ 362, 377 HGB). Auch Vertretungsrecht wird modifiziert (z.B. § 15 HGB, Prokura), ebenso die Haftung (§§ 25 ff HGB). So kann eine Klausur ideal gestreckt werden. Deshalb sind Kenntnisse im Handelsrecht unerlässlich, alles in allem aber leicht erlernbar.

0019A   **13,80 €**

Gesellschaftsrecht

Ein Problem mehr in der Klausur: die Gesellschaft, insbesondere BGB-Gesellschaft, OHG, KG und GmbH. Zu unterscheiden ist häufig zwischen Innen- und Außenverhältnis. Die Haftung von Gesellschaft und Gesellschaftern muss jeder kennen. In der examenstypischen Klausur sind immer mehrere Personen vorhanden (Notendifferenzierung!), so dass sich zwangsläufig die typischen Schwierigkeiten der Mehrpersonenverhältnisse stellen (Zurechnung, Gesamtschuld, Ausgleichsansprüche etc.).

0019B   **13,80 €**

Sonderskripten

Regelmäßig ist die sog. Herausgabeklausur („A verlangt von B Herausgabe. Zu Recht?") Prüfungsgegenstand. Der Rückgriff kann als Zusatzfrage jede Klausur abschließen. Klausurtypisch werden diese Problemkreise in zwei Bänden zusammengefasst. **Ein Muss für jeden Examenskandidaten!**

Herausgabeansprüche

Der Band setzt das Rechtsfolgesystem bisheriger Skripten fort. Die Anspruchsgrundlagen, die in den verschiedenen Rechtsgebieten verstreut sind, werden in einem eigenen Skript klausurtypisch konzentriert behandelt, §§ 285, 346, 546, 604, 812, 861, 985, 1007 BGB. Die ideale Checkliste für die Herausgabeklausur. Wer konsequent von der Fallfrage aus geht, lernt richtig.

0031   **13,80 €**

Rückgriffsansprüche

Der Regreß ist examenstypisch. Dreiecksbeziehungen sind nicht nur im wirklichen Leben problematisch, sondern auch im Recht. Der Band gibt unsere Erfahrungen mit den verschiedenen Examenskonstellationen wieder. Beispielhaft ist die Begleichung einer Schuld durch einen Dritten und der Regreß beim Schuldner. In Betracht kommen häufig GoA, Gesamtschuld und Bereicherungsrecht.

0032   **13,80 €**

Strafrecht

Eine zweistellige Punktezahl ist im Strafrecht immer im Bereich des Möglichen. Gerade im Strafrecht ist es wichtig, die Klassiker genau zu kennen. Im Strafrecht/Strafprozessrecht wird Ihre Belastbarkeit getestet: innerhalb relativ kurzer Zeit müssen viele Problemkreise „abgehakt" werden.

Strafrecht AT I

Für das Verständnis im Strafrecht unabdingbar sind vertiefte Kenntnisse des Allgemeinen Teils. Der Aufbau eines vorsätzlichen Begehungsdelikts wird ebenso vermittelt wie der eines vorsätzlichen Unterlassungsdelikts bzw. eines Fahrlässigkeitsdelikts. Darin eingebettet werden die examenstypischen Probleme erläutert und anhand der hemmer-Methode Lernverständis geschaffen. Um die allgemeine Strafrechtssystematik besser zu verstehen, beinhaltet dieses Skript zudem Ausführungen zur Garantiefunktion des Strafrechts, zum Geltungsbereich des deutschen Strafrechts sowie einen Überblick über strafrechtliche Handlungslehren.

0020   ***13,80 €***

Strafrecht AT II

Dieses Skript vermittelt Ihnen anwendungsorientiert die Problemkreise Versuch (insbesondere Rücktritt vom Versuch), Täterschaft und Teilnahme (z.B. Täter hinter dem Täter), die Irrtumslehre (z.B. aberratio ictus), sowie das Wichtigste zu den Konkurrenzen.
Grundbegriffe werden erläutert und zudem in den klausurtypischen Zusammenhang gebracht. Auch Sonderfälle wie die „actio libera in causa" werden in fallspezifischer Weise erklärt.

0021   ***13,80 €***

Strafrecht BT I

Bei den Klassikern wie u.a. Diebstahl, Betrug einschließlich Computerbetrug, Raub, Erpressung, Hehlerei, Untreue (BT I) sollte man sich keine Fehltritte leisten. Mit der hemmer-Methode wird der verständnisvolle Umgang mit Fällen, die im Grenzbereich eines oder mehrerer Tatbestände liegen, eingeübt. Auf klausurtypische Fallkonstellationen wird hingewiesen.

0022   ***13,80 €***

Strafrecht BT II

Immer wieder in Hausarbeit und Klausur: Totschlag, Mord, Körperverletzungsdelikte, Aussagedelikte, Urkundsdelikte, Straßenverkehrsdelikte. In aller Regel werden diese Delikte mit Täterschaftsformen des Allgemeinen Teils kombiniert, und dadurch die Problematik klausurtypisch gestreckt.

0023   ***13,80 €***

Strafprozessordnung

Strafprozessrecht hat auch im Ersten Juristischen Staatsexamen deutlich an Bedeutung gewonnen: In fast jedem Bundesland ist mittlerweile verstärkt mit StPO-Zusatzfragen im Examen zu rechnen. Begriffe wie z.B. Legalitätsprinzip, Opportunitätsprinzip und Akkusationsprinzip dürfen keine Fremdworte bleiben. Lernen Sie spielerisch die Abgrenzung von strafprozessualem und materiellem Tatbegriff. Auf alle klausurtypischen Probleme wird eingegangen.

0030   ***13,80 €***

Verwaltungsrecht

Auch die Verwaltungsrechtsskripten sind klausur- und hausarbeitsorientiert und damit als großer Fall zu verstehen. **Trainieren Sie Verwaltungsrecht mit uns klausurorientiert.** Lernen Sie mit der hemmer-Methode die richtige Einordnung. Im Öffentlichen Recht gilt: **wenig Dogmatik - viel Gesetz.** Gehen Sie deshalb mit dem sicheren Gefühl in die Prüfung, die Dogmatik genau zu kennen und zu wissen, wo Sie was zu prüfen haben.

Staatsrecht

Stoffauswahl und Schwerpunktbildung von Verfassungsrecht (Staatsrecht I) und Staatsorganisationsrecht (Staatsrecht II) orientieren sich am praktischen Bedürfnis von Klausur und Hausarbeit. Da in diesem Bereich häufig nach dem Prinzip „terra incognita" gelernt wurde, gilt es Lücken zu schließen. **Wer Staatsrecht richtig gelernt hat, kann sich jedem Fall stellen.** Es gilt der Wahlspruch der Aufklärung: „sapere aude" (Wage, Dich Deines Verstandes zu bedienen.), Kant, auf ihn Bezug nehmend Karl Popper (Beck´sche Reihe, „Große Denker").

Verwaltungsrecht I

Wie in einem großen Fall sind im Verwaltungsrecht I die klausurtypischen Probleme der Anfechtungsklage als zentrale Klageart der VwGO dargestellt. Entsprechend der Reihenfolge in einer Klausur werden Fragen der Zulässigkeit, vom Vorliegen eines VA bis zum Vorverfahren, und der Begründetheit, von der Ermächtigungsgrundlage bis zum Widerruf und der Rücknahme von VAen, klausurorientiert aufbereitet.

0024   **13,80 €**

Verwaltungsrecht II

Die richtige Einordnung der Prüfungspunkte im Rahmen der Zulässigkeit und Begründetheit von Verpflichtungs-, Fortsetzungsfeststellungs-, Leistungs- und Feststellungsklage sowie Normenkontrolle unter gleichzeitiger Darstellung typischer Fragestellungen der Begründetheit sind Gegenstand dieses Skripts. Sie machen es zu einem unentbehrlichen Hilfsmittel zur Vorbereitung auf Zwischenprüfung und Examina.

0025   **13,80 €**

Verwaltungsrecht III

Profitieren Sie von unserer jahrelangen Erfahrung als Repetitoren und unserer Sachkenntnis von Prüfungsfällen. Widerspruchsverfahren, vorbeugender und vorläufiger Rechtsschutz, Rechtsmittel sowie Sonderprobleme aus dem Verwaltungsprozess- und allgemeinen Verwaltungsrechts sind anschließend für Sie keine Fremdwörter mehr.

0026   **13,80 €**

Staatsrecht I

Die Grundrechte sind das Herzstück der Verfassung. Zulässigkeit und Begründetheit der Verfassungsbeschwerde geben jedem Klausurersteller die Möglichkeit, Grundrechtsverständnis abzuprüfen. Die einzelnen Grundrechte werden im Rahmen der Begründetheit der Verfassungsbeschwerde umfassend erklärt. Lernen Sie mit der hemmer-Methode den richtigen Fallaufbau, auf den gerade im Öffentlichen Recht besonders viel Wert gelegt wird.

0027   **13,80 €**

Staatsrecht II

Speziell hier gilt: Die wenigen Klassiker, die immer wieder in der Klausur eingebaut sind, muss man kennen.
Dies sind im Prozessrecht: Organstreitigkeiten, abstrakte und konkrete Normenkontrolle und föderale Streitigkeiten (Bund-/ Länderstreitigkeiten). Das materielle Recht beinhaltet Staatszielbestimmungen (Art. 20 GG), Finanzverfassung, daneben auch oberste Staatsorgane, Gesetzgebungskompetenz und -verfahren, Verwaltungsorganisation und das Recht der politischen Parteien. Mit diesen Problemkreisen sollten Sie sich im Rahmen einer sinnvollen Examensvorbereitung mit den jeweiligen landesrechtlichen Besonderheiten auseinandersetzen. Skripten, die die Problematik „verallgemeinernd" auf Bundesebene darstellen, helfen meist nicht weiter!

0028   **13,80 €**

Europarecht

Immer auf dem neusten Stand! Unser Europarecht hat sich zum Klassiker entwickelt. In Zeiten unüberschaubarer Normenflut ermöglicht dieses Skript die zum Verständnis notwendige Orientierung und Vereinfachung. Anschaulich und klar strukturiert erspart es Zeit und dient dem Allgemeinverständnis für dieses in Zukunft immer wichtiger werdende Prüfungsgebiet. Zusammen mit der Fallsammlung Europarecht Garant für ein erfolgreiches Abschneiden in der Prüfung! Die hohe Nachfrage gibt dem Skriptum recht.

0029   **13,80 €**

Intelligentes Lernen
schnell & effektiv

§

Neues Lernen
mit der Hemmer-Methode

Hemmer / Wüst / Hutka

Europarecht

unter Berücksichtigung des Vertrages von Nizza

Öffentliches Recht - landesspezifische Skripten

Wesentliche Bereiche des Öffentlichen Rechts- Kommunalrecht, Sicherheitsrecht, Bauordnungsrecht - sind aufgrund der Kompetenzverteilung des Grundgesetzes Landesrecht. Hier müssen Sie sich im Rahmen einer sinnvollen Examensvorbereitung mit den jeweiligen **landesrechtlichen Besonderheiten** auseinandersetzen. Skripten, die die Problematik „verallgemeinernd" auf Bundesebene darstellen, helfen meist nicht weiter!

Polizei- und Sicherheitsrecht/ Bayern
Polizei- und Sicherheitsrecht/ Nordrhein-Westfalen

Gerade das Polizei- und/oder Sicherheitsrecht stellt sich von Bundesland zu Bundesland unterschiedlich dar: Hier kommt die Stärke der landesrechtlichen Skripten voll zur Geltung! Lernen Sie im jeweils regionalen Kontext die Begriffe Primär- und Sekundärmaßnahme, Konnexität, Anscheins- und Putativgefahr usw. Der Aufbau des Skripts orientiert sich an der typischen Systematik einer Polizeirechtsklausur.

01.0034 Polizei-/SR Bayern   **13,80 €**

02.0034 Polizei-/SR NRW   **13,80 €**

Kommunalrecht/Bayern
Kommunalrecht/NRW
Kommunalrecht/Baden Württemb.

In vielen Bundesländern ist Kommunalrecht das Herz der verwaltungsrechtlichen Klausur, da es sich mit den meisten anderen Bereichen des Verwaltungsrecht-BT hervorragend kombinieren lässt: Begriffe wie eigener und übertragener Wirkungskreis, Kommunalaufsicht, Verbands- und Organkompetenz, Befangenheit von Gemeinderäten, Kommunale Verfassungsstreitigkeit, gemeindliche Geschäftsordnung und vieles mehr werden in gewohnt fallspezifischer Art dargestellt und erklärt.

Baurecht/Bayern
Baurecht/Nordrhein-Westfalen

Bauplanungs- und Bauordnungsrecht werden in klausurtypischer Aufarbeitung so dargestellt, dass selbst ein Anfänger innerhalb kürzester Zeit die Systematik des Baurechts erlernen kann. Vertieft werden darüber hinaus alle wichtigen Spezialprobleme des Baurechts wie gemeindliches Einvernehmen, Vorbescheid, Erlass von Bebauungsplänen etc. behandelt.

01.0033 BauR Bayern   **13,80 €**

02.0033 BauR NRW   **13,80 €**

01.0035 KomR. Bayern   **13,80 €**

02.0035 KomR. NRW   **13,80 €**

03.0035 KomR. Baden Württ.   **13,80 €**

Skripten Classics

In den Classics haben wir für Sie die **wichtigsten Entscheidungen** der Obergerichte, denen Sie während Ihres Studiums immer wieder begegnen, ausgewählt und anschaulich aufbereitet. Bestimmte Entscheidungen müssen bekannt sein. In straffer Form werden der Sachverhalt, die Entscheidungssätze und die Begründung dargestellt. Die hemmer-Methode ordnet die Rechtssprechung für die Klausuren ein. **Rechtsprechung** wird so **verständlich,** Seitenfresserei vermieden.
Hiermit bereiten Sie sich auch gezielt auf die mündliche Prüfung vor.

BGH-Classics Zivilrecht

Rechtskultur und Verständnis des Gesetzes werden in weiten Teilen von der Rechtsprechung geprägt. Nicht umsonst spricht man von der Rechtsprechung als der normativen Kraft des Faktischen. Die wegweisenden Entscheidungen müssen Student, Referendar und Anwalt bekannt sein. Auf leicht erfaßbare, knappe, präzise Darstellung wird Wert gelegt. Die hemmer-Methode sichert den für die Klausur und Hausarbeit notwenigen „background" ab.

15.01   13,80 €

BGH-Classics Strafrecht

Auch die Entscheidungen im Strafrecht in ihrer konkreten Aufbereitung führen zur richtigen Einordnung der jeweiligen Problematik. Es wird die Interessenslage der Rechtsprechung erklärt. Im Vordergrund steht oft Einzelfallgerechtigkeit. Deswegen vermeidet die Rechtsprechung auch allzu dogmatische Entscheidungen.
Effizient, und damit in den wesentlichen Punkten knapp und präzise, wird die Entscheidung selbst wiedergegeben. So sparen Sie sich Zeit und erleiden nicht den berühmten Informationsinfarkt. Sowohl in der Examensvorbereitung, als auch in Klausur und Hausarbeit dienen die Classics als schnelles Lern- und Nachschlagewerk.

15.02   13,80 €

Classics Öffentliches Recht

Das Skript umfasst die Dauerbrenner aus den Bereichen der Rechtsprechung zu den Grundrechten, zum Staatsrecht, Verwaltungsrecht AT und BT sowie zum Europarecht. Neben der inhaltlichen Darstellung der Entscheidung werden mit Hilfe knapper Anmerkungen Besonderheiten und Bezüge zu anderen Problematiken hergestellt und somit die Fähigkeit zur Verknüpfung geschärft.

15.03   13,80 €

Classics Europarecht

Anders als im amerikanischen Recht gibt es bei uns kein reines „case-law". Gleichwohl hat die Rechtsprechung für Rechtsentwicklung und -fortbildung eine große Bedeutung. Gerade im Europarecht kommt man ohne festes Basiswissen in der europäischen Rechtsprechung nur selten zum Zuge. Auch für das Pflichtfach ein unbedingtes Muss!

15.04   13,80 €

In der letzten Phase sollten Sie sich mit voller Kraft auf das Examen vorbereiten. Besonders wichtig ist das Klausurentraining und die gezielte Vorbereitung ihrer Wahlfachgruppe. Es gilt aber auch hier, je früher umso besser. Konfronierten Sie sich frühzeitig mit dem, was Sie im Examen erwartet. Rechtzeitiges Klausurentraining zahlt sich spätestens im Examen aus.

Wahlfachgruppen

Auch im Bereich der Wahlfachgruppen können Sie auf die gewohnte und bewährte Qualität der Hemmer-Skripten zurückgreifen. Wir ermöglichen Ihnen, das Gebiet Ihrer Wahlfachgruppe **effektiv** und **examenstypisch** zu erschließen. Die Zusammenstellung der Skripten orientiert sich am examensrelevanten Stoff und den wichtigsten Problemkreisen.

Kriminologie

Das Skript Kriminologie umfasst sämtliche, für die Wahlfachgruppe relevanten Bereiche: Kriminologie, Jugendstrafrecht und Strafvollzug. Im Mittelpunkt stehen insbesondere die Erscheinungsformen und Ursachen von Kriminalität, der Täter, aber auch das Opfer und die Kontrolle und Behandlung des Straftäters.Durch die Behandlung vieler strafrechtlicher Grundbegriffe ist das Skriptum auch für den Studenten geeignet, der diese Wahlfachgruppe nicht gewählt hat.

0039   *16,80 €*

Völkerrecht

Die Probleme im Völkerrecht sind begrenzt. Der Band vermittelt den Einstieg in die Rechtsmaterie und stellt die wichtigsten Probleme des Völkerrechts dar. Ergänzt durch Beispielfälle und die Judikatur des IGH ist dieses Skript ein unverzichtbares Hilfsmittel. Erschließen Sie sich mit Hilfe dieses Skripts die Problemkreise der völkerrechtlichen Verträge, über die Personalhoheit bis hin zum Interventionsverbot. Denken Sie daran: Seit das Europarecht Prüfstoff des Ersten und Zweiten Juristischen Staatsexamens geworden ist, hat die Attraktivität der Wahlfachgruppe Völker-/Europarecht stark zugenommen.

0036   *16,80 €*

Internationales Privatrecht

In der Praxis wird der Jurist von morgen nicht darum herumkommen, sich mit IPR zu beschäftigen. Internationale Verflechtungen gewinnen an Bedeutung und den nationalen Scheuklappen wird entgegen gewirkt. Das Skript ist fallorientiert und ermöglicht den leichten Einstieg.

Die Anwendung des Internationalen Einheitsrechts, staatsvertraglicher Kollisionsnormen sowie des autonomen Kollisionsrechts werden hier erläutert. Auch werden die Rechte der natürlichen Person auf internationaler Ebene vom Vertragsrecht bis hin zum Sachenrecht behandelt.

0037   *16,80 €*

Kapitalgesellschaftsrecht

Im Skript Kapitalgesellschaftsrecht werden die Gründung der Kapitalgesellschaften und deren Orga-nisationsverfassung dargestellt. Es beinhaltet daneben die Rechtsstellung der Gesellschafter, die Finanzordnung der Gesellschaften und die Stellung der Gesellschaften im Rechtsverkehr. Abschließend erfolgt ein Überblick über das Konzernrecht und Sonderformen der Kapitalgesellschaften.

0055   *16,80 €*

Immaterialgüterrecht

Aus dem Bereich des Immaterialgüterrechts wird zunächst das Markenrecht näher betrachtet, etwa der Unterlassungs- und Schadensersatzanspruch wegen Markenverletzung aus § 14 V, VI MarkenG. Das Patentrecht mit dem Patenterteilungsverfahren und Unterlassungs- und Schadensersatzansprüchen aus § 139 I, II PatG schließt sich an. Ebenso erfasst ist das Urheberrecht, insbesondere dessen Verletzung.

0056   *16,80 €*

Wettbewerbs- und Kartellrecht

Im Rahmen des Rechts des unlauteren Wettbewerbs findet die Generalklausel des § 1 UWG besondere Beachtung. Aus dem Bereich des Kartellrechts wird das Verbot horizontaler Wettbewerbsbeschränkungen nach § 1 GWB und vertikaler Wettbewerbsbeschränkungen nach § 14 ff. GWB behandelt, ebenso wie die Missbrauchsaufsicht, das Fusionskontrollrecht und das europäische Kartellrecht.

0057   *16,80 €*

Rechtsgeschichte I

Gegenstand des Skripts ist die Rechtsgeschichte

des frühen Mittelalters bis hin zur Rechtsgeschichte des 20. Jahrhunderts. Inhaltlich deckt es die Bereiche Verfassungsrechtsgeschichte, Privatrechtsgeschichte und Strafrechtsgeschichte ab. Hauptsächlich hilft das Skript bei der Vorbereitung auf die rechtsgeschichtlichen Klausuren. Gleichzeitig ist es auch für „kleine" Grundlagenklausuren und die „großen" Examensklausuren geeignet.
Ideal auch zur Vorbereitung auf die mündliche Prüfung.

0058 **16,80 €**

Rechtsgeschichte II

Das Skript Rechtsgeschichte II befasst sich mit der Römischen Rechtsgeschichte und liefert im Zusammenhang mit dem Skript Rechtsgeschichte I (Deutsche Rechtsgeschichte) den Stoff für die Wahlfachgruppe. Darüber hinaus sollten Grundzüge der Rechtsgeschichte zum Wissen eines jeden Jurastudenten gehören.
Mit diesem Skript werden Sie schnell in die Entwicklungen und Einflüsse der Römischen Rechtsgeschichte eingeführt.

0059 **16,80 €**

Steuererklärung leicht gemacht

Das Skript gibt alle erforderlichen Anleitungen und geldwerte Tipps für die selbstständige Erstellung der Einkommensteuererklärung von Studenten und Referendaren. Zur Verdeutlichung sind Beispielfälle eingebaut, deren Lösungen als Grundlage für eigene Erklärungen dienen können.

0038 **13,80 €**

Abgabenordnung

Die Abgabenordnung als das Verfahrensrecht zum gesamten Steuerrecht hält viele Besonderheiten bereit, die Sie sowohl im Rahmen der Pflichtfachklausur im 2. Examen, wie auch in der Wahlfachklausur beherrschen müssen. Hierbei hilft zwar Systemverständnis im allgemeinen Verwaltungsrecht, das wir Ihnen mit unseren Skripten Verwaltungsrecht I - III vermitteln. Jedoch ist auch eine detaillierte Auseinandersetzung mit abgabenordnungsspezifischen Problemen unverzichtbar. Im Ersten gleichsam wie im Zweiten Examen stellen verfahrensrechtliche Fragen regelmäßig zwischen 25 und 30 % des Prüfungsstoffes der Steuerrechtsklausur dar. Hier zeigt sich immer wieder, dass das Verfahrensrecht zu wenig beachtet wurde. Eine

gute Klausur kann aber nur dann gelingen, wenn sowohl die einkommensteuerrechtliche als auch die verfahrensrechtliche Problematik erfasst wurde.

0042 **16,80 €**

Einkommensteuerrecht

Der umfassende Überblick über das Einkommensteuerrecht! Der gesamte examensrelevante Stoff sowohl für die Wahlfachgruppe als auch für die Pflichtklausur im 2. Examen: Angefangen bei den einkommensteuerlichen Grundfragen der subjektiven Steuerpflicht und den Besteuerungstatbeständen der sieben Einkommensarten, über die verschiedenen Gewinnermittlungsmethoden, bis hin zur Berechnung des zu versteuernden Einkommens orientiert sich das Skript streng am Klausuraufbau und stellt so absolut notwendiges Handwerkszeug dar. Das Skript eignet sich sowohl für den Einstieg, als auch für die intensive Auseinandersetzung mit dem Einkommensteuerrecht. Auch für jeden „Steuerzahler" empfehlenswert! Schwerpunkt bleiben die examensrelevanten Problemkreise.

0043 **21,80 €**

Die Musterklausuren für das Examen

Fahrlässig handelt, wer sich diese Fälle entgehen lässt! Aus unserem langjährigen Klausurenkursprogramm die besten Fälle, die besonders häufig Gegenstand von Prüfungen waren und sicher wieder sein werden. Lernen Sie den Horizont von Klausurenerstellern und -korrektoren anhand von exemplarischen Fällen kennen. Die hemmer-Methode vermittelt Ihnen, mit welchem Bewertungssystem Klausuren korrigiert werden. Besonders wichtig ist in dieser Phase die professionelle Anleitung zum Klausurentraining. Gezielt werden knappe juristische Sprache und Klausurtaktik trainiert.

Auch für die großen Scheine eine echte Hilfe.

Musterklausuren Examen Zivilrecht

Das Repetitorium hemmer ist für seine Trefferquote bekannt. Das zeigt sich auch in den Musterklausuren: Teilweise wurden die ausgewählten Fälle später zu nahezu identischen Originalexamensfällen. Die Themenkreise sind weiter hochaktuell. Examensklausuren haben eine eigene Struktur. Der Ersteller konstruiert Sachverhalt und Lösung nach bestimmten Regeln, die es zu erfassen gilt. Jede Klausur beinhaltet objektive und subjektive Merkmale. Objektiv muss die Klausur wegen der Notendifferenzierung anspruchsvoll, aber lösbar sein, eine Vielzahl von Problemen beinhalten und bei der Lösung ein einheitliches Ganzes ergeben. Subjektives Merkmal ist, wie der Ersteller die objektiven Merkmale gewichtet hat. Hier zeigt sich sein Ideengebäude, welches zu erfassen die wesentliche Aufgabe bei der Klausurbewältigung ist.

16.01   **13,80 €**

Musterklausuren Examen Strafrecht

Wenig Gesetz, viel Dogmatik. Gerade im Strafrecht gilt: „Streit erkannt, Gefahr gebannt!" Strafrecht ist regelmäßig ein Belastungstest: Strafrechtliche Klausuren bestehen aus einer Vielzahl von Problemen aus dem Allgemeinen Teil, dem Besonderen Teil, bzw. aus beiden. Routine beim „Abhaken" der Problemkreise zahlt sich aus. Frühzeitiges Klausurentraining schafft Sicherheit im Examen.

16.02   **13,80 €**

Musterklausuren Examen Steuerrecht

Steuerrechtliche Klausuren zeichnen sich durch immer wiederkehrende Einzelkonstellationen aus, die zu einem großen Fall zusammengebastelt sind. Es ist leicht eine gute Note zu schreiben, wenn man die Materie kennt. Auf der Grundlage von original Examensklausuren aus den letzten Jahren werden die klassischen Problemfelder aus dem materiellen Recht wie aus dem Verfahrensrecht examenstypisch aufbereitet und vermittelt.

16.03   **13,80 €**

Musterklausur Examen Europarecht

Europarecht ist ohne Fälle nicht fassbar. Erleichtern Sie sich das Verständnis für Europarecht, indem Sie anwendungsspezifisch und fallorientiert lernen. Nachdem das Europarecht auch als Pflichtfach immer größere Bedeutung erlangt, stellt diese Fallsammlung als Erweiterung des Lernmaterials zum Europarecht eine unerlässliche Hilfe bei der Examensvorbereitung dar.

16.04   **13,80 €**

Die Shorties - in 20 Stunden zum Erfolg

Die wichtigsten Begriffe und Themenkreise werden anwendungsspezifisch erklärt.
Knapper geht es nicht.
Die „sounds" der Juristerei (super learning) grafisch aufbereitet - in Kürze zum Erfolg.

- **als Checkliste**
zum schnellen Erfassen des jeweiligen Rechtsgebiets.

- **zum Rekapitulieren**
mit dem besonderen Gedächtnistraining schaffen Sie Ihr Wissen ins Langzeitgedächtnis.

- **vor der Klausur zum schnellen Überblick**

- **ideal vor der mündlichen Prüfung**

Die Shorties 1
BGB AT, SchuldR AT (50.10)   21,80 €

Die Shorties 2
KaufR, BerR,
DelR, SchadenR (50.20)   21,80 €

Die Shorties 3
SachenR, ErbR, FamR (50.30)   21,80 €

Die Shorties 4
ZPO I/II, HGB (50.40)   21,80 €

Die Shorties 5
StrafR AT/BT (50.50)   21,80 €

Die Shorties 6
Öffentliches Recht (50.60)   21,80 €

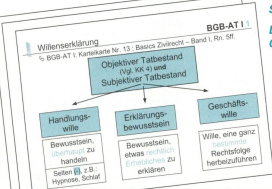

So lernen Sie richtig mit der hemmer-Box:

1. Verstehen: Haben Sie den gelesenen Stoff verstanden, wandert die Karte auf Stufe 2., Wiederholen am nächsten Tag.

2. Wiederholen: Haben Sie den Stoff behalten, wandert er von Stufe 2. zu Stufe 4.

3. kleine Strafrunde: Konnten Sie den Inhalt von 2. nicht exakt wiedergeben, arbeiten Sie die Themen bitte noch einmal durch.

4. fundiertes Wissen: Wiederholen Sie die hier einsortierten Karten nach einer Woche noch einmal. Konnten Sie alles wiedergeben? Dann können Sie vorrücken zu Stufe 5.

5. Langzeitgedächtnis: Wiederholen Sie auf dieser Stufe das Gelernte im Schnelldurchlauf nach einem Monat. Sollten noch Fragen offen bleiben, gehen sie bitte eine Stufe zurück.

HEMMER Karteikarten - Logisch und durchdacht aufgebaut!

Einleitung

führt zur Fragestellung hin und verschafft Ihnen den schnellen Überblick über die Problemstellung

Frage oder zu lösender Fall

konkretisiert den jeweiligen Problemkreis

II. Verschulden bei Vertragsverhandlungen — § SchR-AT I
Vorvertragliche Sonderverbindung — hemmer Karte 22

Die c.i.c. setzt ein vorvertragliches Vertrauensverhältnis voraus. Dieses entsteht nicht durch jeden gesteigerten sozialen Kontakt, sondern nur durch ein Verhalten, das auf den Abschluss eines Vertrages oder die Anbahnung geschäftlicher Kontakte abzielt. Ob es später tatsächlich zu einem Vertragsschluss kommt, ist dagegen unerheblich. Der Vertragsschluss ist nur erheblich für die Abgrenzung zwischen §§ 280 I, 241 II BGB (pVV) und §§ 280 I, 311 II, 241 II BGB (c.i.c.): Fällt die Pflichtverletzung in den Zeitraum vor Vertragsschluss, sind ohne Rücksicht auf den späteren Vertragsschluss die §§ 280 I, 311 II, 241 II BGB richtige Anspruchsgrundlage.

A macht einen Stadtbummel. Aus Neugier betritt er ein neues Geschäft, um das Warenangebot näher kennen zu lernen. Dazu kommt es aber nicht. Er rutscht kurz hinter dem Eingang auf einer Bananenschale aus und bricht sich ein Bein.
Hat A Ansprüche aus c.i.c.?
Abwandlung: A betritt das Geschäft nur, weil es gerade zu regnen angefangen hat. Er hat keinerlei Kaufinteresse.

Juristisches Repetitorium
examenstypisch · anspruchsvoll · umfassend **hemmer**

Antwort

informiert umfassend und in prägnanter Sprache

hemmer-Methode

ein modernes Lernsystem, das letztlich erklärt, was und wie Sie zu lernen haben. Gleichzeitig wird background vermittelt. Die typischen Bewertungskategorien eines Korrektors werden miterklärt. So lernen Sie Ihre imaginären Gegner (Ersteller und Korrektor) besser einzuschätzen und letztlich zu gewinnen. Denken macht Spass und Jura wird leicht.

---

1. Grundfall:

Fraglich ist, ob ein vorvertragliches Schuldverhältnis vorliegt. Dieses entsteht insbesondere erst durch ein Verhalten, das auf die Aufnahme von Vertragsverhandlungen (§ 311 II Nr. 1 BGB), die Anbahnung eines Vertrags (§ 311 II Nr. 2 BGB) oder eines geschäftlichen Kontakts (§ 311 II Nr. 3 BGB) abzielt. Hier betritt A das Geschäft zwar ohne konkrete Kaufabsicht, aber doch als potentieller Kunde in der Absicht, sich über das Warensortiment zu informieren, um später möglicherweise doch etwas zu kaufen. **Sein Verhalten ist somit auf die Anbahnung eines Vertrags gerichtet, bei welchem der A im Hinblick auf eine etwaige rechtsgeschäftliche Beziehung dem Geschäftsinhaber die Möglichkeit zur Einwirkung auf seine Rechte, Rechtsgüter und Interessen gewährt oder ihm diese anvertraut,** vgl. § 311 II Nr. 2 BGB.

Der Geschäftsinhaber hat die Pflicht, alles Zumutbare zu unternehmen, um seine Kunden vor Schäden an Leben und Gesundheit zu schützen. Diese Pflicht wurde hier verletzt. Im Hinblick auf die Darlegungs- und Beweislast zum Vertretenmüssen ist vom § 280 I 2 BGB auszugehen. Ausreichend ist daher von Seiten des Geschädigten der Nachweis des objektiv verkehrsunsicheren Zustands im Verantwortungsbereich des Schuldners, hier durch die Bananenschale. Der Schuldner, also der Geschäftsinhaber muss dann nachweisen, dass er und seine Erfüllungsgehilfen alle zumutbaren Maßnahmen zur Vermeidung des Schadens ergriffen haben. Das wird regelmäßig nicht gelingen. **Von Vertretenmüssen ist daher auszugehen,** gegebenenfalls ist dem Geschäftsinhaber das Verschulden der Erfüllungsgehilfen (z.B. Ladenangestellten) nach § 278 BGB zuzurechnen. Die **Pflichtverletzung war ursächlich für den Schaden des A.** A kann somit Schadensersatz nach §§ 280 I, 311 II Nr. 2, 241 II BGB verlangen, (u.U. gekürzt um einen Mitverschuldensanteil).

2. Abwandlung:

In der Abwandlung hat A von vornherein keinerlei Kaufabsicht. **Sein Verhalten ist nicht auf die Anbahnung eines Vertrags gerichtet.** Das bloße Betreten eines Ladens genügt jedoch nicht, um ein gesteigertes Vertrauensverhältnis zu begründen. **Daher scheiden Ansprüche aus §§ 280 I, 311 II Nr. 2, 241 II BGB aus.** *Es kommen lediglich deliktische Schadensersatzansprüche in Betracht.*

hemmer-Methode: Bei dauernden Geschäftsbeziehungen, innerhalb derer sich ein Vertrauensverhältnis herausgebildet hat, ist eine Haftung aus c.i.c. auch für Handlungen, die nicht unmittelbar auf die Anbahnung eines Vertrages gerichtet sind, gerechtfertigt, sofern die Handlung in engem Zusammenhang mit der Geschäftsbeziehung steht.

---

examenstypisch - anspruchsvoll - umfassend

Die Karteikartensätze

**Lernen Sie intelligent
mit der 5-Schritt-Methode.**

Weniger ist mehr. Das schnelle Frage- und Antwortspiel sich auf dem Markt durchgesetzt. Mit der hemmer-Methode wird der Gesamtzusammenhang leichter verständlich, das Wesentliche vom Unwesentlichen unterschieden. **Ideal für die AG und Ihre Lerngruppe: wiederholen Sie die Karteikarten und dem hemmer-Spiel „Jurapolis".** Lernen Sie so im Hinblick auf die mündliche Prüfung frühzeitig auf Fragen knapp und präzise zu antworten.

Wissenschaftlich ist erwiesen, dass von dem Gelernten in der Regel **innerhalb von 24 Stunden bis zu 70% wieder vergessen wird.** Daher ist es wichtig, das Gelernte am nächsten Tag zu wiederholen, bevor Sie sich neue Karteikarten vornehmen.

Mit den Karteikarten können Sie leicht kontrollieren, wie viel Sie behalten haben. **Karteikarten bieten die Möglichkeit, knapp, präzise und zweckrational zu lernen.** Im Hinblick auf das Examen werden die wichtigsten examenstypischen Problemfelder vermittelt. Das Karteikartensystem entspricht modernen Lernkonzepten und führt zum „learning just in time" (Lernen nach Bedarf). Da sie kurz und klar strukturiert sind, kann mit ihnen in kürzester Zeit der Lernstoff erarbeitet und vertieft werden.

Basics - Zivilrecht

Das absolut notwendige Grundwissen vom Vertragsabschluß bis zum EBV. Alles was Sie im Zivilrecht wissen müssen. Die Grundlagen müssen sitzen.

20.01   **11,80 €**

Basics - Strafrecht

Karteikarten Basics-Strafrecht bieten einen Überblick über die wichtigsten Straftatbestände wie z.B.: Straftaten gegen Leib und Leben sowie Eigentumsdelikte und Straßenverkehrsdelikte, sowie verschiedene Deliktstypen, wichtige Probleme aus dem allgemeinen Teil, z.B. Versuch, Beteiligung Mehrerer, usw.

20.02   **11,80 €**

Basics - Öffentliches Recht

Anhand der Karten Basics-Öffentliches Recht erhalten Sie einen breitgefächerten Überblick über Staatsrecht, Verwaltungs-, und Staatshaftungsrecht. So lassen sich die verschiedenen Rechtsbehelfe optimal in ihrer Zulässigkeits- und Begründetheitsstation auf die Grundlagen hin erlernen.

20.03   **11,80 €**

BGB-AT I

Die BGB-AT I Karteikarten beinhalten das, was zum Wirksamwerden eines Vertrages beiträgt (Wirksamwerden der WE, Geschäftsfähigkeit, Rechtsbindungswille, usw.) bzw. der Wirksamkeit hindernd entgegensteht (Willensvorbehalte, §§ 116 ff., Sittenwidrigkeit, u.v.m.). Die Problemfelder der Geschäftsfähigkeit, insbesondere das Recht des Minderjährigen, dürfen bei dieser Möglichkeit zu lernen nicht fehlen.

22.01   **13,80 €**

BGB-AT II

Die BGB-AT II Karteikarten stellen in bekannt knapper und präziser Weise dar, was auf dem umfangreichen Gebiet der Stellvertretung von Ihnen erwartet wird. Die unerlässlichen Kenntnisse der Probleme der Anfechtung, der AGB-Bestimmungen und des Rechts der Einwendungen und Einreden können hiermit zur Examensvorbereitung wiederholt bzw. vertieft werden.

22.02   **13,80 €**

Schuldrecht AT I

Im bekannten Format werden hier die Grundbegriffe des Schuldrechts dargestellt. Dazu gehören der Inhalt und das Erlöschen des Schuldverhältnisses (z.B. durch Erfüllung, Aufrechnung oder auch Rücktritt). Insbesondere die verschiedenen Probleme in Zusammenhang mit der Haftung im vorvertraglichen Schuldverhältnis nach §§ 280 I, 311 II, 241 II BGB (c.i.c.), das Verhältnis des allgemeinen Leistungsstörungsrechts zu anderen Vorschriften und die Formen und Wirkungen der Unmöglichkeit werden behandelt.

22.031   **13,80 €**

Schuldrecht AT II

Klassiker wie Verzug, Abtretung, Schuldübernahme, Vertrag zugunsten oder mit Schutzwirkung zugunsten Dritter und Drittschadensliquidation gehören hier genauso zum Stoff der Karteikarten wie die Gesamtschuldnerschaft und das Schadensrecht (§§ 249 ff. BGB), das umfassend von Schadenszurechnung bis hin zu Art, Inhalt und Umfang der Ersatzpflicht dargestellt wird.

22.032   **13,80 €**

Schuldrecht BT I

Bei diesen Karteikarten steht das Kaufrecht als examensrelevante Materie im Vordergrund. Die Schwerpunkte bilden aber auch Sachmängelrecht und die Probleme rund um den Werkvertrag.

22.40   **13,80 €**

Schuldrecht BT II

Die Karteikarten Schuldrecht BT II behandeln nach Kaufrecht im Karteikartensatz Schuldrecht BT I, die restlichen Vertragstypen. Dazu gehören vor allem das Mietrecht, der Dienstvertrag, die Bürgschaft und die GoA. Auch Gebiete wie z.B. Schenkung, Leasing, Schuldanerkenntnis und Auftrag kommen nicht zu kurz.

22.41   **13,80 €**

Bereicherungsrecht

Die §§ 812 ff. BGB sind regelmäßig die Folge unwirksamer Verträge. Abgrenzungsprobleme gibt es u.a. zum Wegfall der Geschäftsgrundlage (z.B. Rückabwicklung bei der nichtehelichen Lebensge-meinschaft) und §§ 987 ff. BGB. Der Karteikartensatz versteht sich als Gebrauchsanweisung für die erfolgreiche Bewältigung des anspruchsvollen Rechtsgebiets Bereicherungsrecht. Ohne Verständnis für dieses Rechtsgebiet bleibt der Zusammenhang im Zivilrecht im Dunkeln.

22.08   **13,80 €**

Deliktsrecht

Thematisiert werden im Rahmen dieser Karteikarten schwerpunktmäßig die §§ 823 I und 823 II BGB. Verständlich und präzise wird auch auf die Probleme der §§ 830 ff. eingegangen, wobei besonders auf den Verrichtungsgehilfen und die Gefährdungshaftung geachtet wird. Neben einem Einblick in das Staatshaftungsrecht wird auch die Haftung aus dem StVG, ProdHaftG und die negatorische/quasinegatorische Haftung behandelt.

22.09   **13,80 €**

Sachenrecht I

Mit den Karteikarten zum Sachenrecht können Sie ein so komplexes Gebiet wie dieses optimal wiederholen und Ihr Wissen trainieren.
Das Sachenrecht mit EBV, Anwartschaftsrecht und Pfandrechten ist für jeden Examenskandidaten ein Muss.

22.11   **13,80 €**

Sachenrecht II

Auch auf einem so schwierigen Gebiet wie dem Grundstücksrecht und den damit verbundenen Pfand- und Sicherungsrechten geben die Karteikarten nicht nur eine zügige Wissensvermittlung, sondern reduzieren die Komplexität des Immobiliarsachenrechts auf das Wesentliche und erleichtern somit die eigene Systematik, z.B. des Hypothek- und Grundschuldrechts, zu verstehen. Begriffe wie die Vormerkung und das dingliche Vorkaufsrecht müssen im Examen beherrscht werden.

22.12   **13,80 €**

Kreditsicherungsrecht

Die Karteikarten als Ergänzung zum Skript Kreditsicherungsrecht ermöglichen Ihnen, spielerisch mit den einzelnen Sicherungsmitteln umzugehen, und die Unterschiede zwischen akzessorischen und nichtakzessorischen Sicherungsmitteln genauso wie ihre Besonderheiten zu beherrschen.

22.13   **13,80 €**

Arbeitsrecht

Arbeitsrecht ist stark von Richterrecht geprägt und hat sich auch, wie z.B. im Streikrecht, praeter legem entwickelt. Entsprechend häufig sind die Neuerungen. Gleichwohl ist die Arbeitsrechtsklausur im Regelfall standardisiert: Kündigungsschutz (Feststellungsklage) und Lohnzahlung (Leistungsklage) bilden häufig das Grundgerüst. Eingestreut sind regelmäßig Probleme wie z.B. Gratifikationen, Urlaubsabgeltungsanspruch, faktische Bindung und Anwendbarkeit der Grundrechte.
Verständnis entsteht, so macht Arbeitsrecht Spaß.

22.18   **13,80 €**

Familienrecht

Die wichtigsten Problematiken dieses Gebietes werden hier im Überblick dargestellt und erleichtern Ihnen den Umgang mit Ehe, Sorgerecht, Vormundschaft, aber auch dem Familienprozessrecht.

22.14   **13,80 €**

Erbrecht

Die Grundzüge des Erbrechts mit den einzelnen Problematiken der gewillkürten und gesetzlichen Erbfolge, des Pflichtteilrechts und der Erbenhaftung gehören ebenso zum Examensstoff wie die Annahme und Ausschlagung der Erbschaft und die Problematik mit dem Erbschein. Die Grundlagen zu beherrschen ist wichtiger als einzelne Sonderprobleme.

22.15   **13,80 €**

ZPO I

ZPO taucht zunehmend in den Examensklausuren auf und darf nicht vernachlässigt werden. Nutzen Sie die Möglichkeit, sich durch die knappe und präzise Aufbereitung in den Karteikarten mit dem Prozessrecht vertraut zu machen, um im Examen eine ZPO-Klausur in Ruhe angehen zu können.

22.16   **13,80 €**

ZPO II

Die Karteikarten ZPO II führen Sie quer durch das Recht der Zwangsvollstreckung bis hin zu den verschiedenen Rechtsbehelfen in der Zwangsvollstreckung. Dabei können Rechtsbehelfe wie die Vollstreckungsgegenklage oder die Drittwiderspruchsklage den Einstieg in eine BGB-Klausur bilden.

22.17   **13,80 €**

Handelsrecht

Im Handelsrecht kehren oft bekannte Probleme wieder, die mittels der Karteikarten optimal wiederholt werden können. Auch für das umfassende Schuld- und Sachenrecht des Handels, in dem auch viele Verknüpfungen zum BGB bestehen, bieten die Karteikarten einen guten Überblick.

22.191   **13,80 €**

Gesellschaftsrecht

Die Personengesellschaften, Körperschaften und Vereine haben viele Unterschiede, weisen aber auch Gemeinsamkeiten auf. Um diese mit allen wichtigen Problemen optimal vergleichen zu können, eignen sich besonders die Karteikarten im Überblicksformat.

22.192   **13,80 €**

Strafrecht-AT I

Das vorsätzliche Begehungsdelikt mit all seinen Problemen der Kausalität, der Irrtumslehre bis hin zur Rechtfertigungsproblematik und Schuldfrage ist hier umfassend, aber in bekannt kurzer und übersichtlicher Weise dargestellt.

22.20   **13,80 €**

Strafrecht-AT II

Die Karteikarten Strafrecht AT II decken die restlichen Problemkreise Versuch (insbesondere Rücktritt vom Versuch), Täterschaft und Teilnahme, das Fahrlässigkeitsdelikt und die oft vernachlässigten Konkurrenzen ab.

22.21   **13,80 €**

Strafrecht-BT I

Ergänzend zum Skript werden Ihnen hier die Vermögensdelikte in knapper und übersichtlicher Weise veranschaulicht. Besonders im Strafrecht BT, wo es oft zu Abgrenzungsproblematiken kommt (z.B. Abgrenzung zwischen Raub und räuberischer Erpressung) ist eine Darstellung auf Karteikarten sehr hilfreich.

22.22   **13,80 €**

Strafrecht-BT II

Die Strafrecht BT II - Karten befassen sich mit den Nichtvermögensdelikten. Besonderes Augenmerk wird hierbei auf die Körperverletzungsdelikte sowie die Urkundendelikte und die Brandstiftungsdelikte gelegt.

22.23   **13,80 €**

StPO

In fast jeder StPO-Klausur werden Zusatzfragen auf dem Gebiet des Strafprozessrechts gestellt. Es handelt sich hierbei meist um Standardfragen, aber gerade diese sollten Sie sicher beherrschen. Die Karteikarten decken alle Standardprobleme ab, von Prozessmaximen bis hin zu den einzelnen Verfahrensstufen.

22.30   **13,80 €**

Verwaltungsrecht I

Ob allgemeines oder besonderes Verwaltungsrecht - die einzelnen Probleme der Eröffnung des Verwaltungsrechtsweges werden Ihnen immer wieder begegnen. Wiederholen Sie hier auch Ihr Wissen rund um die Anfechtungsklage, welche die zentrale Klageart in der VwGO darstellt.

22.24   **13,80 €**

Verwaltungsrecht II

Von der Verpflichtungsklage über die Leistungsklage bis hin zum Normenkontrollantrag sowie weitere Bereiche, mit deren jeweiligen Sonderproblemen werden alle verwaltungsrechtlichen Klagearten dargestellt.

22.25   **13,80 €**

Verwaltungsrecht III

Mittels Karteikarten können die Spezifika der jeweiligen Rechtsgebiete umfassend aufbereitet und verständlich erklärt werden. Thematisiert werden im Rahmen dieser Karten das Widerspruchsverfahren, der vorläufige sowie der vorbeugende Rechtsschutz und das Erheben von Rechtsmitteln.

22.26   **13,80 €**

Staatsrecht

Karteikarten eignen sich besonders gut, die einzelnen Grundrechte, Verfassungsrechtsbehelfe und Staatszielbestimmungen darzustellen, da gerade die einschlägigen Rechtsbehelfe zum Bundesverfassungsgericht sehr klaren und eindeutigen Strukturen folgen, innerhalb derer eine saubere Subsumtion notwendig ist. Das Gesetzgebungsverfahren und die Aufgaben der obersten Staatsorgane können hierbei gut wiederholt werden. Auch wird ein kurzer Einblick in die auswärtigen Beziehungen und die Finanzverfassung gegeben.

22.27   **13,80 €**

Europarecht

Nutzen Sie die Europarechtskarteikarten, um im weitläufigen Gebiet des Europarechts den Überblick zu behalten. Vom Wesen und den Grundprinzipien des Gemeinschaftsrechts über das Verhältnis von Gemeinschaftsrecht zum mitgliedstaatlichen Recht bis hin zu den Institutionen wird hier übersichtlich alles dargestellt, was Sie als Grundlagenwissen benötigen. Hinzu kommen die klausurrelevanten Bereiche des Rechtsschutzes und der Grundfreiheiten.

22.29   **13,80 €**

Übersichtskarteikarten

Ihr Begleiter vom 1. Semester bis zum 2. Staatsexamen! Die wichtigsten Problemfelder im Zivil-, Straf- und Öffentlichen Recht sind **knapp, präzise** und **übersichtlich** dargestellt. Sie erfassen effektiv auf einen Blick das Wesentliche. Die **grafische Aufbereitung** auf der Vorderseite erleichtert den schnellen Zugriff. Die Kommentierung mit der hemmer-Methode auf der Rückseite schafft die Einordnung für die Klausur. Nutzen Sie die Übersichtskarten auch als Checkliste zur Kontrolle.

BGB im Überblick I

Mit den Übersichtskarteikarten verschaffen Sie sich einen schnellen und effizienten Überblick über die wichtigsten zivilrechtlichen Problemkreise des BGB-AT, Schuldrecht AT und BT sowie des Sachenrecht AT und BT.
Knapp und teilweise graphisch aufbereitet vermitteln Ihnen die Übersichtskarten das Wesentliche. Aufbauschemata helfen Ihnen bei der Subsumtion. Für den Examenskandidaten sind die Übersichtskarten eine „Checkliste", für den Anfänger eine Möglichkeit zum ersten Einblick.

25.01   **30,00 €**

BGB im Überblick II

Diese Karteikarten bieten einen Überblick der Gebiete Erbrecht, Familienrecht, Handelsrecht, Arbeitsrecht und ZPO.
Für den Examenskandidaten sind die Übersichtskarteikarten eine „Checkliste", für den Anfänger eine Möglichkeit zum ersten Einblick.

25.011   **30,00 €**

Strafrecht im Überblick

Die Übersichtskarten leisten eine Einordnung in den strafrechtlichen Kontext. Im Hinblick auf das Examen werden so die wichtigsten examenstypischen Problemfelder vermittelt. Behandelt werden die Bereiche Strafrecht AT I und II wie auch BT I und II und StPO. Im Strafrecht BT ist bekanntlich fundiertes Wissen der Tatbestandsmerkmale mit ihren Definitionen gefragt, was sich durch Lernen mit den Übersichtskarten gezielt und schnell wiederholen lässt.

25.02   **30,00 €**

Öffentliches Recht im Überblick

Verschaffen Sie sich knapp einen Überblick über das Wesentliche der Gebiete Staatsrecht und Verwaltungsrecht. Die verwaltungs- und staatsrechtlichen Klagearten, Staatszielbestimmungen und die wichtigsten Vorschriften des Grundgesetzes werden mit den wichtigsten examenstypischen Problemfeldern verknüpft und vermindern in der gezielten Knappheit die Datenflut.

25.03   **16,80 €**

ÖRecht im Überblick / Bayern
ÖRecht im Überblick / NRW

Mit dem zweiten Satz der Übersichtskarteikarten im Öffentlichen Recht können Sie Ihr Wissen nun auch auf den Gebiete Polizei- und Sicherheitsrecht überprüfen und auffrischen. Die wichtigsten Probleme auf den Gebieten Baurecht und Kommunalrecht werden im klausurspezifischen Kontext dargestellt, z.B. die Besonderheiten von Kommunalverfassungsstreitigkeiten im Kommunalrecht oder Fortsetzungsfeststellungsklagen im Polizeirecht.

25.031 ÖRecht im Überb. / Bayern   16,80 €

25.032 ÖRecht im Überb. / NRW   16,80 €

Skripten Assessor-Basics

Trainieren Sie mit uns genau das, was Sie im 2. Staatsexamen erwartet. Die Themenbereiche der Assessor-Basics sind alle examensrelevant. So günstig erhalten Sie nie wieder eine kleine Bibliothek über das im 2. Staatsexamen relevante Wissen. Die Skripten dienen als Nachschlagewerk, sowie als Anleitung zum Lösen von Examensklausuren.

Theoriebände

Die Zivilrechtliche Anwaltsklausur/Teil 1:
Arbeitstechnik und Formalia
410.0004   **16,80 €**

Das Zivilurteil
410.0007   **16,80 €**

Die Strafrechtsklausur im Assessorexamen
410.0008   **16,80 €**

Klausurentraining (Fallsammlung)
Zivilurteile (früher. Zivilprozess)
410.0001   **16,80 €**

Arbeitsrecht
410.0003   **16,80 €**

Strafprozess
410.0002   **16,80 €**

Zivilrechtliche Anwaltsklausuren/Teil 2:
Musterklausuren
410.0005   **16,80 €**

Öffentlichrechtl. u. strafrechtl. Anwaltsklausuren
410.0006   **16,80 €**

hemmer/wüst
Neuerscheinung

Assessorkarteikarten
Zivilprozessrecht im Überblick
41.10   **19,80 €**

Assessorkarteikarten
Strafrecht im Überblick
41.20   **19,80 €**

Assessorkarteikarten
Öffentliches Recht im Überblick
41.30   **19,80 €**

Skripten für BWL'er, WiWi und Steuerberater
Profitieren Sie von unserem know-how.

Seit 1976 besteht das ‚in Würzburg gegründete‚ Repetitorium hemmer und bildet mit Erfolg aus. Grundwissen im Recht ist auch im Wirtschaftsleben heute eine Selbstverständlichkeit. Die **prüfungstypischen Standards,** die so oder in ähnlicher Weise immer wiederkehren, üben wir anhand unserer Skripten mit Ihnen ein. Durch unsere jahrelange Erfahrung wissen wir, mit welchen Anforderungen zu rechnen sind und welche Aspekte der Ersteller einer juristischen Prüfungsklausur der Falllösung zu Grunde legt. Das prüfungs- und praxisrelevante Wissen wird umfassend und gleichzeitig in der bestmöglichen Kürze dargestellt. Der Zugang zur „Fremdsprache Recht" wird damit erleichtert. Unsere Erfahrung - Ihr Profit. Die richtige Investition in eine gute Ausbildung garantiert den Erfolg.

Privatrecht für BWL'er, WiWi & Steuerberater
18.01   **13,80 €**

Ö-Recht für BWL'er, WiWi & Steuerberater
18.02   **13,80 €**

Musterklausuren für´s Vordiplom/PrivatR
18.03   **13,80 €**

Musterklausuren für´s Vordiplom/ÖRecht
18.04   **13,80 €**

Life&Law - die hemmer-Zeitschrift

Die Life&Law ist ein monatlich erscheinendes Ausbildungsheft. In jeder Ausgabe werden aktuelle Entscheidungen im Bereich des Zivil- , Straf- und Öffentlichen Rechts vorgestellt, erläutert, und - wichtig - in den korrekten klausurentechnischen Kontext eingeordnet. Das hemmer.card-Magazin soll dem Leser Wissenswertes und Interessantes rund um die Juristerei bescheren, und dient damit einer gewissen Auflockerung und Horizonterweiterung. **Als hemmer-Kursteilnehmer/in (auch ehemalige) erhalten Sie die Life&LAW zum Vorzugspreis von 5,- € monatlich.**

Art.Nr.: AboLL (ehem. Kurs-Teilnehmer)5,00 €

Art.Nr.: AboLL (nicht Kurs-Teilnehmer) 6,00 €

hemmer/wüst
Neuerscheinung

Die praktische Lern-Karteikartenbox

- Maße der Lernbox mit Deckel:
je 160 mm x 65 mm x 120 mm
- **für alle Karteikarten, auch für die Übersichtskarteikarten**
- inclusive Lernreiter als Sortierhilfe:
In 5 Schritten zum Langzeitgedächtnis

28.01   **1,99 €**

*Das ideale Geschenk
für Juristen!*

Der Referendar

24 Monate zwischen Genie und Wahnsinn
Das gesamte nicht-examensrelevante Wissen über
Trinkversuche, Referendarsstationen, Vorstellungs-
gespräch... von Autor und Jurist Jörg Steinleitner.
Humorvoll und sprachlich spritzig!
250 Seiten im Taschenbuchformat

70.01   **8,90 €**

Orig. Klausurenblock

DinA 4, 80 Blatt, Super praktisch
- Wie in der Prüfung wissenschaftlicher
Korrekturrand, 1/3 von links
- glattes Papier zum schnellen Schreiben
- Klausur schreiben, rausreißen, fertig

KL 1   **2,49 €**

hemmer/wüst
Neuerscheinung

Coach dich! -
Rationales Effektivitäts-Training zur
Überwindung emotionaler Blockaden

Sie wollen das Berufsleben oder die Examensphase
erfolgreich meistern? Diese hierfür erforderlichen
psychischen Stärken können trainiert werden.
Unsere Neuerscheinung „Coach dich!" aus der
Reihe philosophisch-psychologischer Ratgeber hilft
Ihnen dabei.

70.05   **19,80 €**

Lebendiges Reden

Wie man Redeangst überwindet und die Geheim-
nisse der Redekunst erlernt.
Die lebendige Rede im Studium (z.B. mündliche
Prüfungen, Seminare) oder Beruf ist ein entschei-
dender Schlüssel zum Erfolg. Mit Hilfe der bekann-
testen psychologischen Techniken (z.B. mentales
Training, paradoxe Intention, Problemanalyse,
Technik des interessierten Beobachtens eigener
Reaktionen u.a.) lernen Sie souverän und verständ-
lich zu sprechen.

70.06   *Infos unter www.hemmer-shop.de*

hemmer-akademie
Wiederholungsmappe

Kaum etwas ist frustrierender, als sich in mühseli-
ger Arbeit Wissen anzueignen, nur um wenige Zeit
später festzustellen, dass das meiste wieder vergessen wurde. Anstatt sein Wissen konstant aus-
zubauen, wird ein und dasselbe immer wieder von
neuem angegangen. Ein solches Vorgehen hat nur
einen geringen Lernerfolg. Aber auch Motivation
und Konzentrationsfähigkeit leiden unter diesem
ständigen „Ankämpfen" gegen das Vergessen.
Von Spaß am Lernen kann keine Rede sein.
Mit dieser Wiederholungsmappe möchten wir diesem Problem beim Lernen entgegentreten. Mit
einem effektiven Wiederholungsmanagement
werden Sie Ihr Wissen beständig auf einem hohen Niveau halten.
Wiederholungsmappe inklusive Übungsbuch und
Mindmapps

580.0001   **9,90 €**

Jurapolis - das hemmer-Spiel

Mit Jurapolis lernen Sie Jura spielerisch.
**Die mündliche Prüfungssituation wird spielerisch
trainiert.** Sie trainieren im Spiel Ihre für die mündliche Prüfung so wichtige rhetorische Fähigkeiten.
Vergessen Sie nicht, auch im Mündlichen wird entscheidend gepunktet.
Inklusive Karteikartensatz (ohne Übersichtskarteikarten und Shorties) nach Wahl, bitte bei Bestellung angeben!
Lässt sich auch mit eigenen Karteikarten spielen!

40.01   **30,00 €**

bitte abtrennen oder kopieren

Bestellschein

Intelligentes Lernen mit der hemmer-Methode

Bestellen Sie:
per Fax: 09 31/79 78 234
per e-Shop: www.hemmer-shop.de
per Post: hemmer/wüst Verlagsgesellschaft
Mergentheimer Str. 44, 97082 Würzburg

D						

Kundennummer (falls bekannt)

Absender:

Name: _____ Vorname: _____

Straße: _____ Hausnummer: _____

PLZ: _____ Ort: _____

Telefon: _____ E-Mail-Adresse: _____

Bestell-Nr.:	Titel:	Anzahl:	Einzelpreis:	Gesamtpreis:

+ Versandkostenanteil: 3,30 €
ab 30.-€ versandkostenfrei!

Gesamtsumme

Prüfen Sie in Ruhe zuhause!
Alle Produkte dürfen innerhalb von 14 Tagen an den Verlag (Originalzustand) zurückgeschickt werden. Es wird ein uneingeschränktes gesetzliches Rückgaberecht gewährt. Hinweis: Der Besteller trägt bei einem Bestellwert bis 40 € die Kosten der Rücksendung. Über 40 € Bestellwert trägt er ebenfalls die Kosten, wenn zum Zeitpunkt der Rückgabe noch keine (An-) Zahlung geleistet wurde.
Ich weiß, dass meine Bestellung nur erledigt wird, wenn ich in Höhe meiner Bestellungs-Gesamtsumme zzgl. des Versandkostenanteils zum Einzug ermächtige. Bestellungen auf Rechnung können leider nicht erledigt werden. Bei fehlerhaften Angaben oder einer Rücklastschrift wird eine Unkostenpauschale in Höhe von 8 € fällig. Die Lieferung erfolgt unter Eigentumsvorbehalt.

Buchen Sie die Endsumme von meinem Konto ab:

Kontonummer: _____

BLZ: _____

Bank: _____

☐ **Schicken Sie mir bitte unverbindlich und kostenlos Informationsmaterial über hemmer-Hauptkurse in** _____

Ort, Datum: _____ Unterschrift: _____

Juristisches Repetitorium
hemmer

Informieren Sie sich auch über
unser Hemmer-Kurs-Programm!

- **Hauptkurse,** in allen drei Rechtsgebieten
- **Klausurenkurse, mit der Besprechung**
  von examenstypischen Klausuren
- **Crashkurse,** zu den Wahlfachgruppen
- **Super-Crashkurse,** mit Intensivtraining
  in Zivilrecht, ÖRecht und Strafrecht
- **Individuelle Betreuung nach Maß**
- **Assessorkurse**
- **Wirtschaftsprüferkurse**
- **Fachanwaltsausbildung für Steuerrecht**
- **Steuerberaterkurse ...**

... und vieles mehr finden Sie unter:
www.hemmer.de
oder kontaktieren Sie uns telefonisch
unter: 0931 /7978230

Das Erfolgsprogramm

Ihr Training für das Examen
Profitieren Sie von unserem Top-Team

Nehmen Sie an unserem Diskussionsniveau teil.
Zur Zeit arbeiten mehrere ehemalige Kursteilnehmer mit über 13,00 in der Zentrale am Kursprogramm
und im Verlag mit. Nach unseren Recherchen gibt es in der Vielzahl der guten Noten in Deutschland in
keinem Repetitorium bessere Noten als bei uns in der Zentrale:
15,08 (Landes**bester**); 14,79*; 14,7* (**Beste** des Termins 98 I); 14,3*(Landes**bester**) -14,14* (Landes**beste**
des Termins 2000 II) 14,08* (**Beste** des Termins in Würzburg 96 I) - 14,08 (Landes**bester**) - 14,04* **Bester**
des Termins 94 II) - 13,87; 13,8*; 13,75* (**Bester** im Termin 99 II in Würzburg) - 13,75*; 13,7 (7. Semester, **Bester** des Termins in Würzburg 95 II) - 13,7 (7. Semester) - 13,66* **Bester** des Termins 97 I, 7.
Semester, 13,6*; 13,54*; 13,41*; 13,4*; 13,3* (**Beste** des Termins 93 I in Würzburg); 13,3* (**Bester** des
Termins 91 I in Würzburg) - 13,29*, 13,2 (**Bester** des Termins 2001 I); 13,2*;13,12*; 13,04*; 13,02*
(**Bester** des Termins 95 I in Würzburg); 13,0; 12,91; 2x 12,87* (7. Semester); 12,8*; 12,83* (**Bester** des
Termins 2004 I);12,75*;12,75; 12,7* (**Bester** des Termins 2003 II);12,62; 12,6*; 12,6; 12,58*; 12,58*;
12,54*; 12,5*; 12,5*; 12,41; 12,37* (7. Semester); 12,33; 12,3*; 12,25*; 12,2; 12,2*: 12,2*; 12,18;
12,15; 12,12*; 12,1; 12,08; 12,08* 12,06; 12,04* (Beste des Termins 98 II); 12,0*; 12,0*, 12,0*; 12,0*;
11,98*; 11,95*; 11,8; 11,8; 11,79*; 11,75*; 11,75; 11,75; 11,66*; 11,6; 11,58*; 11,58*;11,54*; 11,5*;
11,5*; 11,5...*
(*ehemalige) Mitarbeiter)
Die Würzburger Ergebnisse können auch Ansporn für Sie sein, intelligent zu lernen: Seit 1991 über 70 mal
über 11,5. Wer nur auf vier Punkte lernt, landet leicht bei drei.